李靖 著

不期而遇

美德海军在
马尼拉湾的对峙

1898

商务印书馆
The Commercial Press

图书在版编目（CIP）数据

不期而遇：美德海军在马尼拉湾的对峙：1898 / 李靖著. —北京：商务印书馆, 2024
ISBN 978-7-100-23052-0

Ⅰ.①不… Ⅱ.①李… Ⅲ.①海战—战争史—研究—美国、德国— 1898　Ⅳ.① E712.9 ② E516.9

中国国家版本馆 CIP 数据核字（2023）第 177875 号

权利保留，侵权必究。

不期而遇
美德海军在马尼拉湾的对峙（1898）
李靖　著

商务印书馆出版
（北京王府井大街 36 号　邮政编码 100710）
商务印书馆发行
南京鸿图印务有限公司印刷
ISBN 978-7-100-23052-0

2024 年 6 月第 1 版	开本 890×1240　1/32
2024 年 6 月第 1 次印刷	印张 10¾

定价：58.00 元

本书受湖北民族大学2023年校内科研项目
"美国殖民菲律宾的过程、原因及影响"（XN2338）
资助

目　录

自　序　/ 1
引　言　/ 4
 第一节　"上帝的礼物"　/ 7
 第二节　美国为何会远侵菲律宾？　/ 10

第一章　19世纪晚期的美国与西班牙治下的菲律宾　/ 38
 第一节　19世纪晚期的美国　/ 39
 第二节　19世纪晚期西班牙治下的菲律宾　/ 56
 第三节　理性行为模式的原因探究　/ 62

第二章　美西双方在马尼拉湾海战前的准备　/ 67
 第一节　美国方面　/ 67
 第二节　西班牙方面　/ 75

第三章　乔治·杜威的到任与战争筹备　/ 84
 第一节　乔治·杜威的获任　/ 85
 第二节　乔治·杜威的到任　/ 89
 第三节　乔治·杜威的战前准备　/ 94

第四章　杜威与德国海军在香港的龃龉初生　/ 106
 第一节　经济竞争　/ 106
 第二节　外交政策变化　/ 110
 第三节　杜威与德国海军的初生罅隙　/ 112

第四节　杜威离开香港 / 117

第五章　马尼拉湾海战 / 123
　　　第一节　西班牙舰队对苏比克湾的主动放弃 / 124
　　　第二节　杜威进入马尼拉湾 / 129
　　　第三节　海战的经过 / 140
　　　第四节　战争后续 / 147
　　　第五节　胜负原因探究 / 153

第六章　马尼拉湾海战结束后的局势 / 163
　　　第一节　不堪重负的马尼拉封锁行动 / 163
　　　第二节　等待援军 / 171
　　　第三节　杜威与菲律宾起义军之间的关系 / 176
　　　第四节　关于卡马拉舰队的传闻 / 187

第七章　美德海军在马尼拉湾的对峙 / 199
　　　第一节　"艾琳号"事件 / 200
　　　第二节　迪特里希与杜威的初次会晤 / 205
　　　第三节　德国海军在马尼拉湾的集结与行动 / 209
　　　第四节　"如果德国人想要战争" / 213

第八章　美军占领马尼拉城与巴黎和谈 / 224
　　　第一节　美国远征军的陆续到达 / 224
　　　第二节　美军对马尼拉城的围攻 / 228
　　　第三节　迪特里希离开马尼拉湾 / 240
　　　第四节　美军与菲律宾军队关系的进一步恶化 / 243
　　　第五节　美国国内在巴黎和谈前夕的分歧 / 247

第九章　马尼拉湾局势变化的原因探究 / 260
第一节　对机会的追求助长了双方军事上的冒险 / 260
第二节　麦金莱政府的决策变化对局势发展的影响 / 268
第三节　英国、法国、日本对马尼拉湾事件的态度 / 277

第十章　尾声 / 293
第一节　美国商业憧憬的破灭 / 296
第二节　美国战略安全意识的改变与新的挑战 / 301
第三节　马尼拉湾对峙对德国战略的影响 / 308
第四节　美西战争对菲律宾的影响 / 312

结　论 / 317

参考文献 / 322

图表目录

图

图1-1 美国1850—1900年工业产出值 / 41

图10-1 美国与亚洲、太平洋地区的贸易变化及其在美国当年GDP中所占百分比 / 298

表

表1-1 1850—1895年美国的GDP变化 / 40

表1-2 美国出口到日本、中国及英国统治时期的香港的商品贸易额（1894—1898年） / 43

表1-3 美国由日本、中国及英国统治时期的香港进口商品的贸易额（1894—1898年） / 43

表1-4 1897年美国海外投资额及所占比重 / 44

表2-1 美西战争爆发前的兵力规模对比 / 69

表2-2 战前美西两国海军力量对比 / 74

表2-3 美西战争爆发时的西班牙海军分布 / 75

表2-4 西班牙陆军海外分布（1898年） / 82

表5-1 马尼拉岸防工事火力分布 / 130

表5-2 西班牙主要作战舰只情况 / 137

表5-3 美国主要作战舰只情况 / 138

表 5-4　马尼拉湾海战中的美西舰队力量对比　／ 140

表 5-5　西班牙各舰及岸防工事伤亡人数　／ 147

表 7-1　抵达马尼拉湾的各国军舰及其到达时间　／ 201

表 7-2　德国主要作战舰只情况　／ 210

表 9-1　马尼拉湾内的英国、法国、日本、奥匈帝国舰船（1898年7月）　／ 277

表 10-1　美西两国的贸易船只的数量与吨位　／ 296

自　序

　　一直以来，发生在菲律宾的马尼拉湾海战仅被视作整个美西战争的一部分，鲜有著述专门探讨它，国内所述者更是寥寥。这场战争却有其独特之处，不同于美国人很早就开始关注古巴问题，马尼拉湾海战爆发前，美国人对菲律宾知之甚少，更遑论美国在此处有着清晰的利益需求。然而美国海军在马尼拉湾获得胜利之后，麦金莱政府很快组织起美国第八军远征菲律宾，占领了马尼拉城。巴黎和谈期间，美国政府最终决定占领整个菲律宾群岛。在这短短八个月时间里，美国迅速改变了自己的对外政策。本书以1898年的马尼拉湾海战为研究中心，其时间段选定为从美国对西班牙宣战至巴黎和谈，探讨美国在这短短八个月时间里对外政策变化的原因。

　　本书分别以理性行为模式、层次分析和过程分析三种方法来探寻美国决定占领和殖民菲律宾的原因。理性行为模式将国家视作单一的、理性的行为体，利益是其行为的动因，其行动是经过理性的计算，从而选择出最大程度地实现其目的与目标价值的方案。以往关于美西战争的研究大多数也是在理性行为模式下讨论美国在菲律宾和古巴的利益需求。理性行为模式认为，这是源自美西两国实力变化和美国的商业扩张。然而这并不能与当时的史实完全相符，更重要的是，它难以解释美国为何在不确定其利益的前提下对菲律宾采取行动。就菲律宾战场而言，美西双方对这场战争都没有准备充分，美国人是在一场双方比谁失误更少的战争中赢得了最终的胜利。马尼拉湾海战的胜利，对于包括麦金莱（William Mckinley）总统在内的大部分美国人来说，都是一场意外的惊喜，因而利益并未先于其行为而出现，因此利益并非一开始就成为美国决定扩大战争规模并最终殖民菲律宾的动因。

在层次分析中，首先从个人因素出发，探寻西奥多·罗斯福（Theodore Roosevelt）、亨利·卡博特·洛奇（Henry Cabot Lodge）、麦金莱、约翰·戴维斯·朗（John Davis Long）和阿尔弗雷德·塞尔·马汉（Alfred Thayer Mahan）等人在这一决策变化中所起的作用；其次就国际因素而言，英德等国的态度也影响了美国的决策制定。然而，层次分析法作为静态研究，依然强调利益是行为的原因，因此同样难以解释美国政策变化的原因。因此在层次分析的基础上，本书引入过程分析方法，较为全面地展现自马尼拉湾海战至麦金莱政府决定殖民整个菲律宾群岛的全过程，以此探寻乔治·杜威（George Dewey）的动机以及麦金莱政府决定占领和殖民菲律宾的原因。当我们重新审视这场战争时，杜威本人只是依靠与海军部助理部长罗斯福等人的私人关系，才偶然获得亚洲分舰队司令一职，此次擢升一开始并未被美国海军部部长朗所认可。然而杜威麾下的这支亚洲分舰队的用途原本也并非用于作战，军舰及火炮的数量都十分有限。杜威成为舰队司令之后，立即着手加强舰队燃料后勤、弹药的补给以及情报搜集。在马尼拉湾海战中，美国海军利用对手在战略上的失误，取得了马尼拉湾海战的胜利。这场胜利之后，杜威的目标也逐渐由追求荣誉转向寻求安全。为了确保杜威的安全，麦金莱政府随即派出美国第八军远征菲律宾，占据马尼拉城，并最终以和约的形式要求西班牙将菲律宾割让给美国。美国在菲律宾的利益并非先于行动而明确，而是随着美国在菲律宾的军事行动进展以及国内就如何处置菲律宾的争论演化才逐渐变得清晰起来。

可以发现,利益需求并非必然先于行为而出现,也并非始终作为行为的原因,个人和国家对于利益的追求甚至不一定并向而行。就决策过程来看,这里表现为类似于小约瑟夫·奈(Joseph S. Nye, Jr.)所提出的"选择的漏斗",但是不同于奈的是,本书认为美国政府的选择余地并非单纯地呈线性而逐渐变小,其可供选择的选项呈现出一种"历史依赖",某一个偶然发生的特定事件会影响整个事态的发展方向。除此之外,在国内政治、社会舆论以及国际环境等因素的共同作用下,美国1898年的对外政策进一步向着占领和殖民整个菲律宾的方向发展。

引　言

　　1898年2月初，西班牙驻华盛顿大使恩里克·德洛姆（Enrique de Lôme）写给其在古巴的一位友人的信件被人盗走。随后，在"黄色新闻大王"威廉·伦道夫·赫斯特（William Randolph Hearst）主编的《纽约日报》上，德洛姆的信件被公之于众，信中充满了对麦金莱总统的侮辱之词，这引起了美国民众的极大愤慨。数天之后，1898年2月15日，美军军舰"缅因号"（Maine）在哈瓦那港口发生爆炸，这两起事件激起了美国国内要求与西班牙开战的强烈呼声。十天之后，美国海军部助理部长西奥多·罗斯福发电报给刚被调任为亚洲分舰队司令的杜威准将，通知他确保为每艘舰船装满燃料，准备启程前往马尼拉，一旦美西战争爆发，则与西班牙的亚洲分舰队交战。西班牙于1898年4月24日对美宣战，美国于次日做出回应，对西宣战，美西战争就此拉开序幕。4月27日，杜威启程向马尼拉出发。5月1日，杜威率领美国海军在马尼拉湾与西班牙军队发生交战。在整个战斗中，美国海军以极其微弱的代价迅速取得了胜利。美西之间因为古巴问题而引起的战争，"美国却在相距半个世界之遥的菲律宾——这个西班牙引以为傲的远东殖民地——经过短暂交锋，赢得了一场酣畅淋漓的大胜"[①]。在菲律宾海战大捷的鼓舞下，美国在波多

---

　　① 〔美〕詹姆斯·M. 莫里斯：《美国军队及其战争》，符金宇译，世界图书出版公司2013年版，第148页。

黎各、古巴等战场也相继获得了胜利，最终战胜了西班牙，并与之签订了《巴黎和约》，将其在战争中所获得的战利品用条约的形式固定下来。如此轻松地赢得了这场战争，以至于美国国务卿约翰·海伊（John Hay）将它称作"辉煌的小型战争"（the little splendid war）。

同一时期，德国也加快了向东亚扩张的进程。1897年11月1日，德国传教士韩·理加略（Richard Heule）和能方济（Franz Niez）在山东巨野被当地大刀会成员杀死。11月10日，驻扎在吴淞的德国海军中将迪特里希（Ernst Otto von Diederichs）接到命令，随即率领"凯撒号"（Kaiser）、"威廉王子号"（Prinzess Wilhelm）和"科莫兰号"（Comoran）三艘巡洋舰北上，前往胶州湾。为了彰显德国在这个问题上的强硬态度，威廉二世派出自己的弟弟阿尔贝特·威廉·海因里希亲王（Prinze Albert Wilhelm Heinrich of Prussia）亲率第二分舰队赶往中国。1898年3月6日，李鸿章、翁同龢与德国驻华公使海靖签订了《胶澳租借条约》，德国强行占领胶州湾。德国其实并不满足于此，希望在东亚再获得一处殖民地。美西战争爆发后，德国政府随即开始与西班牙政府谈判，商谈从西班牙手中购买菲律宾群岛。德国和美国就这样在菲律宾的海域上不期而遇。

美德之间并不是没有冲突，19世纪80年代，两国和英国在太平洋的萨摩亚地区就展开了激烈竞争。1889年，阿皮亚海域内的德国舰队的三艘军舰与美国舰队的三艘军舰、英国舰队的一艘军舰"正处在战争的边缘"①，结果一场不期而遇的台风消弭了这场即将爆发的战争。对于德国人来说，他们没有料到这次事件会让美国人如此愤

---

① Paul M. Kennedy, "Bismarck's Imperialism," The Historical Journal, Vol. 15, No. 2, 1972, p. 280, 转引自王华：《萨摩亚争端与大国外交：1871—1900》，中国社会科学出版社2008年版，第202页。

怒。相比较而言,"不期而遇"可能更多是就美国而言的,他们没有想到德国人会介入美西战争,甚至都没有想到会在菲律宾这个地方与德国再一次陷入战争危机之中。美国在美西战争中所取得的古巴、波多黎各、菲律宾和关岛这些战利品中,菲律宾是最为特殊的一个。从地理位置上来看,菲律宾的地理位置离北美大陆最为遥远:古巴和波多黎各依然位于西半球,关岛位于太平洋的马里亚纳群岛的南端,而菲律宾则位于太平洋西侧的亚洲地区,后两者已经远远超出了《门罗宣言》所涉及的地区范围。

在随后的历史进程中,菲律宾与古巴、波多黎各和关岛的命运也不尽相同。美西战争结束后的第三年,即1902年,美国同意古巴获得名义上的独立;波多黎各在一个多世纪的抗争中却未能实现自己的独立,因为美国始终坚持在这里的存在,其最终成为美国的自治区,其居民虽然不参与美国的总统选举,但是也有资格选举出一名无表决权的专员进入美国众议院;关岛成为美国在太平洋地区最重要的军事基地,也成了美国的海外领土;菲律宾既没有像古巴那样,很快就获得独立地位,也没有如同波多黎各和关岛,成为美国某种程度上的海外领土。菲律宾在美西战争结束后,很快又陷入了同美国的战争之中。1902年7月4日,西奥多·罗斯福总统宣布美菲战争结束,菲律宾成为美国的殖民地。直到1934年,美国国会通过《泰丁斯-麦克杜菲法案》(Tydings-McDuffie Act),从法理上同意了菲律宾的独立,但规定需要经过十年的预备期。在这十年预备期内,菲律宾成立自治政府,自治宪法由民选的宪法会议制定,但是必须经由美国总统批准才能生效。美国总统有权取消菲律宾通过的各项法律,美国国务院负责菲律宾外交,并且美国最高法院掌控着菲律宾的最终裁判权。1935年2月,菲律宾制宪会议依据《泰丁斯-麦克杜菲法案》制定了与其相符的过渡期宪法，成立了自治政府，规定自治十年之后，菲律宾将获得独立地位。①1935年，美国总统批准过渡期宪法，菲律宾开始进入自治期。但是，"二战"的爆发打断了历史的进程，日军占领菲律宾。1943年10月14日，在日本的操纵下，亲日的菲律宾共和国政府建立。1945年2月27日，在美军统帅道格拉斯·麦克阿瑟（Douglas MacArthur）的扶植下，菲律宾自治政府重新建立。1946年7月4日，菲律宾终于获得了独立地位。在这将近半个世纪的时间里，菲律宾成为美国在太平洋西岸地区的唯一殖民地。

对于这样一块遥远的土地，麦金莱领导下的美国政府是如何对它生了觊觎之心的？是蓄谋已久，还是纯属巧合？是国家的整体战略，还是特定人物的行为？杜威在占领马尼拉湾之后，美国政府立即组织远征军赶赴马尼拉，然而麦金莱在其回忆录中记述，即使是在《巴黎和约》签订前，他依然对是否占领菲律宾这一问题犹豫不决。在这种看似前后不一的政策中，究竟是什么因素在起作用？

第一节 "上帝的礼物"

对于当时美国国内绝大多数人来说，遥远的菲律宾是极其陌生的，这也包括美国总统麦金莱在内。当有人询问菲律宾群岛的位置时，他回答道："在地球另一端的一个遥远的地方。"麦金莱后来也承认说："我们收到来自海军准将的电报，他告诉我们已经占领菲律宾，我开始在地球仪上查找它的位置。我也不知道这些该死的岛屿究竟在什么地方。"对于大多数美国人来说，"直到1898年《北美评论》上

---

① 李涛、陈丙先编著：《菲律宾概论》，世界图书出版公司2012年版，第119—120页。

刊登了一篇名为《远东的古巴》('The Cuba of the Far East')的文章，美国公众这才第一次公开谈到菲律宾独立革命"①。因此一些文章认为，力促美国在菲律宾地区发动战争的，主要是以洛奇为首的一群国会议员和包括朗、罗斯福在内的海军部的"帝国主义者"们。

在美西战争爆发后，美国就立刻选择将驻扎在菲律宾马尼拉湾的西班牙亚洲分舰队作为进攻的目标。这场战争原本源于美国在古巴的经济利益受到了损害以及美国民众对于古巴人的同情，然而，它却在美国绝大多数民众都完全陌生的菲律宾拉开了序幕。是什么原因使得美国突然将菲律宾作为目标，并且最终将攫取的这一战争果实通过《巴黎和约》予以巩固？换句话说，在美国向帝国转变的这一过程中，是否存在着明确的进入亚洲的扩张战略？

早在1896年，美国海军部就针对西班牙亚洲分舰队制定出了"橙色方案"。1897年6月30日，美国战争学院也向华盛顿提交了一份对西班牙的作战计划，该计划提议"将主要在加勒比地区采取敌对行动，但美国海军也将有可能攻打菲律宾"②。据此，很多人认为美国在菲律宾的军事行动更像是扩张主义者们的一次蓄谋已久的行动。但不论是"橙色方案"还是这份作战计划，其作战重心更多的是放在如何在菲律宾海域击败西班牙的亚洲分舰队，并没有谈及占领菲律宾并将其变为美国在亚洲的殖民地。

美西战争期间，对于大多数美国公众来说，大部分的注意力还是

---

① Leon Wolff, *Little Brown Brother: American's Forgotten Bid for Empire Which Cost 250 000 Lives*, New York: Longmans, Green and Co., 1960, p. 35, 转引自〔美〕詹姆斯·布拉德利:《1905帝国巡游：美国塑造亚太格局的伏笔》，刘建波译，北京联合出版公司2016年版，第68页。

② Edmund Morris, *The Rise of Theodore Roosevelt*, New York: McCann, and Geoghegan, 1979, p. 555, 转引自〔美〕詹姆斯·布拉德利:《1905帝国巡游：美国塑造亚太格局的伏笔》，刘建波译，北京联合出版公司2016年版，第61页。

放在同属于西半球的古巴。与其说公众对于杜威在遥远的马尼拉湾所获得的这场胜利有所期盼，还不如说这场胜利更像一场意外的惊喜。对于美国总统和公众来说，是什么让他们能够快速地接受这场意外的胜利，并且迅速地派出地面部队来占领马尼拉城，从而深深地卷入菲律宾事务之中，造成和菲律宾人的矛盾逐渐被激化，最终导致美菲战争的爆发呢？即使一些"帝国主义者"们，对杜威在几千公里以外所获得的这场轻松胜利也显得颇为吃惊，他们的胆魄和想象力也才刚刚企及吞并夏威夷，因此都还没有来得及组织陆军部队立即去马尼拉城驻防。

即便出于赢得战争的必要，须击败驻扎在菲律宾的西班牙分舰队，但是这也并不一定必然导致美国对菲律宾的占领甚至殖民。究其原因，麦金莱曾主动提及他选择占领菲律宾的理由。1899年11月21日，麦金莱会见传教士领袖，会见结束后主动谈起他决定占领菲律宾的动机——他将菲律宾说成是"来自上帝的礼物"①。作为上帝"赠予"美国的"礼物"，美国是如何发现这份"礼物"的价值的？或者说，美国占领菲律宾的动机是什么？整个占领并殖民菲律宾的过程，既包括美国在美西战争中击败西班牙的军事行动并通过《巴黎和约》将此战争成果巩固下来，也包括美国确定菲律宾地位的过程。美国既希望占领菲律宾而不让它获得独立，又希望不给予菲律宾人公民权利而将其变为美国的又一处海外领土。菲律宾作为美国在太平洋西岸地区所攫取的一块殖民地的这一现实，既揭示了美国对这块土地的觊觎，又隐含着美国并不愿意将其纳入本国领土范围的矛盾心理。

---

① James Rusling, "Interview with President William Mckinley," *Christian Advocate*, January 22, 1903, p. 17, 转引自 Jeffrey A. Engel, et al., *America in the World: A History in Documents from the War with Spain to the War on Terror*, Princeton: Princeton University Press, 2014.

第二节 美国为何会远侵菲律宾？

长时间以来，很多学者将美菲战争归于美西战争，在众多研讨美西爆发战争的学术著作中，主要探讨的是美国与西班牙在古巴问题上的矛盾如何激化并最终导致战争爆发，而对美国在菲律宾地区与西班牙亚洲分舰队及其马尼拉城驻军所进行的这场战斗的策略和动机，往往一笔带过，并没有花费太多笔墨对此进行探究。在浩如烟海的有关美西战争的研究中，专门就美菲战争进行研讨的专著文献并不多见。

菲律宾为何成为美国在亚洲扩张的首个目标？大部分对此有过相关探讨和评述的学者都或多或少提及一种观点，即认为这源于美国对中国市场的觊觎。比较来看，中美两国学者呈现出完全不同的研究倾向。中国的学者整体上更偏爱从权力格局变化和经济的角度来探寻美国侵略菲律宾的动机，倾向于认为这源于工业资本主义的发展：垄断资本对于海外市场的追求，特别是对于中国市场的垂涎，使得美国希望将菲律宾作为进入中国的基地和跳板。从研究层次上说，大部分中国学者更习惯于就行为体层面展开论述，鲜有学者从微观层面探究动机。而美国学者的研究角度更为多样，除了一些学者同样也认为经济利益促成了对外扩张之外，还有很多学者尝试从意识形态、国内政治和历史人物等中观或微观层面寻找美国走向对外扩张的原因。

国内学者关于美国占领并殖民菲律宾的研究有两条基本路径：一条路径强调新旧两种帝国主义之间的制度之争，强调美国与其他传统列强之间的"异"；而另一条路径则从帝国主义的经济属性出发，强调美国与其他传统列强之间的"同"，即占领和殖民源自资本的本性，资本的集中与垄断必然带来帝国主义国家之间对世界市场的竞争与瓜分。

就前一条路径而言，代表学者主要是方连庆教授、王立新教授和郭宇立博士，他们都关注新旧帝国主义的差异。但是关于美国如何看待与欧洲帝国主义的这种差异，三者之间又存在着区别。方连庆和王立新教授强调美国认识到了自己与欧洲帝国主义并不一致，美国试图通过扩张而融入以欧洲为主导的国际秩序之中。北京大学国际关系学院方连庆、王炳元、刘金质三位教授合编的教材《国际关系史（近代卷）》中指出，美国在美西战争中夺取了西班牙土地，实现了海外扩张，也因此摆脱了孤立主义，加入瓜分世界的行列，其对菲律宾的占领为进一步的侵略扩张准备好了条件，从而使得美国有可能按照自己的意愿来推行新的世界秩序。[①] 方连庆教授强调，美国对菲律宾的占领体现出美国也主动加入瓜分世界的队列之中。美国在遵守传统价值规则的前提下，用自己的意愿开始重塑世界秩序。与之相似的是，北京大学历史学院王立新教授认为，19世纪末美国面对自身经济的崛起而产生了身份困惑，转变了自华盛顿（George Washington）总统以来避免卷入欧洲事务的传统，转而更加强调美国的"灯塔"身份。美国进入亚洲的过程，实际上是美国开始认同欧洲主导的国际秩序，并直接加入这个以欧洲为中心的国际秩序的过程。[②] 王立新教授所强调的身份困惑正是源自在逐渐融入欧洲传统列强主导的国际社会的过程中，美国所秉持的新教伦理与欧洲旧式价值体系之间的矛盾。不同于两位教授强调"融入"，郭宇立博士则强调新旧两种不同制度的竞争。他认为，门罗主义本身就包含这样一条原则："美国不但反对欧

[①] 方连庆、王炳元、刘金质主编：《国际关系史（近代卷）》（下册），北京大学出版社2006年版，第454—460页。
[②] 王立新：《踌躇的霸权：美国崛起后的身份困惑与秩序追求（1913—1945）》，中国社会科学出版社2015年版，第1—21页。

洲国家企图在美洲大陆传播和扩展它们的旧制度，还反对它们在世界任何地方传播和扩展它们的旧制度。"① 从这种意义上说，美国代表着一种不同于欧洲的制度。所以以这种路径来观察美菲战争，则可视之为新旧两种制度在菲律宾的竞争与对抗，美国对菲律宾的西班牙人的进攻是旨在结束欧洲传统殖民统治的自然延伸，而这也是门罗主义原则的自然推导。比较来看，方连庆和王立新教授强调"融入"，郭宇立博士则更强调"对抗"："融入"意味着美国对自身价值观念的放弃，"对抗"则恰好相反，意味着对自身价值观念的坚持。运用两种方式来解释随后的美菲战争，这种区别就会被进一步放大：对传统秩序的"融入"，意味着美军接受了传统列强的殖民统治方式，即依靠对民族运动的镇压来巩固其殖民统治；对传统秩序的"对抗"，意味着美军对菲律宾游击队所采取的镇压则成为门罗主义下的"反常举动"。

不同于强调新旧帝国主义之间的"异"，强调"同"的学者往往以经济为视角，认为美国与传统欧洲列强并无二致。他们偏向于从资本的固有属性出发，认为美国对菲律宾的占领与殖民同西班牙、英国和法国等传统列强对世界殖民地的瓜分一样，是资本推动帝国向海外寻找原料产地、商品市场或投资场所的结果。国内学者相对一致地认为中国庞大的市场才是美国扩张的目标，因此在这些学者的论述中，菲律宾都被视作美国在扩张中国市场过程中的"歇脚地""桥头堡""跳板"或"前哨地"。持这种观点的学者较前者人数更多。以王绳祖主编的《国际关系史》为例，该书基本上沿用了苏联《外交史》的说法，以资本主义经济发展为研究视角，认为随着19世纪末期美

---

① 郭宇立：《美国的大国成长道路：制度治理与战略选择》，北京大学出版社2011年版，第206页。

国工业技术的发展以及对中国市场的觊觎，在马汉、洛奇、罗斯福等狂热扩张主义者所提出的"太平洋帝国论"的推动下，美国由此开始了太平洋地区的扩张行动。①

相信商业扩张的学者们的侧重点也并非完全一致。一些学者认为，美国并不满足于欧洲列强主导着东亚的殖民秩序，因而希望向东亚地区扩张来改变美国目前相对弱势的局面，该观点更为强调对权力格局的不满是促成美国向外扩张的原因。例如学者贾东荣和赵锦铎认为，美国在菲律宾发动战争的原因主要是"争夺殖民地"，为了改变在争夺中国市场上的不利地位，菲律宾就被选择成为向远东，特别是向中国进行商业扩张的基地。两位学者提出，美西战争的爆发与菲律宾革命其实最初并没有什么必然联系，但是争夺殖民地这一目标决定了美国必然要去镇压菲律宾革命。②然而，这种观点陷入了先入为主的价值评价，美国镇压菲律宾人民起义显然并非美国最初制定对西班牙亚洲分舰队进攻这一政策的目的。

由王玮和戴超武教授合著的《美国外交思想史：1775—2005年》中提到，随着20世纪50年代美国民族主义的发展，美国人已经不满足于建立一个大陆帝国，开始把眼光投向海外。经济危机的爆发、对于海外市场的需求促使美国开始将目光对准外部市场。随着西进运动的结束，民主所赖以生存的自由权利受到前所未有的挑战，社会矛盾开始显现出来，这也成为海外扩张的重要动因。具体到菲律宾问题上，两位学者认为，菲律宾只不过是一块进入东亚，特别是进入中国的基石，中国才是美国眼中"最具吸引力的肥肉"，而占领菲律宾

---

① 王绳祖主编：《国际关系史》（第三卷），世界知识出版社1995年版，第274—279页。
② 贾东荣、赵锦铎：《美西战争与菲律宾革命》，《山东师大学报》（社会科学版）1996年第3期，第47—51页。

"就等于在太平洋获取了一个坚实的立足点,给美国控制太平洋贸易创造了一个绝佳的机会",因为这意味着"在距离中国这样近的地方取得这样大的一块地盘,无疑加强了美国在东亚的地位,在对华关系上,美国也可以与西方列强平起平坐了"。①

王晓德教授也认为,商业利益的驱动是美国向太平洋彼岸挺进的主要动力。在美国外交早期,对与东方世界的外交,美国心有余而力不足。正是源于对中国市场的极大兴趣,美国在鸦片战争后不久就积极促成同中国签订《望厦条约》,使得"美国成为中国开放国门后的一个最大赢家"②。同样也是源于对中国市场的兴趣,美国积极促成日本的开国,希望让日本成为一个美国在与中国做买卖时能为美国商船补充给养和燃料的"歇脚地"。

除此以外,还有一些学者则侧重于认为美国的扩张源于自身力量的增长,强调美国自身实力发展是促成美国向外扩张的原因。王胜在研究中首先将美国向亚洲扩张的行为视作美国国力增强的结果。菲律宾之所以成为美国吞并的对象,原因就在于它有可能成为美国太平洋商业扩张的"桥头堡"和"哨兵",其蕴藏的自然资源也将成为美国经济发展必不可少的物质条件。同时,王胜指出,美国军方在后来的巴黎和谈中提出,为了确保吕宋主岛的安全,防止外岛的港口和资源被其他国家占领,力荐决策层占领整个菲律宾群岛。③ 这也就能同时满足美国国家利益和军事战略位置的需要。

胡欣博士提出,推动美国走向扩张道路的深层原因依然是美国商

---

① 王玮、戴超武:《美国外交思想史:1775—2005年》,人民出版社2007年版,第123—177页。

② 王晓德:《美国外交的奠基时代(1776—1860)》,中国社会科学出版社2013年版,第553—624页。

③ 王胜:《1898年后美国对菲律宾领土政策的决择及实践》,《东南亚研究》2015年第3期,第74—79页。

业扩张所引发的对海外利益的追求，以及社会达尔文主义思潮和白人优越性所带来的"拯救"思想。除此之外，美国国内受到"国家有机体论"的影响，认为美国"西进运动"的结束将使美国失去前进的方向和动力，对国家扩张的需求与海权思想的相融合，使得美国必然将下一步扩张的方向指向海外。具体到菲律宾，胡欣认为美国"早就将菲律宾看作是通向中国的跳板，在他们眼里，认为无论是从经济还是从军事上来讲，菲律宾都是上帝选择的一个可用于控制太平洋的战略要地"①。吴小安在论文中也提出，美国的目的在于"把菲律宾变为向中国及远东扩张的前哨基地，从而称霸太平洋，称霸世界"②。

学者张江河则提出，美西战争的首战之所以在菲律宾打响，是因为"历史合力之结果，历史必然之趋势"，这种趋势就在于美国经济的发展和陆地扩张历史过程的结束，从而促使"美国商界和政界联手决意海外冒险"；侵占菲律宾就在于其战略位置的重要性，能够在未来控制东南亚地缘政治的过程中获得重要的枢纽位置。③张江河认为，"精明的美国人"知道菲律宾内部的奋争以及菲律宾人对于西班牙统治者的反抗，使得菲律宾成了最易捏的软柿子。张江河的这一观点似乎与当时的状况略有出入，很显然不管是在扩张主义者还是麦金莱总统的叙述中，似乎都很难看出当时美国扩张主义者和决策者对菲律宾的形势有比较明确的认知。

总体来看，国内学者不论采取何种路径，无论强调"异"还是

---

① 胡欣：《美国帝国思想的对外政策含义：对国家身份、意识形态和国际秩序观的历史解读》，江苏人民出版社2017年版，第226页。
② 吴小安：《论美国殖民统治对菲律宾现代政治发展的影响》，《厦门大学学报》（哲学社会科学版）1995年第4期，第30—35页。
③ 张江河：《美西战争与美国向东南亚地缘政治扩张的历史脉络》，《东南亚研究》2013年第5期，第18—26页。

"同",无论强调意识形态还是经济扩张,都以极为宏大的视野来解释美国占领并殖民菲律宾这一事件。这种视野能够在更大的时空范围内发现历史的总体趋势,却困于无法厘清事件的特殊属性。美国殖民菲律宾如果仅仅源于新旧制度之间的融合,那么战争为何会发生?如果仅仅源于新旧制度之间的竞争,那么为什么美西两国军队为了防止菲律宾军队进入马尼拉而上演了一场彼此默契的投降仪式?仅仅从经济扩张来解释原因,就无法理解为什么美国商界在美西战争之初成为主要的"反帝国主义者",也无法解释美国殖民菲律宾之后,其亚洲的进出口贸易额并未随之出现较大幅度的提高。

此外,从总体上说,国内学者大多从宏观层次探寻美国殖民菲律宾的原因,缺少对微观层次的深入研究,也没有针对美国政府在有关菲律宾问题上的决策变化而进行动态研究。国内的研究鲜见对个人层面进行分析,原因有二:一方面,长时间以来,国内学者受列宁的"帝国主义论"和苏联国际关系史学的影响,将美国的外交政策视作帝国主义对外扩张的必然产物;另一方面,虽然菲律宾海域爆发的这场战争从地理位置来看离我们并不遥远,但是受美国学者研究的影响,国内学者没有将它从美西两国就古巴问题的争端中剥离出来,而只是将它视作美国对古巴战争的一次策应性行动,因此没有探讨美国殖民菲律宾的国内或个人因素,也没有注意到殖民菲律宾这一决策过程中所具有的特殊性。

相比于国内的研究,美国学者对这段历史的研究著述更为丰富,角度也更为多样。其中,同国内的研究一样,也有很多美国学者将美国殖民菲律宾的原因解释为对商品利益和市场的追求。最早持这种观点的当属曾任美国驻暹罗大使约翰·巴列特(John Barrett)。在1898年美西战争爆发以前,巴列特就向读者提问:如果我们把菲律宾变成美国的殖民地或独立州，美国将获得什么？他认为，第一，以菲律宾为重要节点，以此来拓宽与东亚特别是中国的贸易；第二，马尼拉会成为这一地区的中心城市和商业节点，从而促进与欧洲列强在东亚事务上的沟通；第三，菲律宾"拥有世界级良港"马尼拉，其资源禀赋甚至还要优于日本；第四，将马尼拉纳入美国的统治之下，在商业上可以借此建立起更多的航线，在军事上则有了集结点与补充燃料、进行维修的基地和安全的堡垒。①

修正派历史学家沃尔特·拉夫伯（Walter Lafeber）和理查德·波伦堡（Richard Polenberg）提出，美国对华贸易额自19世纪90年代中期以来迅速增加，而欧洲列强试图切割中国市场的威胁同时在增长，麦金莱认识到美国在华利益将会受到威胁，尤其是在钢铁和纺织业方面。但是拉夫伯认为，对于麦金莱来说，消除这一威胁并不意味着他需要吞下整个菲律宾，他只是想要得到马尼拉，从而方便美国的商人和战舰，保护美国的在华利益。② 在拉夫伯看来，美国的殖民扩张正是源于其利益扩张，拉夫伯也是将菲律宾视作美国进入中国市场的一个跳板。此时半殖民地化的中国正被迫逐步开放其国内市场，融入资本主义的世界体系之中，而美国人对中国市场的发展潜力充满信心，对于中国市场的觊觎也促使美国筹谋对菲律宾的占领。

然而这种观点也受到了一些学者的质疑，美西战争刚刚结束，尤里乌斯·普拉特（Julius W. Pratt）就在他那本所有研究美国扩张主义的学者都绕不开的著作中提出，美西战争爆发前，商界认为战争并不利于市场和投资，因此一开始对美国发动西班牙战争持反对态度或者

---

① John Barrett, "The Problem of the Philippines," *North American Review*, Vol. 167, September 1898, pp. 264-265.

② Walter Lafeber and Richard Polenberg, et al., *The American Century: A History of the United States since the 1890's*, New York: John Wiley & Sons, Inc., 1975, pp. 25-28.

漠不关心；然而在战争爆发后，商界很快就改变了态度，转而认为领土的扩张与他们希望扩大市场的需求是一致的，继而开始积极支持美国政府的对外扩张政策。① 普拉特的这一段描述也引起了更多学者研究为何商界一开始并不对这场战争感兴趣。依据孔华润（Warren I. Cohen）的统计，"1890年，美国对中国的出口总计300万美元，占美国向整个世界出口总额的0.3%。十年之后，美国向中国出口了价值1500万美元的货物，但这仍只达到美国出口总量的1.1%"②。因而"美国政府对于自己的过深卷入持谨慎态度，部分是因为美国官员知道，与欧洲列强相比，其还处于弱势；部分是因为尽管有亚洲市场存在的诱惑，但他们并不认为这种商业上的利益大到值得去充当一个更加积极的角色……一些美国企业家梦想着拥有四亿中国消费者以及向日本人和朝鲜人销售四亿美元的棉质衬衣，但是还没有人赚到那么多钱，而且无论是美国政府还是美国外交使节，都没有把对亚洲的商业贸易放在首要位置"③。

如果将美国同期与中国的交易量和其与欧洲、日本的交易量进行横向比较，那么中美经济规模显得更为有限。理查德·汉密尔顿（Richard F. Hamilton）依据美国对华的出口比例数据提出，对华贸易在美国整个出口贸易和国民生产总值（GNP）中都只占据很小的比例，因而认为经济贸易很难构成吸引美国侵入菲律宾的原因。与此同时，加拿大市场、欧洲市场，甚至是日本市场对于美国的重要性都要远大于中国市场。在美国的出口总额中对华贸易只占据了1.7%，而

---

① Julius W. Pratt, *Expansionists of 1898: The Acquisition of Hawaii and the Spanish Islands*, Baltimore, Maryland: The Johns Hopkins Press, 1936, pp. 232-233.
② Warren I. Cohen, *America's Response to China: A History of Sino-American Relations*, New York: Columbia University Press, 2000, p. 43.
③ 〔美〕罗伯特·卡根:《危险的国家：美国从起源到20世纪初的世界地位》，袁胜育、郭学堂、葛腾飞译，社会科学文献出版社2016年版，第359—360页。

同时期的对日贸易占据了2.1%，对包括英国、德国、法国在内的欧洲国家的贸易占据了整个出口贸易的65.1%，对近邻加拿大的贸易也达到了12.4%。汉密尔顿据此认为，中国的商业价值远不能吸引美国的太多注意。① 在汉密尔顿看来，麦金莱等人最初仅仅将对菲律宾的侵占作为在未来和谈中讨价还价的筹码，菲律宾自身并没有什么太多的战略意义；中美之间的贸易量不仅不大，而且美国销售到中国的商品种类也较为单一。加布里埃尔·科尔科（Gabriel Kolko）也不同意美国对菲律宾的占领源自对中国市场的渴望："客观上说，中国市场对于美国整个工业来说，除了照明用的燃油和羊毛织品，整体来说是无关紧要的。"② 美国国内市场的扩大也大大降低了投资中国市场的兴趣，因此在中国的投资很大程度上是政客们的一厢情愿，难以激起商界的兴趣。同时科尔科也否定了思想和意识形态对于美国外交的决定性作用，"将思想和意识形态因素作为美国外交关系的基础往往是虚假的，与正式的外交行为并无关系，甚至造成了误导"③。科尔科认为，当时的国际权力结构变化使得美国必然走向扩张，1871—1899年是美国历史上资本和工业扩张最快速的时期，而欧洲内部的竞争构成了前所未有的恐怖平衡：一方面导致在许多殖民地出现了权力的真空；另一方面欧洲对于美国的威胁又大大减少，美国因而也就有了成为帝国的机会，希望建立起横跨整个太平洋的帝国。尽管科尔科的观点能够从体系层次来解释美国走向扩张的原因，却不能很好地解释为何美国在1898年突然将菲律宾作为自己的扩张对象。

---

① A. G. Hopkins, *American Empire: A Global History*, Princeton: Princeton University Press, 2018, pp. 109–159.
② Gabriel Kolko, *Main Currents in Modern American History*, New York: Harper and Row, 1976, p. 45.
③ Gabriel Kolko, *Main Currents in Modern American History*, New York: Harper and Row, 1976, p. 45.

这些学者实际上否定了对中国市场的觊觎促成了美国对菲律宾的兴趣，因为直到战争开始，美国在菲律宾和中国的商业投资并不多，中国市场的潜力也更多的是神话而非事实。但是认为商业利益不构成美国殖民菲律宾理由的学者却没有解释普拉特书中所说的，商界为何在美国占领菲律宾之后逐渐改变了观点，重新认识到菲律宾对于美国进入东亚市场的意义，并开始投资菲律宾的基础设施建设。

尽管如此，依然有不少学者坚持美国对外扩张中的经济因素，尤其以菲律宾学者为甚。相对于中美学者，菲律宾学者的相关著述并不多见，不过在少有的可查到的菲律宾学者著述中，强调了菲律宾对于美国的经济利益是美国殖民菲律宾的原因。在菲律宾裔学者雷纳托·康斯坦蒂诺（Renato Constantino）看来，美国对菲律宾的侵占显然是有所预谋的，至少预谋了数月有余，其预谋的时间可以追溯到1897年秋天。早在1897年，杜威就收到命令，要他在远东地区建立有效的军事力量。菲律宾不仅仅是进入中国、朝鲜、越南、印尼南部和马来半岛的重要门户，其自身还是烟草、蔗糖的重要种植基地，美国也希望将大麻种植变成菲律宾的支柱产业。① 对于这种说法，纳撒尼尔·鲍迪奇（Nathaniel Bowditch）应该也会同意，他在1962年的著作中回顾了美菲之间的早期经济关系，提出早在1786年，美国大陆会议的成员就讨论过是否有可能用在马尼拉获得贸易优势来弥补放弃密西西比河的导航权所带来的损失。1793年美国商船就造访了马尼拉，1794年开始至少有一位名叫约翰·斯图尔特·克尔（John Stuart Kerr）的美国人开始在马尼拉定居。马尼拉很长时间扮演着墨西哥—中国大帆船商贸航线的中心，也成为整个西班牙殖民地贸易中不可或

---

① Moorfield Storeym and Marcial Lichauco, *The Conquest of the Philippines by the United States, 1898-1925*, New York: Cacho Hermonos, Inc., 1926, pp. 33-43.

缺的一环。在克尔看来，长时间以来，最吸引美国兴趣的菲律宾产品是蔗糖和糖浆，而由于英法之间长时间的剑拔弩张形势，美国在西印度地区难以获得这些资源，因而将目光转向菲律宾地区。①

以经济因素为视角的最新研究专著当属霍普金斯（A. G. Hopkins）的《美利坚帝国：一部全球史》一书。在该书中，霍普金斯认为西班牙早在19世纪90年代以前就被排除于重大历史事件之外，直到1898年才以悲剧和衰落帝国的形象重新被人关注。而西班牙和美国"长时间以来以各种努力来应对建立国家大工业主义所带来的挑战，1898年的美西战争实际上是两个相似国家之间的竞争，它们尽管处在不同的发展境况中，但是都在试图解决在国家形态转变过程中所出现的相似问题……如果用更宏大的视野来看，所发生在加勒比海和太平洋上这些岛屿的事情其实是他们在应对有关如何融入世界体系的问题，自19世纪以来，这一问题席卷全球"②。19世纪后半叶，人口、工农业和海外贸易的急剧增长促使各国必须向海外扩张来适应人口增长所带来的需求。鸦片战争和苏伊士运河的开通改变了通往南中国海和印度洋的贸易路线与政治格局，此时的西班牙已经被远远抛在这种竞争之后，贸易的萎缩使其在这些地区的威望和地位大大受损。而包括菲律宾、古巴在内的殖民地，未经西班牙准许，其他国家难以进入，殖民地就不可能依赖于同宗主国以外的国家进行海外贸

---

① Nathaniel Bowditch, *Early American-Philippine Trade: The Journal of Nathaniel Bowditch in Manila*, 1796, edited and with an Introduction by Thomas R. McHale and Mary C. McHale, available through: Adam Matthew, Marlborough. China, America and the Pacific, 1962, https://www.cambridge.org/core/journals/journal-of-asian-studies/article/abs/early-americanphilippine-trade-the-journal-of-nathaniel-bowditch-in-manila-1796-edited-and-with-an-introduction-by-thomas-r-mchale-and-mary-c-mchale-new-haven-yale-university-southeast-asia-studies-1962-65-paper/244E5DB1A85992D3B1C53110D198D7CE. [2024-5-13]

② A. G. Hopkins, *American Empire: A Global History*, Princeton: Princeton University Press, 2018, pp. 337-338.

易而扩大收入。然而，西班牙自身的工业制造品缺乏竞争力，国内市场太小而无法大量消化来自殖民地的商品，而殖民地的精英阶层渴望新的、更为开放的贸易体系来获取更多的财富，这也就催生了西班牙和殖民地之间的矛盾。从币值来说，西班牙采取银本位制，但是西班牙自身工业品有限，迫使殖民地必须从英美等实行金本位制的国家中去采购工业品。1895年，菲律宾和波多黎各都对此表达了不满，要求进行币制改革，并引发了西班牙帝国内部有关金本位和银本位的讨论。霍普金斯的这一观点已经突破了传统商业利益视角的桎梏，认为美国和西班牙各自的国家转型使得双方一起一落，而西班牙转型过程中的失败导致其加大了对殖民地的盘剥，这一点使得西班牙和殖民地的矛盾加深，也为美国夺取西班牙的殖民地制造了良机。

除了经济利益以外，也有学者从军事安全和国家权力的角度出发，强调占领菲律宾能给美国带来战略安全上的利益，或是东亚权力结构上的地位变化。美西战争结束后，美国著名的海军战略学者马汉就提到了菲律宾对于美国海权的重要性。"美国必须承认并熟悉这样一个事实：由于他们不可逆转地进入世界政治，首先凭借提出门罗主义，随后凭借他们攫取与世隔绝的地理位置——最重要的是菲律宾——以及他们在中国的利益"①，而菲律宾的获得给予了美国一种适当安全性的领土优势地位，即获得针对东亚局势发展的前哨阵地，并由此而赋予美国采取行动的动力。② 从军事角度来说，"西班牙殖民帝国的衰落和东亚危机的骤然而至"③，使"我们必须在太平洋维持

---

① 〔美〕阿尔弗雷德·塞尔·马汉:《亚洲问题及其对国际政治的影响》，范祥涛译，上海三联书店2007年版，第37页。
② 〔美〕阿尔弗雷德·塞尔·马汉:《亚洲问题及其对国际政治的影响》，范祥涛译，上海三联书店2007年版，第39页。
③ 〔美〕阿尔弗雷德·塞尔·马汉:《亚洲问题及其对国际政治的影响》，范祥涛译，上海三联书店2007年版，第75页。

有效的海军实力……在太平洋和加勒比海预备一支会具有决定性作用的力量——或者至少在很大程度上有助于确定这种决定性。显然,为了具有决定性,实力并不一定总是一种最重要的砝码,而是取决于对立阵营之间已经存在的相对条件……我们只需建立一支无足轻重的海军,就会使我们有能力保护我们的考虑因素,而我们在全世界的磋商会议上却自然而然地认为它就是我们的分内之事"①。半个世纪以后,乔治·F. 凯南（George F. Kennan）也有着和马汉相类似的论述,他认为,除了亨利·亚当斯（Henry Adams）、马汉等人,19世纪末的大多数美国人不会以超过西半球地区的眼光来制定全球战略,他们已经习惯于地理环境和英国舰队给他们带来的安全,"这个国家的公众和政府思考中没有任何关于美国安全全球框架的重大意识"②。选择菲律宾作为美国对外殖民的第一步,是因为"夺取菲律宾是我们离它们最近的地方"。凯南总结了以前学者关于原因的归类:一是扩张主义者认为获取海外领土是国家利益扩张的必然结果；二是认为作为基督教文明的国家,上帝赋予了美国拯救落后地区人民的"神圣使命"；三是出于商业扩张的考量,认为获取菲律宾等地方就是为了积极地加入东亚经济圈之中。凯南以此提出自己的观点,他将战争的爆发原因归结为大众情绪、政治压力、政府内部阴谋的综合性作用。③另一位现实主义代表人物基辛格认为,美国向外扩张的国际背景是当时欧洲的国家间秩序逐渐瓦解,美国在西半球获得了优势地位,从而"几乎是违反本身意愿地成为世界强国",也就自然而然地走

---

① 〔美〕阿尔弗雷德·塞尔·马汉：《亚洲问题及其对国际政治的影响》,范祥涛译,上海三联书店2007年版,第100页。
② 〔美〕乔治·F. 凯南：《美国大外交》（60周年增订版）,雷建锋译,社会科学文献出版社2013年版,第8页。
③ 〔美〕乔治·F. 凯南：《美国大外交》（60周年增订版）,雷建锋译,社会科学文献出版社2013年版,第20—26页。

上了对外扩张的道路。从根本上说，崇尚现实主义的基辛格将美国自西半球转向追求跨洋优势地位的根本动因归结为力量的此消彼长以及美国对于国家利益和力量范围的追求。①

然而这些强调战略安全利益的学者的理论前提是将国家视作单一的理性行为体，它们追求的是利益最大化，做出的最终选择是"静止的理性的过程，按照这种逻辑，如果一个国家采取了一个对外政策行动，那么这个行动一定是有目的的"②。这种解释路径无法说明为何美国原本对遥远的菲律宾一无所知，可最终却扩大了在马尼拉湾的战争，并决定占领和殖民菲律宾——这种静态的对外政策分析无法说明美国决策中的动态变化。

19世纪晚期，美国重新拾起了半个多世纪以前并不被人所重视的"天定命运"理论，通过扩张来宣扬盎格鲁-撒克逊的政治思想，让西方文明去开化那些蛮夷之地。③ 这种道德价值观在一些人看来只不过是美国对外扩张的借口，然而那些相信美国始终坚持立国原则和道德价值观的美国学者则将对菲律宾的侵略视作美国历史上的一次重大偏差。尽管美国在此之前也进行过多次对外扩张，但是对菲律宾的侵占与其他扩张有着截然不同的意义；强调美国特殊价值观念的学者甚至否认美国对菲律宾的侵略来自对攫取领土的欲望，其也绝不是美国力量扩张的结果，而只是"出于道义和责任"，是一种"珍惜荣誉和文明"的体现。比如，塞缪尔·F. 比米斯（Samuel F. Bemis）在其详尽论述美国外交历史的著作中提道："我们可以把美国扩张的最

---

① 〔美〕亨利·基辛格：《大外交》，顾淑馨、林添贵译，海南出版社1998年版，第21—45页。
② 张清敏：《对外政策分析》，北京大学出版社2019年版，第26页。
③ Julius W. Pratt, *Expansionists of 1898: The Acquisition of Hawaii and the Spanish Islands*, Baltimore: The Johns Hopkins Press, 1936, p. 1.

高峰——获取菲律宾看作是国家的一个重大偏差。"① 这在某种程度上也能解释为何更多的研究关注古巴问题而不是菲律宾问题（除了美国对菲律宾的西班牙人的进攻是如此快速和出乎意料这一点之外）。另外，大量有关美西战争的研究论著的关注点大多对准更具有道义性质的古巴问题，而菲律宾问题则显得如此"离经叛道"。他们认为，美国当时的对外战略在于结束欧洲在世界各地的传统殖民制度，而美国拒绝撤出菲律宾并且镇压民族运动实际上就成了"违背门罗主义原则的例证"②。

汉密尔顿在其著作中纵览了美国自建国以来至1896年为止的20次扩张行动，这些扩张行动中既有成功也有失败的案例。汉密尔顿认为，对菲律宾的侵占与之前那20次扩张行动中的绝大多数不尽相同。首先，先前的扩张目标更为明确、清晰，就是为了向外扩张美国的文明、文化和制度，扩张行动所获取的地区也很快成了美国新的领土；其次，扩张时所面对的文化基因是盎格鲁-撒克逊式的，而东西部地区原来的凯尔特人、德意志人很容易就接受了美国的文化、制度，那些无法接受的原住民、黑人就会迁移至美国的疆域之外，这也就保持了美国制度文化的纯粹性，而这恰恰是与欧洲的老牌殖民主义国家的不同之处。美国1896年以前的扩张更强调平等和制度文化的一致性，而非军事上的征服、政治上的附属或者经济上的剥削。然而，与先前的扩张相比，汉密尔顿认为1898年的这场征服是"突如其来、出乎意料、彻底不同"的，其占据的领土以及扩张本身对于美国而言有

---

① 〔美〕S.F.比米斯：《美国外交史》（第二分册），叶笃义译，商务印书馆1987年版，第284页。
② 郭宇立：《美国的大国成长道路：制度治理与战略选择》，北京大学出版社2011年版，第206页。

了全新的含义。① 有美国学者进一步指出，这种"反常"甚至深深影响了美国现今的外交政策。②

总体看来，这一类学者还是认为美国对菲律宾的占领源于美国的民主和道德价值观。作为"山巅之城"，美国希望将民主价值观念在东亚地区进行推广。罗伯特·卡根（Robert Kagan）对此就显得更为肯定，他认为美国并没有攫取领土的欲望，"在1898年之前……没有任何一个处于负责任位置的美国官员要求攫取亚洲大陆上的领土，即便是那些后来觊觎菲律宾，或者希望环亚洲岛链的任何部分成为美国囊中之物的被贴上'帝国主义者'标签的人，也没有这种想法，更不用说去殖民地的可能了。即便是对夏威夷的攫取，包括尚未开建的跨地峡运河，以及那些浅肤色夏威夷人的所作所为，也更主要的是与保卫美国在西半球的利益有关，而非将美国的力量向亚洲扩展"③。即使是对于菲律宾的占领，美国也仅仅出于道义和责任，"他们希望利用他们不曾有过的领土征服的历史，而且显然在未来也不会存在的领土野心，来从诸如中国、日本和朝鲜这些亚洲国家那里赢得信任、友谊和商业利益，运用美国的商业和技术知识来帮助他们走向进步和文明。而他们这样做并不试图行使霸权"④。在《危险的国家》一书中，卡根明确指出："美国人官方或非官方地以这种方式涉足亚洲，

---

① Richard F. Hamilton, *President Mckinley, War and Empire, Vol. 2, President Mckinley and American's "New Empire"*, New Brunswick: Transaction Publishers, 2007, pp. 1-23.

② Matthew Cooper, "Why the Philippines Is America's Forgotten Colony," *National Journal*, November 15, 2013, https://www.proquest.com/magazines/why-philippines-is-americas-forgotten-colony/docview/1468667616/se-2. [2024-5-10]

③ 〔美〕罗伯特·卡根：《危险的国家：美国从起源到20世纪初的世界地位》，袁胜育、郭学堂、葛腾飞译，社会科学文献出版社2016年版，第356页。

④ 〔美〕罗伯特·卡根：《危险的国家：美国从起源到20世纪初的世界地位》，袁胜育、郭学堂、葛腾飞译，社会科学文献出版社2016年版，第356—357页。

更主要的是与对道德、荣誉、责任的认知，与美国人一贯对进步和文明的更加关注，与美国人将商业贸易置于重要但从属的地位有关。美国官员乐见亚洲国家领导人将美国视为一个无私的仲裁者，一个以比欧洲国家更高的道德水平行事的国家，美国人也正是如此看待自己的……美国相信，如此友好的帮助，对于促进亚洲朝着现代文明前进提供了一个机会。"① 沃尔特·麦克杜格尔（Walter A. McDougall）同样也认为，占领菲律宾只是为了维护美国荣誉和力量：麦金莱认为，如果将菲律宾归还给西班牙，则是"懦弱而不荣誉"的做法；如果让对手获得，那么也是"不划算且没面子"的；而任由菲律宾人独立的话，只会导致"无政府的乱象，这比被西班牙统治更糟"，所以"我们别无选择，只能接管菲律宾，教育菲律宾人，提升他们的水平，教化他们，让他们变成文明的基督徒；凭着上帝的恩典，竭尽我们所能来帮助他们，视他们为基督同样为之牺牲的同胞"。②

以上学者始终都将国家视作不可分割的行为体，而另一部分学者则从政府层次分析视角出发，认为国内政治也是导致美国对外扩张的原因，该行为是国内政治和社会发展的结果。例如，学者克莉丝汀·霍根森（Kristin L. Hoganson）就另辟蹊径，将美国发动美西战争的原因归结为内战结束后，部分帝国主义者认为国内政治的发展正面临着女性化的威胁，因此力促政府对外发动战争以净化国内政治，克服开始显现的国内民主化危机和国民的颓废趋势，促进国内团结，即扩张不但不会破坏国内的和平，反而能促进民主。而帝国主义者为了压制来自反帝国主义的反对意见，将对手描绘成缺乏男子气质的形象，达

---

① 〔美〕罗伯特·卡根：《危险的国家：美国从起源到20世纪初的世界地位》，袁胜育、郭学堂、葛腾飞译，社会科学文献出版社2016年版，第369页。
② 〔美〕沃尔特·麦克杜格尔：《激荡太平洋：大国四百年争霸史》，李慧珍、赖慈芸、周文萍、连惠幸译，北京联合出版公司2014年版，第368页。

到抹黑对手的目的。① 在霍根森看来，美西战争就是一场为了维护男性气质而进行的战争。里克·巴尔多兹（Rick Baldoz）和塞萨尔·阿亚拉（Cesar Ayala）则在他们合著的书中提到，应从公民权和殖民主义之间所形成的张力来理解美国对菲律宾和波多黎各所采取的外交政策。美国政府将这两处宣布为"未合并地区"，它们都处于"既不是完全国内也不是完全国外"的地位。美国对菲律宾的占领只是"临时性的"，只是源于一种"政治上的考量"，只是为了教化当地人学习到盎格鲁-撒克逊的政治制度，只要他们有能力成立共和国，那么在未来的某个时期就会允许他们独立。正是因为这种历史性，所以菲律宾人也就不能获得美国的公民权，他们的未来属于他们自己所建立的国家。② 不同于波多黎各，美国国会明确指出，美国宪法所提供的权利和军事上的担保完全不适应于菲律宾。巴尔多兹和阿亚拉分析比较了波多黎各和菲律宾，认为美国对它们的不同政策是源于政治上的考量、军事上的部署、商业发展的潜力、种族的融合和非融合性、人口规模以及当地居民对于美国政治价值观的认可态度等多个因素，将菲律宾纳入美国的版图之中有损于美国自身的建国之本，由此国会并不希望让菲律宾人享有与美国公民平等的权利。

罗伯特·米勒（Robert Miller）则从地方政治探讨了美国在这一时期的对外扩张政策，视加利福尼亚州为一个整体，将美国在太平洋领土的兼并行为视作加州扩张商业和工业能力的好机会。但是进一步观察加州内部，则会发现分歧依然存在：北加州认为扩张是美国联邦

---

① Kristin L. Hoganson, *Fighting for American Manhood: How Gender Political Provoked the Spanish-American and Philippine-American Wars*, New Haven: Yale University Press, 1998.

② Rick Baldoz and Cesar Ayala, "The Bordering of America: Colonialism and Citizenship in the Philippines and Puerto Rico," *Journal of the Center for Puerto Rican Studies*, Vol. 25, No. 1, 2013, p. 80.

政府为了防止加州政府掌控太平洋沿岸权力,从而构成对联邦政府的侵蚀,因此反对扩张;南加州则相信扩张有利于发展其港口和铁路连线,从而给该地区更多的经济自由,免受东部州和旧金山的牵制。① 米勒并不是唯一提出该观点的人,早在1902年就有人在《德文和埃克塞特公报》上刊文,提出美国对菲律宾的战略,可以使得阿拉斯加海岸更为重要,因为北美能够通过阿拉斯加建立起与菲律宾的直航航线。②

阿瑟·斯坦利·林克(Arthur Stanley Link)提出了国家性格的转换使得美国走向扩张。他认为,1861—1877年,美国开始了国家政治的重建,美国的商业领袖将领导权从农场主的手中夺了过来,由此也改变了国家的性格:美国从原有的农场主式的田园国家开始转向商业扩张的帝国。③ 资本家所掌控下的美国也放弃了自华盛顿到杰斐逊时代所偏爱的农业社会下的田园牧歌和偏安一隅,转而积极地在全世界范围内攫取资源、开拓市场以及输出资本。

同时,也有人从菲律宾国内的发展形势入手,认为其国内政治制度的失败也是菲律宾最终沦为美国殖民地的原因之一。菲律宾领导人阿奎纳多(Emilio Aguinaldo)所建构的共和国政治制度结构,"意在面对内部分裂和外部威胁之际,也能确保其主权独立",其整个结构试图"按照欧洲的方式来组织政治和军事结构,以此来证明菲律宾的文明化和有能力自治"。这种战略的失败,使得菲律宾陷入了战后

---

① Robert Miller, "California's Press and Pacific Expansion 1898–1900: Territiorial Annexation as a Local Issue," Dissertation, California State University, 2006.
② *The Devon and Exeter Gazette* (Exeter, England), Thursday, May 1, 1902; pg. 5, https://www.newspapers.com/image/793582227. [2024-5-10]
③ Arthur Stanley Link, *American Epoch: A History of the United States since the 1890's*, Knopf, 1955, p. 5.

沦为美国殖民地的境地。①

一部分学者从微观层次出发,就当时最高决策者美国总统麦金莱在美西战争中所起的作用进行研究。关于麦金莱总统在发动对菲律宾战争中所起的作用始终存在争论,有的学者认为麦金莱是迫于舆论和扩张主义者的压力,而麦金莱自己同他的前任克利夫兰总统一样,都是尽可能地避免战争。这一观点某种程度上是为麦金莱对于美国向帝国的转变开脱责任。在这些学者看来,美国在菲律宾所采取的行动很大程度上是来自社会的压力。其中,很多学者都谈到了美国当时很多扩张主义者对于决策者的影响,例如艾米丽·哈恩(Emily Hahn)认为,扩张主义者"都意识到需要在麦金莱背后推一把才能实现他们想要的东西"②,因此他们积极推动美国的向外扩张。即使是凯南也认为,发动对西班牙战争"这一决定似乎更应当归因于美国舆论的状态,归因于国会选举年的事实,归因于一部分美国媒体的厚脸皮和极其不可思议的好战,归因于来自各个政治方面的自由而坦率地施加给总统的政治压力(顺便说一句,这是一个有趣的事实,即金融圈和商业圈,所谓的战争煽动者并没有参与其中,他们通常不赞同我们参与战争的观点)……伴随着国会和民众的赞誉,我们的政府在除战争以外解决问题的可能性远没有用尽的情况下对其他国家发动了战争"③。而另一部分学者则维护麦金莱在决策过程中的权威作用,例如刘易斯·古尔德(Lewis L. Gould)在有关麦金莱的传记中就指出,

---

① Celedonio A. Ancheta, "The Acquisition of the Philippines by the United States," Dissertation, University of Southern California, 1934, pp. 7-8.

② Emily Hahn, *The Islands: America's Imperial Adventure in the Philippines*, New York: Coward, McCann & Geoghegan, 1981, p. 38.

③〔美〕乔治·F. 凯南:《美国大外交》(60周年增订版),雷建锋译,社会科学文献出版社2013年版,第14—15页。

他在整个决策中起到了关键作用，从此美国关于战争的决策由国会转移到了总统，因而麦金莱正是现代美国总统制的奠基者。与之相对应的是，为了维护麦金莱的形象，古尔德认为那些关于美军在美菲战争中的一些行为和针对菲律宾战俘的酷刑也有夸大之嫌。所以，不排除古尔德既希望强调麦金莱并非傀儡总统，又希望将麦金莱的英雄形象与美军在菲律宾的那些不符合美国传统价值观的行为相切割。[①] 在两种观点之外，还存在着第三种观点，其认为在从吞并夏威夷到侵占菲律宾的整个过程中，麦金莱的态度并非始终如一的，例如厄内斯特·梅（Ernest R. May）就展现了麦金莱决策变化的大体过程。受到公众情绪的影响，以及杜威和其他美国官员不断发回来的各种有关菲律宾的情报，麦金莱逐渐明确做出了有关占领菲律宾的决策。梅为此评价道："在占领夏威夷的问题上，麦金莱扮演着一个不显著的角色，但是占领菲律宾看似应该是他的决定，不管是赞誉还是批评，这应归于他的行为，行政而非国会开始成为决定外交事务的部门。这一情况所导致的结果就是，不仅仅麦金莱自己，而且就整个美国而言，看起来都选择了帝国主义作为自己的外交战略。"[②]

如果说以上学者仅仅是从某一个角度来探讨美国殖民菲律宾的原因的话，也不乏有一些学者提出了对菲律宾的混合动机（mixed motives）。霍华德·韦恩·摩根（Howard Wayne Morgan）在《美国通向帝国之路》一书中提出，美国对菲律宾群岛的觊觎来自混合动机：对菲律宾人的责任，对外国控制菲律宾而可能对于美国商业造成危害的恐惧，利润丰厚的东方市场中贸易和政治的光明前景，以及强烈的

[①] Lewis L. Gould, *The Spanish-American War and President Mckinley*, Lawrence: University Press of Kansas, 1982.

[②] Ernest R. May, *Imperial Democracy: The Emergence of America as a Great Power*, New York: Harcourt, Brace & World, 1961, p. 262.

不可避免的感觉。此外，对于那些扩张主义者来说，为了美国的伟大，他们也愿意做出巨大的牺牲。①

在研究美国与远东关系史的权威性著作《远东国际关系史》中，马士等人试图更为全面地探讨美国开始进入亚洲的原因，他们首先强调了宗教和政治的因素："美国在远东的兴趣是宗教的和政治的，还不是商业的。"对于美国在菲律宾的扩张，马士等认为这不过是美西战争中的一场"偶发的事件"，而美国与菲律宾"维持着友好的关系"；在菲律宾人的眼里，"美国人的到来是托天之佑"。巴黎和谈中，美国认为："无论是将群岛交还他们许多年来所反对的西班牙人去统治，或者是让他们转归另一个欧洲国家或是一个亚洲国家去治理，这都是不公平的。群岛上的各族人民，由于有种族上、语言上和宗教上的分歧，并没有掌管和维持一个独立政府的准备。为了这个群岛的本身，为了维持太平洋和远东的和平，以及为了美国本身的利益，美国政府决定保持这些群岛……西班牙人的长期统治绝没有使群岛的各异族人民准备好独立的条件，而且那个时期的远东国际局势，也不会容许他们在国内最好的情况下保持住独立。"② 而在美国提出"门户开放"政策以后，对菲律宾的占有之于美国又增加了新的含义：群岛成为保障"门户开放"政策得以顺利实施的关键所在。"从此以后，美国列入了世界强国之中，而对于研究东方历史的人更重要的是，它已经确确实实地成了一个亚洲的强国。在美国国务院和其他国家的外交部以外，很少有人懂得这些情形，可是这并不减少其重要意

---

① Howard Wayne Morgan, *America's Road to Empire: The War with Spain and Overseas Expansion*, New York: John Wiley & Sons, Inc., 1967, p.97.

② 〔美〕马士、宓亨利:《远东国际关系史》，姚曾廙等译，上海书店出版社1998年版，第417—418页。

义。"① 然而马士等也并没有否定商业因素在美国随后行动中所起到的重要作用。"虽说远东的形势并不成为战争爆发的原因,可是,在斗争的进行和解决上却是一个重要因素。""在1844年和1858年之间,美国对远东的商务曾经迅速地增长,从60年代起直到1895年,它逐渐衰落,有几家年代悠久和声誉卓著的美国公司宣告破产。在1860—1987年间,美国同中国的贸易,从贸易总数的3%降低到2%;同日本的贸易从一无所有而上升到2%。在十九世纪的后四十年中,美国在远东的兴趣是宗教的和商业的。虽说如此,到了本世纪末,中国的瓜分已在意料之中的时候,美国制造商在世界市场上的利害关系已渐渐使美国政府有理由对于远东重新发生兴趣了……在1898—1899年间,美国也有必要获得一种与租让权、势力范围以及德、俄、英、法和日本等国同中国所订立的不割让协议之类的东西相对等的事物。"②

除此之外,马士等还将战争归结为一种应急式的反应:"在战争发生以前,或在战争过程中,德国政府正在商谈从西班牙方面购买菲律宾群岛、加罗林群岛、拉德伦群岛和帛琉群岛事宜……在马尼拉湾战役之后不久,两艘德国军舰就奉德皇之命,在海军司令迪德里赫率领下驶到马尼拉。"③ 此外,"远东的形势,特别是中华帝国的形势,对于美国政府最后处理菲律宾群岛的决定,不能没有深远的影响。现在机会出现了,既不必参加对中华帝国的瓜分,也不必对菲

---

① 〔美〕马士、宓亨利:《远东国际关系史》,姚曾廙等译,上海书店出版社1998年版,第418页。
② 〔美〕马士、宓亨利:《远东国际关系史》,姚曾廙等译,上海书店出版社1998年版,第413页。
③ 〔美〕马士、宓亨利:《远东国际关系史》,姚曾廙等译,上海书店出版社1998年版,第414—415页。

律宾人民作出不公正的行为,就可以对欧洲列强在中国的地位,取得部分的均势"①。

综合前文论述,中国学者基本上更习惯于从经济角度去研究国家行为动机,认为工业资本主义和垄断经济的发展促成了美国的对外扩张,对东亚特别是中国市场的觊觎是美国选定菲律宾作为目标的主要原因。在一些菲律宾裔学者来看,他们更愿意相信菲律宾自身丰富的自然资源才是吸引美国的原因。美国学者的研究显得更为多元:有的从国际体系来分析动因,认为力量的变化促成了美国的扩张;有的更倾向于从国内政治变化来探讨美国为何在20世纪晚期走上了扩张的道路,提出了国家性格、政治制度变化或者商业利益等影响因素,还有学者就地方政治或个人来探讨美国政治的变化。当然,这些学者基本上还是认为美国对菲律宾的侵占是美国政策的必然结果,但另有一些学者对此提出反对。除了汉密尔顿以外,安德斯·斯蒂芬森(Anders Stephanson)在他的著作中也认为,美国的扩张主义完全不同于美国建国以来的"天定命运"理论,扩张的地区不再是认同美国价值观的毗邻地区,就算并入美国之后当地民众也不能享有与美国公民平等的权利的地位,美国这一行为本身就是为了追求扩张。② 当然,摩根、马士等人尽管试图从多个因素来解释这种变化,但是基本上仍是以单一的理性行为体为其出发点,来探寻美国走上扩张道路的原因,因而也无法说明美国对外政策变化的原因。

美国对菲律宾的侵占究竟是正常行为还是反常行为?从整体上说,大部分以体系为研究视角的学者都偏向于认为,由于国家力量或

---

① 〔美〕马士、宓亨利:《远东国际关系史》,姚曾廙等译,上海书店出版社1998年版,第416页。

② Anders Stephanson, *Manifest Destiny: American Expansionism and the Empire of Right*, New York: Hill and Wang, 1995.

经济的变化，美国占领菲律宾是正常的。但在那些以国家政治为研究视角的学者或者麦金莱的传记作者看来，更偏向于认为这是美国外交的一次反常，因为它部分偏离了美国的价值观和麦金莱自己的想法。如果说美国占领菲律宾是正常的话，为什么菲律宾既不像古巴那样很快获得独立，也不像波多黎各、关岛等地那样最终成为美国的海外领土，更不用说如夏威夷那样成为美国的一个州。美国直至巴黎和谈期间，依然就是否占领菲律宾而争论不休，甚至在《巴黎和约》签订后，美国国内依然有人试图纠正这种"偏差"，修正美国的对外政策。但是如果说美国侵占菲律宾只是一种反常的话，为何这种反常会突然出现，并且麦金莱和美国公众能够很快接受这种反常呢？如果说美菲之间隔着一片宽阔的太平洋，使得美国人对菲律宾茫然无知，更谈不上什么同情之心，那么这种感情是使得美国更愿意选择殖民菲律宾，并导致菲律宾难以获得独立地位的原因吗？如果是这样的话，那么美国同意菲律宾独立的原因又是什么？可见，美国在对待菲律宾问题上所表现出的正常与反常只是相对的关系，然而现有研究不论是强调正常或者反常，都仅选取了某一研究视角，不能完全展现出二者之间的逻辑辩证关系。

此外，如果说美国侵吞菲律宾标志着以罗斯福、洛奇为主的帝国主义分子取得了舆论上的胜利，美国走上了向外扩张的帝国主义阶段，那么为什么美国在仅仅拥有了菲律宾这一块殖民地之后，又停止了向外扩张的进程？如果说帝国主义者在殖民菲律宾问题上取得了胜利，那么在"一战"结束之后，美国又何以再次在是否介入世界事务问题上，经历了一场孤立主义与威尔逊主义之争，且在此次争论中，帝国主义者们却已经销声匿迹了呢？

从整个美西战争来看，特别是在菲律宾的战争中，美军的表现远远超出了美国人的预期。杜威舰队在马尼拉湾的轻松获胜很容易让人们忽视一个事实,那就是美国在战前的准备是如此不充分,思想上就连被奉为海军战略圭臬的马汉也显然没有做好准备:"在7月,'缅因号'沉没的三个月后,美国的最重要的战略家马汉,依然对发动与西班牙的战争持保守态度。"① 而此时,距离马尼拉湾的胜利已经过去两个月有余。不仅在国家战略上没有做好准备,就连海军人员也没有完全做好准备。霍普金斯叙述道:"缺乏准备使得人们产生了一丝疑惑,美国当时是否有早已制定的战略,讨论如何使用武力将西班牙赶出去并占领这些岛屿。尽管如此,这并不意味着美国只是被动地卷入这场战争,但是可以说明为什么麦金莱一直坚持用外交来主动解决,他原本所选择的战略只是希望调用海军封锁古巴,并且允许菲律宾人的起义军袭扰西班牙军队,直至将西班牙人击败。美国有足够的方式来实现这一个目标,并不需要冒着将自己糟糕的装备和缺少训练的部队投入于外国陌生的土地上的风险。美国现有的这支老旧海军用来将部队运送到古巴,尽管冒着风险,却也还能胜任,但是让他们来菲律宾海域打一场战争,那就是远远不行的了。"② 美国的海军部虽然曾经为这场战争制定过相关战略,但这也仅仅局限于海军高层的兵棋推演,而在海军人事、后勤保障上显然都还没有做好准备。尽管美国在19世纪晚期建立了一支新兴海军,霍普金斯认为这也并不意味着美国海军渴望着这场战争,这支刚建立的现代海军有可能赢得一场海上战争,然而这并不必然会促使这支海军希望通过战争来证明自己,其目的也并不是去占领某一处海外领土。"这支海军心甘情愿地

---

① David L. T. Knudson, "A Note on Walter Lafeber, Captain Mahan, and the Use of Historical Sources," *Pacific Historical Review*, Vol. 40, No. 4, 1971, pp. 354-355, 521.

② A. G. Hopkins, *American Empire: A Global History*, Princeton: Princeton University Press, 2018, p. 355.

成了美国国会中的扩张主义者的代理人,对于后者来说,他们是希望通过对外的扩张来弥合自19世纪90年代出现的国内不稳定因素。"①

当我们审视这场发生在100多年前的战争时,就会发现从战争筹备阶段到战争结束,美国在战争中的诸多表现都说明其并非一开始就为这场战争做好了准备,因此不论是商业利益还是安全利益都并非美国发动马尼拉湾战争的目的。在目前的静态研究中,单一的理性行为体视角既无法解释在没有界定利益的前提下,美国何以决定扩大在马尼拉的战争,进而殖民菲律宾;也无法解释美国关于菲律宾决策的动态变化。相比较而言,过程研究更适合追踪美国决策的变化。传统国际关系理论认为,利益是行为的动因,因此利益必然先于行为而形成。但是美国国内社会并非一开始就明确自己在菲律宾的利益,直至马尼拉湾海战结束以后,美国国内才开始就菲律宾的处置问题展开争论。显然,这与传统国际关系理论产生了矛盾。

---

① A. G. Hopkins, *American Empire: A Global History*, Princeton: Princeton University Press, 2018, p. 355.

第一章
19世纪晚期的美国与西班牙治下的菲律宾

整个19世纪,是以欧洲为中心的世纪,与工业革命相伴而生的是近代军事组织和技术的发展以及民族主义的兴起。剩余资本的积累、人口的迅速增加,对生产原料、市场以及传教士的需求等一系列因素,促使欧洲各主要强国纷纷走向海外扩张之路,并掀起了帝国瓜分世界的潮流。两个生活在欧洲权力边缘的国家在各自的路径上嬗变着:身处西半球的美国远离欧洲中心,刚从欧洲的殖民统治中独立出来仅仅百余年,内战结束以后,实现了某种意义上的国家"重建","由此而进入民族建构"[①]的新阶段。随着国内市场的统一,资本主义发展的障碍被进一步扫清,美国快速地走上了现代化的道路,开始逐渐向世界的权力中心靠近。与之相对的是,西班牙早在18世纪就已经被摒弃在欧洲的政治权力中心之外。依赖于中转贸易的西班牙在现代化改革中走向了失败,自身经济羸弱,无力经营其在海外的各个殖民地,包括古巴、菲律宾在内的各个殖民地与其在经济上矛盾不断。

---

① 〔德〕于尔根·奥斯特哈默:《世界的演变:19世纪史》,强朝晖、刘风译,社会科学文献出版社2016年版,第803页。

第一节 19世纪晚期的美国

19世纪中叶，美国爆发了长达数年之久的内战。这场内战虽然让美国付出了巨大的人力和财产上的代价，但也结束了美国在现代化进程中停滞不前的状态。美国政府在战争时期采取了举债行为，内战结束以后，"联邦政府优先还债不是急于绿背纸币的回收，结果流通的绿背纸币在1866—1893年期间仅从4.29亿美元下降到3.74亿美元……这些偿还的债款被用于私人投资，从而导致战后总投资在国民生产中所占比重大大提高"①。投资的扩大、黑人农奴的解放，扫清了资本主义发展的诸多障碍，同时这场战争还"一劳永逸地解决了美国的国家团结问题，尽管派别分歧依然存在、种族裂痕没有消失，但国家的政治团结不再受到挑战……（美国）政府现在能够专心处理对外事务而不再担心它们对国内凝聚力带来的直接的影响"②。到了19世纪晚期，美国渐渐从内战的创伤中走了出来。另外，美国国内政治开始面临新的危机，在一些人眼里，对外扩张成为解决这一顽疾的良药。

一、经济

结束内战的美国，摧毁了阻碍其工业发展的屏障，工业能力得到了快速发展。19世纪晚期开始的第二次工业革命，工业中心由英国向美国和德国转移：70年代起，美国已经成为当时机器工业发展的

---

① 韩铁:《略论美国内战在经济上的代价和影响》，《世界历史》2002年第2期，第17页。
② 〔美〕入江昭:《美国全球化进程（1913—1945）》，张振江、施茵译，载〔美〕孔华润主编:《剑桥美国对外关系史》（第三卷），王琛等译，新华出版社2004年版，第9页。

世界中心之一，同一时间，南方经济也有所恢复，①整个美国的国内生产总值（GDP）自70年代起迅速增长；90年代之后，美国在工业和军事上具备了维护西半球霸权的物质基础（见表1-1）。

表1-1　1850—1895年美国的GDP变化

年份	名义GDP（百万美元）	实际GDP（百万美元，按1996年美元时价）
1850	2.5	41.8
1855	4.0	57.1
1860	4.5	68.6
1865	9.4	80.7
1870	8.2	94.8
1875	8.5	111.0
1880	11.9	172.5
1885	12.2	192.5
1890	14.5	230.5
1895	15.5	266.5

资料来源：Historical Statistic Ca 9-10; Statistical Abstract 2009 T645，转引自〔美〕乔纳森·休斯、路易斯·凯恩：《美国经济史》（第八版），杨宇光等译，格致出版社2013年版。

1872年，美国的GDP超过英国，"到1898年时，美国的经济总量已经把英、德、法三国远远地甩在后面"②。这一时期，美国的制造业迅速发展，其增长幅度甚至超出了人口增长幅度，原本以农业为主的国家开始向世界工业大国转变，工业人口迅速增加。科学技术的

---

① 〔美〕乔纳森·休斯、路易斯·凯恩：《美国经济史》（第八版），杨宇光等译，格致出版社2013年版，第289—290页。
② 王晓德：《美国外交的奠基时代（1776—1860）》，中国社会科学出版社2013年版，第15页。

运用，使得工业生产产量大幅度增加（见图1-1）。国内人口的增长幅度落后于产量的增长，促使美国需要扩张其海外市场，为这些工业产品寻找更大的海外市场。

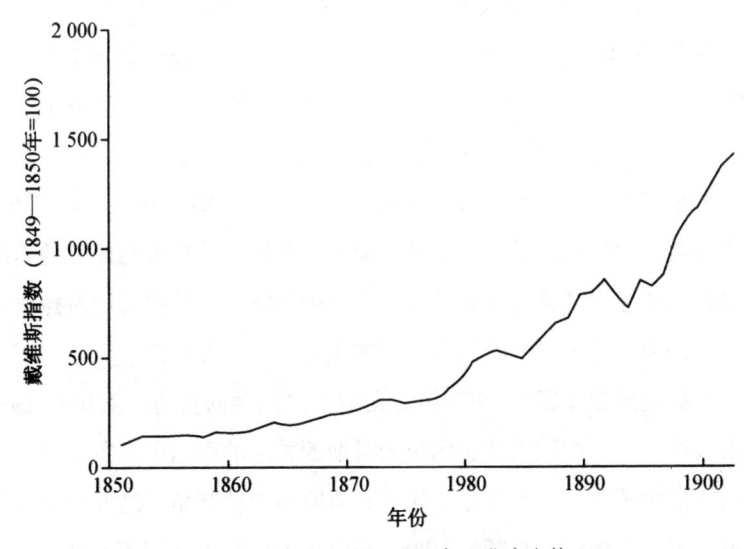

图1-1　美国1850—1900年工业产出值

资料来源：Joseph H. Davis, "An Annual Index of U. S. Industrial Production, 1790-1915," *Quarterly Journal of Economics*, Vol. 119. No. 4, 2004，转引自〔美〕乔纳森·休斯、路易斯·凯恩：《美国经济史》（第八版），杨宇光等译，格致出版社2013年版，第365页。

资本主义工业的发展，又进一步促进了美国社会的城市化进程。1890年，美国相继诞生了三个人口超过100万的大城市（纽约、芝加哥和费城），超过十万人的城市达到28个。在美国的城市里，传统的美国生活模式被彻底改变："劳动的分工、不需要技能、最终的机械化、学徒制的瓦解、从工匠的家庭到分离的制造厂和血汗工厂的劳动迁移、旧的贸易形式的放弃和新的工作节奏和规则的产生、在雇主和熟练工人之间的共同点和效忠的切断、决定劳动工作条件和物质报酬的权利的转移，以及熟练工人在其行业内自立成为他们雇主的机会的减少等都是以不同的方式和在不同的行业进行的工业的变化。"①

虽然如此，此时农业依然在美国经济中占据着非常大的比重。1880年，农业人口占据美国总人口的65%，即使到了1900年，农业人口依然占51.7%。1890年，制造业创造的价值开始超过农业。1900年，制造业所创造的价值达到农产品创造价值的一倍以上。然而，农业出口自1860年一直处于增长状态，1897年玉米出口达到了出口的最高峰，肉类品的出口额也在19世纪末期跃居世界前三位。这意味着，同样以种植业为主的东亚各国在经济结构上与此时的美国并没有形成非常紧密的互补关系，美国的经济形态使得美国对掠取原料产地的欲望还远没有欧洲老牌资本主义国家那般强烈。

依据美国农业部于1900年提交给美国国会的报告，美国在1898年出口给日本、中国以及英国统治时期的香港的商品中，贸易量前五位的依次为羊毛、羊毛制品、煤油、面粉和钢铁制品，这五种商品几乎占据了对亚洲出口总额的80%。当年，美国对上述国家和地区的出口总额为 28 859 635 美元，其中对日出口额为 14 923 371 美元，对华出口额为 8 889 374 美元，对香港的出口额为 5 046 890 美元（见表1-2）。② 美国自上述地区进口的主要商品则是丝绸与茶叶。1898年，美国从上述地区进口商品的总金额为 44 617 103 美元（见表1-3），其中，丝绸的进口额为 23 959 935，茶叶为 8 896 836 元，两样商品占据了总进口额的大约70%。除此之外，进口的主要商品还包括羊毛、

---

① 〔美〕斯坦利·L. 恩格尔曼、罗伯特·E. 高尔曼主编：《剑桥美国经济史》（第二卷），高德步、王珏、李淑清译，中国人民大学出版社2018年版，第782页。
② Frank H. Hitchcock, "Our Trade with Japan, China, and Hongkong, 1889–1899," Government Printing Office, 1900, p. 13, https://li.proquest.com/elhpdf/histcontext/A1203-18.pdf.〔2024-5-10〕

面粉、鸦片、糖、菜油、大米和毛皮等。① 美国与亚洲诸国的进出口贸易依然以农产品为主,双方经济的互补性有限。

表1-2 美国出口到日本、中国及英国统治时期的香港的商品贸易额(1894—1898年)(单位:美元)

年份	农产品出口额	非农产品出口额	总计
1894年	3 601 140	10 446 853	14 047 993
1895年	4 850 631	7 556 247	12 406 878
1896年	5 411 121	13 831 645	19 242 766
1897年	8 187 843	23 015 195	31 203 038
1898年	14 356 614	22 223 752	36 580 366
5年平均值	7 281 470	15 414 739	22 696 209

资料来源:Frank H. Hitchcock, "Our Trade with Japan, China, and Hongkong, 1889-1899," Washington D. C.: Government Printing Office, 1900, p. 11。

表1-3 美国由日本、中国及英国统治时期的香港进口商品的贸易额(1894—1898年)(单位:美元)

年份	农产品进口额	非农产品进口额	总计
1894年	28 992 575	8 461 486	37 454 061
1895年	34 188 832	10 829 430	45 018 262
1896年	38 195 095	10 784 071	48 979 166
1897年	34 068 324	11 269 136	45 337 460
1898年	38 843 236	7 453 327	46 296 563
5年平均值	34 857 613	9 759 490	44 617 103

资料来源:Frank H. Hitchcock, "Our Trade with Japan, China, and Hongkong, 1889-1899," Washington D. C.: Government Printing Office, 1900, p. 24。

---

① Frank H. Hitchcock, "Our Trade with Japan, China, and Hongkong, 1889-1899," Government Printing Office, 1900, pp. 24-28, https://li.proquest.com/elhpdf/histcontext/A1203-18.pdf.[2024-5-10]

另外，此时亚洲远非美国海外投资的主要对象地。1897年，美国对亚洲的直接投资额仅为2 300万美元，而同时期对欧洲的直接投资额为1.3亿美元，加拿大为1.5亿美元，即使是对包括古巴在内的西印度群岛，美国的直接投资额也达到了4 900万美元（见表1-4）。

表1-4　1897年美国海外投资额及所占比重（单位：百万美元）

地区	直接投资	组合投资	投资总额	所占美国海外投资比重
欧洲	131.0	20.0	151.0	22.1%
加拿大	159.7	30.0	189.7	27.7%
古巴及西印度群岛	49.0	0	49.0	7.2%
墨西哥	200.2	0	200.2	29.2%
南美洲	37.9	0	37.9	5.5%
中美洲	21.2	0	21.2	3.1%
亚洲	23.0	0	23.0	3.4%
大洋洲	1.5	0	1.5	0.2%
非洲	1.0	0	1.0	0.1%
国际银行	10.0	0	10.0	1.5%
总计	634.5	50.0	684.5	100%

资料来源：〔美〕斯坦利·L.恩格尔曼、罗伯特·E.高尔曼主编：《剑桥美国经济史》（第二卷），高德步、王珏、李淑清译，中国人民大学出版社2018年版，第709—712页。

此时，包括中国在内的东亚并不是美国商品的主要市场，该地区在美国的整个贸易出口量中只占据很小的份额。美国最重要的市场依然是欧洲，并且在19世纪的最后十年，美国与欧洲之间的贸易量仍然在增长。积贫积弱的亚洲诸国既无法成为美国进口的主要来源地，更不可能成为美国商品销售的重要市场。

1893 年，美国国内爆发了经济危机，这场经济危机造成了超过 600 家银行倒闭，16 000 家商业公司破产，20% 的美国国内工人失业。① "商人们将融入世界经济作为缓解经济衰退的方式。"② 然而在美西战争爆发前夕，商界并不支持美国发动对外战争来缓解这场危机，原因在于 1897 年，始于 4 年前的经济危机已经开始缓解，用对外扩张来缓解美国的经济问题已经不再是美国的最优选择。另外，对于 1898 年的战争，商界所担心的是这场战争有可能会中止经济复苏的进程，银行界更是担心这场战争会让美元贬值，而银行界和商界对于这场战争的反对，"在某种程度上直接来自金融机构的资产负债表"③ 和战争可能带来的通货膨胀，即使通过战争获得了海外殖民地，他们也不敢轻易把钱投入那些一贫如洗又刚遭战争劫难的地区。

为了尽快摆脱经济危机对美国所造成的影响，麦金莱就任总统之后，采取了高进口税的政策，以保护国内经济，然而这却使得包括欧洲在内的各主要经济伙伴都对美国采取了经济报复措施，纷纷限制美国商品进入自己的市场。于是，美国被迫转向那些经济发展实力相对有限的贫穷国家，开始与之签订互惠条约。然而这一措施收效甚微，拉丁美洲和加勒比国家的贸易量很小，对于缓解美国的贸易萧条而言只是杯水车薪。造成这一局面的很大原因在于美国同这些国家缺少经济互补性，双方交易量难以扩大。例如，美国此时出口量最大的依然是小麦和牛肉，然而这些国家也是牛肉和小麦的盛产国。因此，美国

---

① Daniel E. Brannen, Jr. and McNeil Allison (eds.), *Spanish-American War*, Detroit: U. X. L., 2003, p. 18.

② Daniel Wertz, "American Imperialism and the Philippine War, BA with Departmental Honors in History," Dissertation, The faculty of Wesleyan University, 2008, p. 16.

③ Hugh Rockoff, *America's Economic Way of War: War and the US Economy from the Spanish-American War to the Persian Gulf War*, Cambridge: Cambridge University Press, 2012, p. 52.

中部一些地区有人认为，应该劝说庞大的中国人口不再吃稻米而改成面粉，这样就能让中国成为其农产品的最大市场，而这也是其对中国市场的憧憬之一。① 恰如美国议员在1900年所说："菲律宾永远是我们的，正如宪法把它叫作'属于美国的领土'的那样。只要一跨过菲律宾，就有着中国的无穷尽的市场。我们将不愿从这两个地区中的任何一个里撤退出来。我们不愿意放弃在这些多岛海上的责任。我们不愿放弃我们在远东的机会。我们不愿意放弃我们的种族所负的使命。这个种族，按照上帝的意旨，乃是世界文明的受托者。"② 但是，中国的市场对于美国经济界来说，神话的意义远大于现实的意义，中国人有限的购买力使其无法成为振兴美国工农业的良方妙药。

除了中国的市场之外，包括菲律宾、夏威夷等在内的太平洋诸岛国，其体量均完全不足以缓解美国的经济危机。然而它们虽然"对于美国经济的作用很小，但是却展示了一定程度的多样性"，尤其是这些地区较强的制糖业对美国有着特殊的吸引力。制糖业被认为是"甜的恶人"，它是美国从古巴、夏威夷、波多黎各和菲律宾进口的最主要产品。在19世纪下半叶，美国对糖的需求迅速增长，欧洲亦然。到了1900年，糖的年均消耗达到266万吨，这一数字大约是1866年的五倍，粗糖占据着所有进口额的12%，成为美国进口额最大的商品。国内产量远远低于需求量，到了1895年，国内生产的白

---

① A. G. Hopkins, *American Empire: A Global History*, Princeton：Princeton University Press, 2018, p. 357.
② 1900年1月9日第五十六届国会第一次会议《国会记录》，第33卷，美国国会卷第1号，第704页，转引自〔美〕福克讷：《美国经济史》（下卷），王锟译，商务印书馆2018年版，第280—281页。

糖只占整个需求量的 19%。① 糖最初是一种用于出口的种植业产品，最终又吸引了一大批可以携带足够资本的人前来，这也带来了市场。在 1898 年战争前夕，美国的殖民者供应不足，他们主要的糖种植业基地在夏威夷，那里的从业者数量在 18 世纪中期不足 2 000 人，随后人数逐渐增加，特别是 1875 年后，出现了一次制糖业的迅速扩张。到了 1900 年，从事制糖业的美国殖民者已经涨到了 29 000 人。在太平洋西部也有美国人，这些人被称为"马尼拉的美国人"（Manila Americans），世纪之交人数达到了 5 000。对于太平洋上的这些岛国而言，制糖业占据着它们经济的很大一部分，导致它们对美国形成了严重的经济依赖。然而，对于美国来说，糖的消耗却只占美国经济的一小部分，因此这些岛国对于美国的吸引力依然有限。

总之，虽然美国的实力得到了迅速增长，但此时的美国还只是新兴的资本主义国家，国内经济形态依然以农业为主，因此它对海外原料产地的需求要远远小于英法等老牌的资本主义国家。东亚落后的经济水平使其在美国的海外贸易总额中显得微不足道，因此东亚之于美国的经济利益还仅仅停留在后者的憧憬之中。

二、国内政治

18 世纪晚期，美国迅速扩张领土，成为东西拥有太平洋和大西洋两条海岸线的"两洋国家"。但是内战结束以后，美国的主要精力在于巩固国家，弥合内战所造成的国内社会撕裂，重新纠正一些社会问题，因而也就停止了继续扩张的步伐。这种停止促使一些新的国内

---

① Calculated from F. W. Taussig, "Sugar: A Lesson in Reciprocity," *Atlantic Monthly*, Vol. 95, 1908, p. 334; Roy A. Ballinger, "A History of Sugar Marketing," *Agricultural Economic Reports*, No. 307418, 1971, p. 10.

危机开始凸显。在一些人看来，这归咎于边疆运动结束以后，美国人开始安于现状而失去了开拓精神，从整个社会来说，其男性气质开始消退。① 在持这一观点的学者中，最为出名的就是历史学家弗雷德里克·杰克逊·特纳（Frederick Jackson Turner），他就此提出了"边疆理论"。

1893 年，特纳认为美国的边疆扩张历史结束了，美国从此进入了另一个时期。特纳认为边疆的扩展将促成这个社会制度的"持久的重生"（perennial rebirth），如果边疆关闭，则有可能给美国政治和社会带来巨大变化。② 边疆的消失意味着美国将失去能让这个国家保持活力和阳刚之气的重要元素。他认为，向边疆的扩张是治疗社会不平等的良方，对新边疆的追寻能够鼓励美国人施展他们的欲望和竞争力，能够带给美国人强大的、稳固的民族团结意识，即使这种对边疆的追逐不可避免地引起战争也在所不惜，因为长久的和平会让美国软弱，而无法在越来越激烈的竞争中取胜。资本主义的发展必然带来社会的不平等，向边疆的扩张能够让普通人获得更多的机会，创造出更公平的收入和财产分配，为下层的民众提供在经济阶梯中上升的机会。边疆扩张的结束，使得"早期只运营农业、原料和半制成品出口的和制成品进口的商业，渐渐地开始经营农产品和原料的进口以及制成品进口的商业，这样就为西欧情况相同的经济扩张扎下了根基"③。在美国早期的西进过程中，边疆的确给了很多人机会，一些农场劳动力

---

① Kristin L. Hoganson, *Fighting for American Manhood: How Gender Political Provoked the Spanish-American and Philippine-American Wars*, New Haven: Yale University Press, 1998, p. 202.
② Daniel Wertz, "American Imperialism and the Philippine War, BA with Departmental Honors in History," Dissertation, The faculty of Wesleyan University, 2008, p. 27.
③ 〔美〕福克讷：《美国经济史》（上卷），王锟译，商务印书馆 2018 年版，第 501 页。

成为农场主，穷苦农民的财产也增加了。"1850年时，大部分农民在全国平均财产线下，而到1860年上升到了全国平均财产线以上，每年的增长率超过了20%。特纳猜测边疆产生了平等和机会。显然，它只产生了机会。"① 然而特纳未曾料到的是，这种机会只是暂时性的，财富的聚集效应必然会加大这种不平等。尽管如此，就当时一些美国人看来，寻找新边疆的确是断绝国内不平等的一剂良药。

同样是在1893年，哥伦比亚世界博览会（Columbian Exposition）在美国芝加哥城召开。在这次博览会上，美国充分展示了其工业创新成果。对博览会举办地芝加哥来说，一个原本依靠捕猎的村庄能发展成为国际性大都市，成功地举办这次博览会，也充分展示出了美国从乡村殖民地发展成为世界强国的历程。这场博览会给美国人带来了新的信心，强调美国人能给世界带来自由发展主义（liberal-developmentalism），美国人相信美国独特的成长历程所积累下的经验，诸如新教伦理、自由经济、资本集中、大众教育等模式，放之四海而皆准，可被复制到世界任何地方。②

社会的巨大变化，大大增强了美国未来发展的不确定性，也大大增强了美国人的不安全感。不仅如此，甚至对美国经济崛起做出过重大贡献的移民也开始被一些美国人视作对美国传统的威胁。他们认为移民最终将融入盎格鲁-撒克逊的文化中，甚至将其比作罗马时期的蛮族入侵："在过去十年里，我们遭受了一支军队的和平入侵，这支军队的人数规模，相当于当年横扫南欧和占领罗马的哥特人、汪达尔人的四倍多。在过去的一个世纪时间里，有大约1 500万外来人口在

---

① 〔美〕斯坦利·L.恩格尔曼、罗伯特·E.高尔曼主编：《剑桥美国经济史》（第二卷），高德步、王珏、李淑清译，中国人民大学出版社2018年版，第116页。

② Emily S. Rosenberg, *Spreading the American Dream: American Economic and Cultural Expansion, 1890-1945*, New York: Hill and Wang, 1982, pp. 7-11.

美国定居。"①

国内经济的发展与国民的不安全感的增加,这两种因素使美国国内洋溢着"走出去"的气氛,一群人渴望利用对外扩张这一政策,治疗美国在内战结束后出现的顽疾。美国国内的"天定命运"观认为美国是神选之国,试图把美国的价值观推广到其他地方。

三、对外关系

19世纪末期,列强开始在全世界范围内为争夺殖民地而展开竞争。美国国内的扩张主义者积极要求自己的国家也尽快参与到对世界的瓜分中去,他们中的大多数都是具有新英格兰背景的上流社会精英,认为对外扩张能把建国之父曾经夸耀的价值观重新带入美国,消除掉美国社会内部在南北战争之后的分裂,消除种族和政党派别之间在国内问题上的分歧,让整个国家团结一致。扩张主义者中,最重要的四个代表人物就是西奥多·罗斯福、亨利·卡博特·洛奇、艾伯特·贝弗里奇(Albert Beveridge)和阿尔弗雷德·塞尔·马汉,他们都是共和党人,都在各自的领域竭力鼓吹对外扩张将给美国带来的好处。"罗斯福,行动之人;洛奇,影响之人;贝弗里奇,宣传之人;亚当斯,思想之人;马汉,战略之人。他们都相信美国怀揣使命,得神之助,必遂天运,美国的使命就是将盎格鲁-撒克逊的文明传播到世界,拯救蛮族与奴隶于愚钝和贫困之中。为此,即使战争,也是为了强化美国的独立性;即使需要成为帝国,也是为了成就一个更好的统治。广大的知识界更是认为需要指引美国在新世界里承担起领导者的角色,他们也沾沾自喜于承担起哲学王的角色。在学界、教会之

---

① Josiah Strong, *Our Country: Its Possible Future and Its Present Crisis*, Revised Edition, Dissertation, Cambridge: The Belknap Press of Harvard University Press, 1963, p. 42.

外，军队也处在这个扩张主义者群体之中，早在 1880 年，美国海军战争学院就开始教授地缘政治和战略学。1890 年，海军军官已经接受了海权论，不再把守有限的防御，而是以实现更大的战略来推动国家利益的实现。"①

在扩张主义者的影响下，希望美国抛弃华盛顿以来孤立思想的观点也开始涌现。1898 年，前任国务卿理查德·奥尔尼（Richard Olney）在哈佛大学发表了题为"美国的国际孤立"的演讲，认为华盛顿时期的孤立源于当年美国的弱小，因而通过利用地理上的优势远离欧洲的纷争，为自己"赢得时间"，以"建立和完善自己的制度，毫无干扰地积累足以让美国能掌握自己命运的实力和毅力"。随着美国经济的增长，美国希望改变长久以来所奉行的"孤立主义"政策，"美国已经赢得了时间……它不再虚弱无力，也不再缺少掌握自己命运的能力"，"这个国家有必要认识到形势已经发生变化，自己在世界列强中享有极高的地位。它应该接受属于它的优越地位，既享受好处，也承担这种地位带来的责任……这个国家的使命（如果它有的话，我确信它有）不仅仅是做出榜样，还应该行动"。②

19 世纪 90 年代，随着民族主义情绪的高涨，政府内部和民众中出现吞并古巴的呼声，他们认为美国已经具备了与英国、法国、德国等世界上最强大工业国并驾齐驱的实力，因此也应该同这些国家一样，走上对外扩张的道路。1898 年 2 月"缅因号"沉没，大量的示威游行和许多宗教领袖签名的请愿书都表达出了强烈的爱国情绪，人们向政府吁求去惩罚西班牙，甚至公开要求政府从西班牙手中夺取菲

---

① A. G. Hopkins, *American Empire: A Global History*, Princeton: Princeton University Press, 2018, p. 365.

② Richard Olney, "Growth of Our Foreign Policy," *Atlantic Monthly*, No. LXXXV, 1900, p. 299.

律宾。4月初,法国驻华盛顿大使呈递给法国外交部的报告中这样总结道:"一种好斗的狂热牢牢地控制着这个国家。"① 而在美国历任领导人中,自从1823年门罗(James Monroe)总统提出《门罗宣言》,包括前任总统托马斯·杰斐逊(Thomas Jefferson)、詹姆斯·布坎南(James Buchanan)、约翰·昆西·亚当斯(John Quincy Adams)和前任国务卿丹尼尔·韦伯斯特(Daniel Webster)、威廉·西华德(William Seward)都曾表达过相似的愿望,希望美国能够吞并古巴。詹姆斯·波尔克(James Polk)、富兰克林·皮尔斯(Franklin Pierce)、尤利西斯·格兰特(Ulysses Grant)三位总统和西华德甚至都曾向西班牙直接提出购买古巴的要求,但是均遭到了西班牙的拒绝。

在彼时美国的语境下,美国人相信"美国例外"和"天定命运",认为美国"是世界上特殊的'道义之邦',美国的政治制度在世界上'独一无二'、'完美无缺',是世界国家效仿的榜样。因此,美国不是依赖军事上的强大来完成对世界的'征服',而是靠着'楷模'的力量或文化上的优势来实现对整个世界的'拯救'……美国正是在传播'自由与共和'的旗号下,逐步地完成了北美大陆上的有形疆土扩张,然后靠着文化上的优势来构筑以美国为中心的'帝国'大厦"②。与此同时,美国国内的这种情绪在海外也得到了一定程度的呼应。夏威夷等地的土著居民因为长时间依附于美国的经济而得到快速发展,他们也开始给本国政府施加压力,希望自己能够同美国有更亲密的关系,也愿意当地被美国吞并。

---

① Jules-Martin Cambon to Gabriel Hanotaux, April 1, 1898, 转引自 Ernest R. May, *Imperial Democracy: The Emergence of America as a Great Power*, New York: Harcourt, Brace & World, 1961, p. 143.

② 王晓德:《美国外交的奠基时代(1776—1860)》,中国社会科学出版社2013年版,第635页。

就当时的国际环境而言，其对美国的对外扩张也不会构成太大的阻碍。自美国独立战争以来，美英关系在委内瑞拉问题上再次濒临战争的边缘。然而，1895年委内瑞拉问题的和平解决，使得美英关系迅速升温，英国开始愿意承认美国在西半球的霸权，也积极支持美国在亚洲的扩张，以缓解英国应对日本、俄国和德国在东亚地区日益激烈的扩张竞争的压力。美英关系的缓和使美国的国际环境得到大大改善。

四、军事

美国1893—1897年的经济危机并没有对美国海军的建设造成太大影响，美国自从19世纪70年代的经济萧条中完全恢复过来之后，就开启了自己的海军崛起进程。1880年开始，联邦财政部收入盈余数额巨大，1881—1889年，每年的收入盈余平均为1亿美元，这强烈地刺激了政府增加开支。同时，美国对外贸易的发展，也迫切需求一支更为强大的海军来保护自己的商队。① 1882年，国会通过立法，加速对老旧舰船的淘汰。1883年，国会批准建造四艘ABCD钢铁舰船——"亚特兰大号"（Atlanta）、"波士顿号"（Boston）、"芝加哥号"（Chicago）和"海豚号"（Dolphin）。在随后1885—1889年的四年间，国会共批准建造了30艘不同级别的军舰，总吨位近十万吨。

萨摩亚危机期间，美国的"特伦顿号"（Trenton）、"范德里亚号"（Vandalia）、"尼普西亚号"（Nipsic）与德国的"阿德勒号"（Adler）、"埃贝尔号"（Eber）、"奥尔加号"（Olga）以及英国的"喀拉阿比号"（Calliope）等七艘战舰在萨摩亚的阿皮亚湾形成对

---

① 〔美〕哈罗德·斯普雷特、玛格丽特·斯普雷特：《美国海军的崛起》，王忠奎、曹菁译，上海交通大学出版社2015年版，第170页。

峙，战争一触即发，德国和美国已经处在战争的边缘。① 然而，1889年3月15日，阿皮亚湾的一场始料未及的台风让除英舰"喀拉阿比号"以外的另外6艘军舰变成一堆废铁，美军死亡155人。这场事故让美国"在太平洋上几乎没有名副其实的军舰了"②，美国海军部开始调查美国军舰未能像英舰"喀拉阿比号"那样出海躲避台风的原因，最终的结果显示美国老式的军舰"发动机陈旧过时，蒸汽动力存在缺陷"③。1889年，本杰明·哈里森（Benjamin Harrison）当选为美国总统。哈里森上任之后，积极地支持海军的壮大。同年，海军部部长特雷西（B. F. Tracy）向国会提交了年度报告，报告认为，美国应当建设存在于太平洋和大西洋的"两洋"海军，包括20艘战列舰的两支战列舰队，其中太平洋8艘，大西洋12艘，此外还配有至少60艘快速巡洋舰。除两支舰队外，还应建造20艘用于本土海岸港口防御的舰船。特雷西将美国海军政策的目标界定为防御而非进攻，主要用于攻击对方的商船或打破对方对美国海岸的封锁，在此基础上，能够确保对敌人的海岸有所威胁，"如果采取攻势作战行动，可能会取得更为有效的战果"④。1890年1月，六名海军军官组成的政策委员会提出了一个更为大胆的海军建设计划：美国虽然"没有殖

---

① 王华：《萨摩亚争端与大国外交：1871—1900》，中国社会科学出版社2008年版，第202页。

② 《纽约先驱报》，1889年3月31日第13页，转引自〔美〕哈罗德·斯普雷特、玛格丽特·斯普雷特：《美国海军的崛起》，王忠奎、曹菁译，上海交通大学出版社2015年版，第191页。

③ 海军部部长年度报告：1889年。51 Cong. 1 Sess., H. Ex. Doc. No. 1, Pt. III, p. 36，转引自〔美〕哈罗德·斯普雷特、玛格丽特·斯普雷特：《美国海军的崛起》，王忠奎、曹菁译，上海交通大学出版社2015年版，第191页。

④ 海军部部长年度报告：1889年。51 Cong. 1 Sess., H. Ex. Doc. No. 1, Pt. III, p. 36，转引自〔美〕哈罗德·斯普雷特、玛格丽特·斯普雷特：《美国海军的崛起》，王忠奎、曹菁译，上海交通大学出版社2015年版，第191页。

民地，也没有获取殖民地的明显愿望"，目前陷入战争状态的可能性也"处于最小水平"，但还是应当立即开工建造各类级别的 200 艘现代战舰，因为美国未来"肯定会向外扩张，然后就会妨碍外国的利益"①，所以与其他国家发生海上战争似乎不可避免。美国众议院海军事务委员会对政策委员会所提出的战列舰建造计划表示认可，其主席鲍特尔（C. A. Boutelle）认为这并不是为了打造用以对外进攻的舰队，而是为了"执行防御任务的支队，能够保卫美国，应对任何来自海上的攻击"，因而需要确保舰队"其实力应足以打破对我国主要港口的封锁，击退敌人对我国沿海地区的入侵行动，夺占紧邻美国海岸的补给基地"。为了确保这一战略，美国将这批战列舰确定为不需要巡航范围太广："美国并不需要巡航范围很广的舰船，通过把储煤量降低到 5 000 海里，战列舰就可以装备更重的装甲，安装威力更大的火炮，依然可以保持足够的作战半径，可以保持从新斯科舍到巴拿马地峡广阔海域的制海权……这预示着，美国所争取的制海权只限于距离美国本土海岸 1 000 英里左右的海域。"②

通过几年的造舰计划，美国已经初步拥有了一支可以远洋作战的舰队，然而同欧洲各主要强国相比，其规模依然很小，而且由于其有限的储煤量，使得除非依赖于加煤站或运煤船，否则其航行距离有限。"截至 19 世纪 90 年代，虽然美国的海军相比于以往，其实力有了很大的提高，但是与欧洲各列强相比，其实力排名甚至还在意大利之后。"③ 另外，随着巴拿马运河的开通，美国舰队可以更为方便地

---

① 〔美〕哈罗德·斯普雷特、玛格丽特·斯普雷特：《美国海军的崛起》，王忠奎、曹菁译，上海交通大学出版社 2015 年版，第 196—197 页。
② 〔美〕哈罗德·斯普雷特、玛格丽特·斯普雷特：《美国海军的崛起》，王忠奎、曹菁译，上海交通大学出版社 2015 年版，第 196—197 页。
③ Fareed Zakaria, *From Wealth to Power: The Unusual Origins of America's World Role*, Princeton: Princeton University Press, 1999, p. 47.

来回游弋于太平洋和大西洋之间,美国从此能够实现舰队在两洋之间更为快捷的调动和集中。以亨利·卡博特·洛奇、西奥多·罗斯福等人为代表的扩张主义分子,积极鼓吹美国应该为太平洋西岸所发动的战争做好准备。洛奇甚至不无自信地说:"在美国政府的指挥下,美国舰队占领菲律宾群岛只需要七个小时,进而就能缓解太平洋各州政府对于它们跨太平洋交易的担忧。但是为此七个小时,则需要我们七年多的时间来提供装置、配备人员,才能做到这一点。"① 不过显然美国在美西战争前准备并不充分。美西战争结束后,海军部部长约翰·戴维斯·朗在其著作《美国新海军》中谈及西班牙在美西战争中的失败原因,认为针对这场战争,"西班牙准备不足,而美国,仅仅相对充分地应对了这场战争"②。

第二节　19 世纪晚期西班牙治下的菲律宾

19 世纪晚期的西班牙国内经济财政改革失败,经济已陷入困顿之中,短命的共和国政府很快被推翻,伊丽莎白女王被废黜,西班牙的极端主义者获得了政权。国内局势的动荡使得不少西班牙人移民到菲律宾、古巴等殖民地。

菲律宾是西班牙在东亚地区的主要殖民地。1521 年 3 月 16 日,麦哲伦船队在环球航海旅行中发现了菲律宾萨马岛的山岗,萨马岛成为欧洲人在西向航行中发现的第一块亚洲土地。3 月 28 日,麦哲伦登上菲律宾群岛中距离萨马岛不远的利马萨瓦岛,宣布这块土地已经归属西班牙王国。4 月 7 日,麦哲伦又登上宿务岛,强迫岛上居民皈

---

① Frank Freidel, *The Splendid Little War*, Short Hills: Burford Book, 2002, p. 10.
② John D. Long, *The New American Navy*, New York: The Outlook Company, 1903, p. 1.

依天主教，使该地成为西班牙的又一块海外领土。4月27日，当麦哲伦率领60名船员打算占领马克坦岛时，要求船员屠杀当地人以杀一儆百，企图迫使这些岛民归顺于西班牙人，结果遭到了岛民的激烈反抗，致使麦哲伦本人殒命于此。

在接下来的几年里，西班牙与葡萄牙两国针对菲律宾群岛开始了争夺，西班牙连续组织了两次远征队，然而最终都无功而返。1529年4月22日，在双方签订的《萨拉戈萨条约》中，西班牙承认菲律宾归葡萄牙所有。然而，西班牙并没有因此放弃对菲律宾的争夺。1556年，菲利普二世成为西班牙国王之后，极力地推动西班牙在东亚地区的扩张。在签订《萨拉戈萨条约》36年后，即1565年4月22日，米格尔·洛佩斯·德·莱加斯皮（Miguel López de Legazpi）率领的一支西班牙人远征队自墨西哥出发，意图在菲律宾建立起殖民地。6月4日，这支远征队占领宿务岛，以此为据点，开始不断蚕食菲律宾的列岛。1569年8月14日，西班牙国王正式任命莱加斯皮为第一任菲律宾总督，隶属墨西哥总督府管辖。1571年6月，莱加斯皮征服马尼拉城。6月24日，西班牙人在马尼拉城建立起市政厅，并开始修筑堡垒、教堂等设施。1578年前后，西班牙人基本上占领了现代地理概念上的"菲律宾群岛"，成为菲律宾的主人。

尽管西班牙在1521年就宣称占据了菲律宾，但是直到18世纪，西班牙仍不愿花费太多心思将菲律宾融入自己的经济体系中，让菲律宾成为自己真正的财产。在西班牙很长一段时间的殖民统治之下，菲律宾只被西班牙当作一个中转站，方便来自墨西哥的白银与中国的丝绸和东南亚的香料在菲律宾进行交换，西班牙则依靠这种中转贸易来赚取利润，而这种中转贸易形式也被称为"大帆船贸易"。然而，菲律宾自身的种植业发展缓慢。只有少数的西班牙人移民到菲律宾，且仅仅集中在马尼拉城一隅,而菲律宾大多数地区根本没有建立起完善的殖民地秩序。菲律宾实际上处在西班牙的松散管理之下,西班牙并没有致力于在当地建立起机构完善的殖民政府,"传教士和商人成为西班牙在这一地区的实际权力代表"[1]。

18世纪,西班牙对菲律宾殖民政策的主要目标是提高关税:一方面对自己的"大帆船贸易"进行商业保护,另一方面也可以用征缴上来的关税来支付殖民政府的开支,征募负责处理行政事务的职员,甚至从当地人中招募军队士兵。19世纪,殖民经济竞争对手的增加与"大帆船贸易"的衰落,增加了西班牙在殖民地的开支,因而其需要找到新的提高收益的方式。1821年,墨西哥获得独立,西班牙被迫继续寻找新的财政来源,马德里开始垄断烟草和酒精以获取消费税。为了确保税收征收的稳定,马尼拉也开始快速建立殖民地的秩序,并开始统计新的纳税人;官方开始推广耕种经济作物,制定货币。与此同时,西班牙开始往菲律宾增派部队,加大了对岛内菲律宾民族起义者的军事围剿行动。海军利用自己的绝对优势,用小舰艇阻断了各个岛之间的交通,以确保岛内的一些民族主义者无法得到外援。经济上,西班牙殖民者大力推行制糖业、烟草和咖啡种植;调整相关政策以增加政府税收,允许菲律宾同其他国家有经济往来。为了应对这种发展,西班牙殖民者还需要培养一批"中产阶级":西方教育开始在菲律宾推行,19世纪90年代前后,一些新技术也已登陆菲律宾,包括电报(1872年)、蒸汽船(1873年)、海底电缆(1879年)、电话(1890年)、铁路(1892年)。

对于西班牙而言,从19世纪20年代起,西班牙所面临的任务就

---

[1] Ajejandro De Quesada, *The Spanish-American War and Philippine Insurrection, 1898-1902*, Oxford: Osprey Publishing, 2007, p. 8.

是在南美洲的原殖民地纷纷独立、民族国家兴起的大背景下，实现由近代以前的世界性帝国中心向欧洲民族国家的转变。然而在向现代国家形态转型的过程中，西班牙走向了失败，它长时间陷入封建王权与共和制度的纷争之中，直到1874年，国内政局才稳定下来。19世纪80年代，连续的政治动荡让西班牙的财政捉襟见肘。马德里别无选择，希望依靠殖民地来扩大自己的财政收入，然而此时的西班牙只剩下古巴、菲律宾、关岛和波多黎各这几块殖民地，因此被迫在各殖民地执行更深层次的改革措施。长时间以来，西班牙殖民地经济很大一部分都来自古巴、菲律宾等的烟草种植，因而西班牙也牢牢把持着对以上各殖民地的烟草垄断。然而到了1882年，烟草垄断最终还是被打破了。西班牙于是开始在殖民地推行赋税改革，将主要的赋税种类由人身税向财富税转移，希望借此扩大财政收入，但这一改革却引起了各殖民地当地精英的强烈不满。菲律宾反对西班牙殖民统治的主要领导人之一阿奎纳多，是菲律宾岛上的他加禄人。他加禄人一直以来以制糖业和咖啡豆种植为主要经济来源，其人口主要分布在吕宋岛（Luzon）、甲米地（Cavite）等地。19世纪80年代的经济危机使得糖和咖啡豆的价格急剧下滑，菲律宾的经济状况也因此急剧恶化，他加禄人的生活难以为继，随后成了反对西班牙殖民统治的主要力量。

就菲律宾而言，其经济在19世纪末经历了更为严重的衰退。19世纪晚期困扰菲律宾的土地危机进一步使其财政雪上加霜。从中国、马来半岛等地进入菲律宾的海外移民使得殖民地土地矛盾严重，引起了产品价格的下降，因而增大了西班牙殖民者的统治难度，导致菲律宾殖民地的糖原料、马尼拉麻两大种植业减产。菲律宾的四大支柱产业为糖、麻、干椰子肉和烟草。制糖业长期面临产量低和品质差的困扰，菲律宾的蔗糖质量远比不上古巴，然而几乎没有什么种植业主有足够的资金进行产业升级来提高品质和产量。糖种植业遭遇困境的另一个原因是，夏威夷和古巴的制糖业的互惠条约，对菲律宾自身的制糖业也起了消极作用。1891年的《福斯特-卡洛瓦斯条约》（Foster-Canovas Treaty）使得菲律宾反而成为糖进口国，开始从古巴进口大量高品质的糖。麻种植业则是菲律宾另一个重要的经济支柱，菲律宾各岛屿所生产的麻质量上乘，大多数菲律宾人都以此为生。菲律宾所出口的马尼拉麻均经马尼拉港而运至美国、欧洲、中国和日本等地，其中美国是马尼拉麻最大的出口对象国。马尼拉麻在19世纪90年代甚至占到了菲律宾出口总量的40%以上。然而自1863年以后，麻的出口价格在1880—1882年和1888—1889年经历了两次下跌，到了1890—1897年价格跌至新低点，原因在于一方面美国需求大大下降，另一方面也受到了剑麻竞争的影响。① 剑麻低廉的出口价格使得菲律宾广大的麻种植者也遭受了严重的经济损失。1897年7月1日，西班牙的菲律宾殖民政府为了扩大税收，放开了对菲律宾烟草种植的控制，然而这依然抑制不住烟草出口量在当年的迅速减少。干椰子肉加工则刚刚起步，其出口量虽有上升，但是其有限的产量还无法完全替代糖、麻和烟草在菲律宾经济中的重要地位。

自16世纪70年代以来，菲律宾群岛就处于西班牙的松散管理之下，作为西班牙政府的代表，传教士和商人才是这块领土上的真正主人。由于缺少相应的基础设施，而菲律宾各地的居民在语言上差异很大，菲律宾政府实际有效的控制范围仅仅维持在位于吕宋岛的首都马尼拉城附近。19世纪以来，受国内政治动荡影响，大量掌握西班牙语并受过高等教育的西班牙人在菲律宾开始形成新的精英阶层，他们

---

① A. G. Hopkins, *American Empire: A Global History*, Princeton：Princeton University Press, 2018, pp. 408-409.

和殖民政府的矛盾日趋尖锐。1872年,甲米地大约200名当地士兵发生反叛,杀了他们的军官。西班牙立刻采取了残酷的报复,而这进一步引起了当地人的不安。西班牙由此增兵到了28 000人,在几个月之内镇压了叛乱。

1897年,在前任领袖博尼法西奥(Bonifacio)被西班牙殖民政府以叛国罪的罪名处决后,阿奎纳多成为"菲律宾人革命运动"(Filipino Revolutionary Movement)的实际领导人。然而博尼法西奥的去世,造成了"菲律宾人革命运动"内部的分裂,党内权力斗争和西班牙殖民军队的围剿镇压,使得其力量严重受损。西班牙殖民政府也不想陷入长期的反游击战之中,于是向阿奎纳多等人提出了诱人的条件。1897年12月,西班牙政府与阿奎纳多等人在马尼拉城附近签订了《比亚克纳巴托条约》(Biacna-Bató Pact),阿奎纳多及其属下40人流亡香港,西班牙政府同意向阿奎纳多支付50万美元作为补偿。[①] 条约签订后,阿奎纳多于1897年12月31日抵达香港。然而西班牙殖民政府并没有如期给阿奎纳多等人支付这50万美元。阿奎纳多的流亡,使得菲律宾人反抗西班牙殖民统治的斗争暂时陷入低谷之中。但是不同于古巴问题,同样在菲律宾所发生的这场反对西班牙人的革命却并不为大多数美国人所知,当时美国人甚至连菲律宾都尚未听说过,"直到1898年《北美评论》上刊登了一篇名为《远东的古巴》(The Cuba of the Far East)的文章,美国公众这才第一次公开谈到菲律宾独立革命"[②]。

[①] Ajejandro De Quesada, *The Spanish-American War and Philippine Insurrection, 1898-1902*, Oxford: Osprey Publishing, 2007, p. 8.

[②] Leon Wolff, *Little Brown Brother: American's Forgotten Bid for Empire Which Cost 250 000 Lives*, New York: Longmans, Green and Co., 1960, p. 35, 转引自〔美〕詹姆斯·布拉德利:《1905帝国巡游:美国塑造亚太格局的伏笔》,刘建波译,北京联合出版公司2016年版,第68页。

第三节 理性行为模式的原因探究

理性行为模式下，国家被视作一个单一的、不可分割的理性行为体，国家的对外政策是这个行为体在追求权力或利益时的理性选择，决策者依据自己所获得的信息，对国际形势做出最为理性的选择，其目的就是确保实现国家利益的最大化，对决策所做的选择是静止的、理性的过程。①

如果从宽泛的意义上来理解的话，美西两国都在试图调整国家政策以实现向工业社会的转变。19世纪末期，"从陈旧的全球化向现代意义全球化的转变中，美国人和西班牙人都试图实现从农业社会向工业社会的转变，并试图在这一过程中整合国内政治，建立国家意识，将带有分离思想阶层和地区都统一到国家意识的旗帜之下。加强全球化的这一努力，或将之描述为帝国主义，激发起他们向加勒比和太平洋地区扩张的欲望。起步较迟的西班牙，依然在与军事财政主义的遗留问题持续斗争，为了做到这一点，它就需要保有它长期占有的殖民地。榨取政策占主导地位与对自由贸易做出的让步将商业导向英国和美国之手，最终导致西班牙能够施加到海外领土的政治控制力就已经明显不足。反观美国，它的工业化进程同样起步较迟，在19世纪中期曾因内战而停滞，但是随后就取得了举世瞩目的发展，成为工业化的民族国家。两个国家在19世纪中期各自经历了一系列危机，又都因为世界经济的倒退而未完成产业结构的转变。然而不同的是，西班

---

① Graham T. Allison and Philip Zelikow, *Essence of Decision: Explaining the Cuban Missile Crisis*, 2nd Edition, Beijing: Peking University Press, 2008, pp. 27–28, 也可参见张清敏：《对外政策分析》，北京大学出版社2019年版，第26页。

牙试图解决国内的不稳定,却在海外丢失了它剩余的殖民地,美国面对同样的困难却取得了胜利,并代替了西班牙。帝国主义者认为,西班牙理应被迎头痛击。西班牙的拉丁化、天主教的基础、腐败行为、统治上的残忍使得它无力再掌管它的帝国"①。两个国家一起一落、此消彼长,美国已经成为新兴的工业强国,而西班牙则被边缘化为欧洲的二流国家。随着两个国家之间实力差距越来越大,西班牙依然略显庞大的殖民地成为包括美国在内的各个列强所觊觎的目标,西奥多·罗斯福在1898年就宣称:"在世界上,西班牙和土耳其,是我最宁愿摧毁的两个国家。"②

美国国内一部分扩张主义者认为:"海外殖民地是美国落后于欧洲的另一个领域。从19世纪70年代开始,大国获取海外殖民地在欧洲已被视为理所当然,这既是为了显示其大国实力,而且还因为殖民地、基地和势力范围等被当作是增加其国家资源和提升其世界战略地位的主要资产。"③ 虽然经济和社会的发展促成了美国的向外扩张,但是如果单纯从经济因素来看,菲律宾并不是美国对外扩张的最优选的目标。"对美国领导人而言,除了作为市场外,遥远的非洲、中东以及亚洲几乎没有什么吸引力,更谈不上建立特殊利益领地的燃眉之急,因为目前的美国贸易总量的4/5都是与欧洲国家完成的。并不是美国不关心欧洲以外的形势发展,特别是19世纪80年代后大国在非洲、中东、部分亚洲以及太平洋地区加紧划分各自势力范围的进程。

---

① A. G. Hopkins, *American Empire: A Global History*, Princeton: Princeton University Press, 2018, pp. 427-428.

② Josep L. Grabill, *Protestant Diplomacy and the Near East: Missionary Influence on American Policy, 1810-1927*, Minneapolis: University of Minnesota Press, 1971, p. 45.

③〔美〕入江昭:《美国的全球化进程(1913—1945)》,张振江、施茵译,载〔美〕孔华润主编:《剑桥美国对外关系史》(第三卷),王琛等译,新华出版社2004年版,第11页。

在此期间，美国只在夏威夷效仿了欧洲，1876年两国签署了一项条约，规定夏威夷的君主不能将其港口租让给其他国家以及不能设立贸易领域的互惠安排等。"[1]"（美西）战争本身的主要原因并不是为了经济的利益……普拉特教授说，他们的目的不外乎要使美国无可争辩地成为统治西半球的一个列强，拥有一支强大的海军，占有和控制巴拿马运河，在加勒比海和太平洋上保持海军基地，以及至少是要与那些最大的强国在平等的基础上争夺太平洋与远东的海军和商业的优势地位。"[2]

即使如此，在1898年之前，美国对于东方还只是垂涎于太平洋中部的夏威夷、萨摩亚等地，位于太平洋西岸的菲律宾为什么会突然成为美国向太平洋西岸扩张的目标呢？菲律宾远离美国本土，因此也在美国的影响之外，即使是美国人中最早到达菲律宾的传教士也迟至1898年才踏足这里。[3] 华盛顿对菲律宾的兴趣在1898年以前很难说是被低估了的。军事上的需求最能解释为什么美国需要这块土地。海军急需在太平洋寻找一块安全基地，也积极制订了相关计划，海军计划攻击西班牙的这块殖民地，陆军随后赶到，实现对整个岛屿的统治。但是陆军和海军都没有能力左右政策制定者，他们的愿望也只有在美西战争宣战之后才公之于众。将菲律宾作为通往东亚的跳板几乎就是鹰派的修饰，在马尼拉战争之前，它从没有进入美国的外交政策中，甚至即使战争爆发后，很多美国人对沿海的安全感到担忧，但是

---

[1]〔美〕入江昭：《美国的全球化进程（1913—1945）》，张振江、施茵译，载〔美〕孔华润主编：《剑桥美国对外关系史》（第三卷），王琛等译，新华出版社2004年版，第11页。

[2]〔美〕福克讷：《美国经济史》（下卷），王锟译，商务印书馆2018年版，第279页。

[3] A. G. Hopkins, *American Empire: A Global History*, Princeton：Princeton University Press, 2018, p. 434.

"在太平洋沿岸却没有任何要求包围海防和分兵把守的呼声。实际上很多美国人根本不知道西班牙人在太平洋还拥有实力"[1]。

美国和很多列强一样,也都垂涎于中国的市场,但是此时的中国市场对美国而言更像是一个神话而非事实。美国与中国的贸易在19世纪90年代有所增加,但是贸易量依然很小。美国对于中国市场的影响力还很小,它此时没有能力也没有意愿去改变这一点,即使美国占领菲律宾之后,也没有改变这一点。此时的美国致力于对加勒比和夏威夷的投资,以及与菲律宾人之间的战争,华盛顿并不愿意用人力和资本在中国市场与其他列强展开直接的竞争。

因而,中国市场对于美国而言,其作用依然还是有限的,它的价值更在于对未来的预期而非当下。美国还没有形成一个比较清晰的、独立的、针对中国的外交政策,占领中国市场也绝非美国觊觎菲律宾的原因所在。由于马尼拉港口的地理位置,美国国内的扩张主义者说它将会是通往东亚的站点,然而直到"一战"爆发以前,它依然难以胜任这一角色。如果说经济原因并非推动美国殖民菲律宾的主要原因,那么美国是否因为其他的原因而对菲律宾蓄谋已久呢?于是,我们再聚焦于太平洋西岸,关注美西双方在此的战前军事部署,探寻双方是否为这场战争做足了准备。

理性行为模式所认为的利益和安全均是国家追求的主要目的。国家作为单一的理性行为体,为了追求价值的最大化,必然经过了理性的计算而选择最有助于实现其偏好最大化的手段。就理性行为模式而言,只要找到了国家行为背后隐藏的动因,对一国对外决策的分析就

---

[1] 〔美〕E. B. 波特主编:《世界海军史》,李杰、杜宏奇等译,解放军出版社1992年版,第345页。

迎刃而解。① 换句话说，理性行为模式下的对外政策分析被简化为对行为体行为的目标分析，应明确其价值和目标以及为此而选择出的最为理性的手段。因此长时间以来，对于美国占领和殖民菲律宾的分析往往就是建立在对中国市场的垂涎或者美国自身发展的需要之上。然而依据当时的情况，中国市场对美国商业来说并不具有如此大的价值；就菲律宾自身而言，它距离美国太过遥远，也并未被美国的扩张主义者所关注，因此在美国占领和殖民菲律宾之前，并不存在先验的利益目标，也就更谈不上美国是在经过理性的计算后，而决定占领和殖民菲律宾。

若以理性行为模式为研究框架，那么美国对菲律宾的占领和殖民似乎成为一种"反常"。自下一章开始，我们试图较为全面地展现自马尼拉湾海战至麦金莱政府决定殖民整个菲律宾群岛的过程，进而更为合理地解释美国的对外行为。

---

① Graham T. Allison and Philip Zelikow, *Essence of Decision: Explaining the Cuban Missile Crisis*, 2nd Edition, Beijing: Peking University Press, 2008, pp. 24-25.

第二章
美西双方在马尼拉湾海战前的准备

1898年4月20日,麦金莱总统签署了宣布对西班牙作战的决议案,决议案中明确对西作战的目标是使古巴从西班牙的殖民统治中脱离出来。在整个决议案中,美国的目标并没有包括"占领菲律宾"。对于包括麦金莱总统在内的大多数美国人来说,菲律宾并未被纳入战争范围中来,他们甚至都没有想象过自己的海军会在一个陌生、遥远的菲律宾海域同西班牙海军交火。对于身处菲律宾的西班牙人来说,他们虽然获得了美国人将会进攻菲律宾的情报,但是似乎并不相信美国人会战胜自己,直到杜威舰队驶进马尼拉湾时,都还没有做好充分的准备。在马尼拉湾海战之前,美西双方均未就这场海战做好任何准备。

第一节 美国方面

美国军队并没有为这场战争做好准备。1898年3月,共和党的国会代表约翰·赫尔(John A. T. Hull)向国会提交了"赫尔法案",该法案希望美国陆军团的编制由原来的两个营扩大为三个营。为了减少反对的阻力,法案提议增加的这第三个营仅仅作为预备力量,在和平时期只保留基本架构,确保战时可以迅速扩充兵员以满足作战需要。即使如此,这也将导致美国陆军人数在战时比现有人数增加四倍,达到105 000人,这一史无前例的法案得到了麦金莱政府的全力支持。然而该法案却遭到了国民警卫队及其支持者的反对,因为如果法案得以实施,那么将会使得联邦拥有更多的常备军,国民警卫队的职责将会被降至仅仅承担海岸线防御和征募兵员,其作用被边缘化到"跑龙套"的境地。1898年4月7日,就在美西战争宣战的18天以前,"赫尔法案"以155票反对对61票赞成的比例遭到了国会的否定。此后,麦金莱政府重新提出了新的方案,修改了"赫尔法案"中弱化国民警卫队的条款,进而交由国会审议。这项法案直到4月22日,美国对西宣战前三天,才得以通过。这项法案之所以得以通过,正是在于取消了弱化国民警卫队的条款,从而缓解了他们对扩充军队的担忧。法案最终通过,允许美国政府建立了一支人数达65 700名的常备军。即使如此,美国国会对于军队的不信任并没有随着美西战争的爆发而完全消失,这项法案要求战时所征募的所有新兵必须用来补充原有建制中的兵员,而不能建立新的部队建制,而且所有新征兵员在战争结束后也需要复员而退出现役。不仅如此,兵员质量也令人担忧。摆在美国决策者面前的是,美国自内战爆发以来的半个多世纪里,"已经很长一段时间没有进行过战时动员,虽然许多高级军官都是内战老兵,但是关于如何动员一支庞大军队的许多课程已经被遗忘了"[1]。

美西战争爆发前夕,美国军队的规模此时依然远小于欧洲各国。美军军官人数为2 143人,登记士兵26 040人,其主要军事建

---

[1] Hugh Rockoff, *America's Economic Way of War: War and the US Economy from the Spanish-American War to the Persian Gulf War*, Cambridge: Cambridge University Press, 2012, p. 63.

制单位为步兵团。美国陆军一共有 25 个步兵团,每个步兵团下辖三个营,每个营下辖四个连队,每个团的军队人数大约为 530 人。① 美国的这支军队在人数规模上,远不能与同期的西班牙陆军相比(见表 2-1)。

表 2-1　美西战争爆发前的兵力规模对比

	总兵力	军官人数	常备军	官兵比例
西班牙	492 077	70 297	421 790	1∶6
美国	28 183	2 143	26 040	1∶12

资料来源:Spencer C. Tucker (ed.), *The Encyclopedia of the Spanish-American and Philippine-American Wars: A Political, Social and Military History*, Santa Barbara:ABC-CLIO, Inc., 2009, p. 664。

不仅仅是人数上不占优势,美国陆军在很多方面都没有做好战争的准备。"当战争来临的时候……军队的装备还是陈旧和不规范的,军服五颜六色如同彩虹一般,没有足够的步枪训练志愿者,野战炮和远程火炮数量稀少且老旧。此时西班牙军队已经使用了无烟火药,而美军还在使用黑火药。军官的晋升,长时间以来一直速度缓慢,年迈军官中的大多数人军事思维守旧。西奥多·罗斯福记得第一次看见一位白胡子上尉引领士兵冲向战场的局面……一代人对战争的忽视导致不仅仅是装备老旧,而且军队也都老旧了,民兵体制使得在战争思维上不要说革命,连改变都是一件很难的事情。"② 除了少数的高级军官有过美国南北战争的经验以外,此时这支美军中的大部分中下级军

---

① Edward M. Coffman, *The Regulars: The American Army, 1898-1941*, Cambridge:The Belknap Press of Harvard University Press, 2004, p. 434; Graham A. Cosmas, *An Army for Empire: The United States Army in the Spanish-American War*, Missouri:Texas A&M University Press, 1994, p. 1.

② Howard Wayne Morgan, *America's Road to Empire: The War with Spain and Overseas Expansion*, New York:John Wiley & Sons, Inc., 1967, pp. 66-67.

官的作战经验仅仅限于在西部同印第安人的小规模战斗。不仅士兵缺乏足够的军事训练，此时的美国军队也缺少组织明确的参谋机构来为可能到来的战争编制作战计划。不仅如此，此时的美国军队还面临着先进的武器装备缺乏、医疗保障不足等问题，后勤保障部门也未能预见到即将到来的战争将给这支军队带来的巨大后勤问题，陆军未能与海军联合训练以及缺乏将大量部队转移到海外的海运能力。正因为战前美国军队力量的相对弱小和准备不足，先后做过西班牙驻古巴和菲律宾总督的瓦莱里亚诺·韦勒尔·尼古劳（Valeriano Weylery Nicolau）① 在美西战争爆发时对战争的结局充满信心，他认为一支五万人的西班牙军队就足以打到美国本土。②

相比于陆军，海军的准备要稍强一些。1897年3月5日，麦金莱总统任命约翰·戴维斯·朗为美国海军部部长。然而从身体健康上来说，已经59岁的朗难以应对工作的强度。朗1861年毕业于哈佛大学法学院，1879年成为副州长，1880年当选为州长，1883年进入美国众议院，1889年退休之后从事法律实务。纵观朗的整个政治生涯，他并没有军队的履历，因而这位没有任何政治背景又无军旅生涯的部长在海军部并无多大发言权，也很难驾驭一些下属，这也就给了海军部助理部长西奥多·罗斯福更大的空间，使得后者能够在不征得朗同

---

① 瓦莱里亚诺·韦勒尔·尼古劳（1839—1930），1861年以班级第一的成绩毕业于西班牙托莱多步兵学院，1863年调至古巴，以上尉的身份参加了西班牙远征多米尼加的军事行动；1878—1883年任古巴驻加那利群岛（Canary Islands）和巴列阿里群岛（Balearic Islands）总督；1888—1891年任古巴驻菲律宾总督；1892年调回西班牙后，成为西班牙陆军第六军司令，参与镇压西班牙纳瓦拉和巴斯克地区的叛乱，随后调任驻巴塞罗那总督。随着古巴的叛乱行动加强，首相卡诺瓦斯重新任命他为古巴总督，任期为1896年2月—1897年10月。在担任古巴总督期间，韦勒尔实施了集中营的管制战略，导致成千上万人死亡，因此被美国"黄色媒体"称作"屠夫""禽兽""疯狗""鬣狗"等。

② Spencer C. Tucker（ed.）, *The Encyclopedia of the Spanish-American and Philippine-American Wars: A Political, Social and Military History*, Santa Barbara: ABC-CLIO, Inc., 2009, p.693.

第二章　美西双方在马尼拉湾海战前的准备

意的情况下即采取行动。

在朗执掌海军部以后，美西两国之间的关系就因古巴问题而逐渐恶化。随着战争爆发的可能性日益增强，朗和罗斯福主导的海军部已经开始为之做准备。1897年6月30日，美国战争学院向华盛顿提交了对西班牙的作战计划，在计划中提议"主要在加勒比地区采取敌对行动，但美国海军也将有可能攻打菲律宾"①。相对于欧洲海军强国来说，此时的美国海军力量还较为羸弱，因此海洋带给美国的与其说是利益，还不如说是更多的危险。西班牙舰队越洋攻击美国大西洋沿岸地区的传言引发了人们的紧张情绪，这戏剧性地凸显了把海军战略基本原则彻底告知公众的必要性。② 早在美国南北战争期间，美国人就意识到了自己海岸线防御的脆弱性。19世纪80年代，美国政府就开始讨论有关旨在加强美国的海岸防御，尤其是加强对美国各港口保护的方案。1886年，克利夫兰总统任命了以美国战争部部长威廉·恩迪克特（William Endicott）为首的调查委员会来专门讨论相关举措，该委员会最终制定出《1886年恩迪克特报告书》，又称"恩迪克特计划"（Endicott Plan）。该报告书认为，为了保障美国海岸线的安全，美国需要投资1.26亿美元来修建新式的后膛装弹火炮（breech-loading canon）、机枪、浮动炮塔、水雷、探照灯光等设施，沿线部署在美国29个海滨城市。然而直到1888年，美国国会才开始拨款推进报告书中提到的这些防御设施。1890年，美国开始兴修旨在维护海岸线安全的相关要塞。但是整个项目由于资金难以到位而进

---

① Edmund Morris, *The Rise of Theodore Roosevelt*, New York: McCann, and Geoghegan, 1979, p. 555, 转引自〔美〕詹姆斯·布拉德利：《1905帝国巡游：美国塑造亚太格局的伏笔》，刘建波译，北京联合出版公司2016年版，第61页。

② 〔美〕哈罗德·斯普雷特、玛格丽特·斯普雷特：《美国海军的崛起》，王忠奎、曹菁译，上海交通大学出版社2015年版，第209页。

展十分缓慢。截至1897年，只完成了整个"恩迪克特计划"中很少的工作量，计划的500门重炮只安装了大约30门，1000门迫击炮也只到位了70门。人员上，原本所需的85 000名士兵也由于国会拒绝拨款而严重不足。直到美西战争爆发，国会才批准增调第六团和第七团的8 000名士兵到整个海防沿线。因此"恩迪克特计划"远远没有给美国沿海城市带来安全感。[1]

从直观上来说，先进军舰的数量也能影响海军力量的强弱。1883年，美国国会就授权开始建造一批现代化的、钢制的海军舰队，在过去的15年里，美国海军一直在持续发展，并通过了一系列的造舰计划，在舰船的数量和舰船的现代化上都有了提高。然而，其小型作战舰船、弹药储备、支援性的辅助舰艇，尤其是供远洋作战的运煤船，相对于海洋强国而言都有着非常大的差距，甚至在美西战争爆发时，其数量也不及西班牙舰队。为了应对即将到来的战争，朗和罗斯福将舰队的主战场设定为太平洋和加勒比海两个海域，一旦战争爆发，他们选择英治香港和美国佛罗里达州的基韦斯特（Key West）作为舰队未来的集结地，以此来分别对抗菲律宾和古巴、波多黎各的西班牙舰队。1898年3月9日，国会特别拨款5 000万美元给战争部，战争部将大部分经费拨给工兵团和军械部（the Corps of Engineers and the Ordnance Department），用于东部沿海的海防工事。[2] 海军部将其所分得的经费用于购买一些小型作战舰船和各种武器弹药，朗将购买辅助船只的任务交给了罗斯福。罗斯福与他后来的继任者查尔斯·艾伦（Charles Allen）在整个美西战争期间共为美军购买了131条辅助舰

---

[1] Terrence McGovern and Bolling Smith, *American Coastal Defences, 1885-1950*, London: Osprey, 2006, pp. 14-16.

[2] Graham A. Cosmas, *An Army for Empire: The United States Army in the Spanish-American War*, Missouri: Texas A&M University Press, 1994, p. 77.

船，花光了分到海军部的所有经费，仅在1898年3月16日—8月12日，就购买了102艘辅助舰船，价值共2 140万美元，所购买船只除了国外的军舰、商船以外，还包括15艘缉私船、四艘轻型交通船（light-house tenders）、两艘渔船和一艘破冰船。另外，海军部还征调了104艘民用船只，其中包括15艘运煤船，以供海军使用。

开战前夕的4月20日，美国一家媒体在公开刊登的报道中对美西两国的海军主要舰艇数量进行了比较（见表2-2），认为美国尽管在新建的现代性主力舰只数量上占有明显优势，但在总数上，美国海军相比于西班牙人仍然处于劣势地位。在这篇报道中，美国媒体显然高估了西班牙的海军力量，而对自己的海军信心不足。

美国在准备美西战争时，认为其战略原则将"主要是海战，只辅以少量的陆军行动。海军应摧毁敌方的海军分舰队和商船队，并且炮轰或封锁西班牙的城市和殖民地"①。对于美国海军来说，在作战计划上，他们将自己有限的海军力量主要放在古巴附近的海域。1896年，威廉·金布尔（William Kimble）海军上尉完成了一份题为"与西班牙的战争"的文件，后来又完成了几份文件而使战略更为具体化。其主要宗旨在于："战争应使古巴获得独立，美国不期望获得大片的领土，制海权将决定战争的结局。战争的主要目标应该是在古巴本岛和周围的西班牙部队，进攻菲律宾和波多黎各应是第二位的。"②

---

① 〔美〕阿伦·米利特、彼得·马斯洛斯金：《美国军事史》，军事科学院外国军事研究部译，军事科学出版社1989年版，第274页。
② 〔美〕阿伦·米利特、彼得·马斯洛斯金：《美国军事史》，军事科学院外国军事研究部译，军事科学出版社1989年版，第275页。

表 2-2　战前美西两国海军力量对比

舰种	媒体预测的力量对比		实际的力量对比	
	美国	西班牙	美国	西班牙
战列舰（battleships）	5	1	5	0
浅水重炮舰（monitors）	6	0	6	0
装甲巡洋舰（armoured cruisers）	2	7	2	4
旧式铁甲舰（old ironclad）	0	1	0	0
防护巡洋舰（protected cruisers）	14	3	8	0
其他巡洋舰（other cruisers）	9	14	9	12
鱼雷炮艇（torpedo gunboats）	1	11	1	5
驱逐舰（destroyers）	0	7	0	3
鱼雷快艇（torpedo boats）	6	12	6	3
总数	43	56	37	27

资料来源：Herbert Wrigley Wilson, *The Downfall of Spain: Naval History of the Spanish-American War*, London：Sampson Low, Marston and Company, 1900, p. 65。

在美国国内，大多数美国人不仅对遥远的菲律宾一无所知，而且对于西班牙在菲律宾的实力也完全不了解。"很多美国人根本不知道西班牙人在太平洋还拥有实力"，以至于"在太平洋沿岸却没有任何要求保卫海防和分兵把守的呼声"。[1] 虽然朗和罗斯福等海军部官员对未来的战争有所准备，但是此时并没有将占领菲律宾作为自己的军事目标。在战争计划中，亚洲分舰队的作用只是为了牵制住西班牙驻扎在菲律宾的亚洲分舰队，防止它与西班牙本土舰队在美国领海中会合，从而对美国海岸构成威胁。从整体来看，美国并没有做好消灭西

---

[1] 〔美〕E. B. 波特主编：《世界海军史》，李杰、杜宏奇等译，解放军出版社1992年版，第345页。

班牙的亚洲分舰队进而占领菲律宾的准备。

第二节 西班牙方面

如果说美军对这场即将到来的战争的准备远远算不上充分的话,那么西班牙驻菲律宾军队的准备则只能用"糟糕"二字来描述了。美西战争爆发时的西班牙海军分布见表 2-3。

表 2-3 美西战争爆发时的西班牙海军分布

地点	人数		舰只数量
	水手	陆战队员	
西班牙本土	6 778	5 412	6 艘战列舰、8 艘装甲巡洋舰、3 艘防护巡洋舰、8 艘驱逐舰、14 艘鱼雷艇、15 艘炮艇以及其他运输船、海岸警卫队舰艇,共计 60 艘
古巴	2 553	581	6 艘巡洋舰、6 艘驱逐舰、9 艘炮艇、29 艘巡逻艇、3 艘拖船、6 艘辅助船只
菲律宾	2 479	2 515	10 艘巡洋舰、15 艘炮艇、9 艘巡逻艇和其他辅助舰只
波多黎各	291	23	2 艘巡洋舰、2 艘炮艇

资料来源:Bordejéy Morencos, *Crónica de la Marina española en el siglo XIX, 1868-1898* [Chronicle of the Spanish Navy in the 19th Century, 1868-1898], Marcial Pons, 1995, 转引自 Spencer C. Tucker (ed.), *The Encyclopedia of the Spanish-American and Philippine-American Wars: A Political, Social and Military History*, Santa Barbara:ABC-CLIO, Inc., 2009, p. 612。

就整个西班牙的海军来看,它 16 世纪的辉煌早已不复存在,到了 19 世纪 70 年代中期的阿方索十二世时期,其受国内长期政治动荡的影响而更加一蹶不振。1882 年以前,整个西班牙海军只有五艘装甲巡洋舰、六艘木质巡洋舰、两艘不适合在大洋中航行的浅水重炮舰和一些附属舰只。自1882年起，西班牙国内出现要求海军现代化的呼声，曾经担任过西班牙海军大臣的西班牙首相安东尼奥·卡诺瓦斯·德尔卡斯蒂略（Antonio Cánovas del Castillo）积极响应了这一呼声。两年之后，德尔卡斯蒂略领导的政府获得贷款，开始在法国土伦的拉西内造船厂订购军舰。1888年，西班牙政府从拉西内造船厂接收了西班牙历史上的第一艘现代化军舰——总吨位约9 900吨的"佩拉约号"（Pelayo）战列舰。在"佩拉约号"修建的同时，1885年，因西班牙占领太平洋的卡罗林群岛（今帕劳）而使德西两国之间出现外交纷争，这一事件加剧了西班牙的扩大海军之路。在1885—1887年，西班牙重建和新建了多艘舰艇，改造了六艘1 150吨的三桅、无装甲保护的"维拉斯科号"（Velasco）巡洋舰。然而，"维拉斯科号"难以适应跨洋航行，其任务只能是在近海游弋巡逻。1887年，西班牙又建造了包括"克里斯蒂娜女王号"（Reina Cristina）在内的三艘3 000吨级的三桅、无装甲保护的巡洋舰，其舰炮由"维拉斯科号"的4.7英寸火炮升级为6.3英寸火炮。1888年，西班牙购买的4 725吨的装甲巡洋舰"雷纳雷根特号"（Reina Regente）入列，其装备有四门7.9英寸、六门4.7英寸的舰炮和鱼雷发射器，成为西班牙舰队中最大的舰船，随后在这一级上又建造了"阿方索十三世号"（Alfonso XIII，又称"斐罗尔号"［Ferrol］）和"勒潘托号"（Lepanto，又称"卡塔赫纳号"［Cartagena］）。1889—1991年，西班牙修建了六艘562吨的"鲁莽级"鱼雷艇、一艘试验潜艇和三艘1 030吨的防护巡洋舰。三艘防护巡洋舰分别是"吕宋岛号"（Isla de Lvzón）、"古巴岛号"（Isla de Cuba）、"恩塞纳达侯爵号"（Marqués de la Ensenada），这三艘都包覆着2.5英寸的装甲，配属有六门4.7

英寸舰炮。经过这几年的发展，西班牙海军新增了20多艘各型战舰。在西班牙海军看来，其所下辖舰队中那些老旧的舰船难以适应远洋作战，例如"雷纳雷根特号"因为过于笨重，在1895年3月10日的一场暴风雨中沉没。经过近十年的发展，掣肘于本国的财政状况和自身的工业能力，西班牙政府能调派参与远洋作战的舰船依然为数不多。

1887年1月12日，国会批准新的造舰计划，计划在接下来的十年内投入2.25亿比塞塔来建造、购买新的军舰，但是新造军舰的数量远不及英、法、德三国，甚至与美国相比，也存在很大的差距。1890—1891年，西班牙新建了排水量达到6 890吨的"玛丽娅·特雷莎号"（Maria Theresa）、"奥昆多号"（Oquendo）、"海军上将和维斯卡亚号"（Vizcaya）三艘战列舰，但是它们的装甲防护能力依然有限，难以满足海军的要求。1895年，巡洋舰"查理五世号"（Emperador Carlos V）下水，其排水量达到9 090吨，装有两门11英寸、八门5英寸的火炮，时速达到19节。此外，三艘排水量达到6 888吨，设有两门9.4英寸、八门5.5英寸火炮的巡洋舰"阿斯图里亚斯公主号"（Princesa de Asturias）、"卡德纳尔·西斯内罗斯号"（Cardenal Cisneros）和"加泰罗尼亚号"（Cataluña）开始建造，然而它们分别直到1902年、1903年和1904年才得以完工，均未能赶上美西战争。

随着美西两国的矛盾在19世纪90年代逐渐加深，西班牙海军大臣何塞·玛丽亚·贝兰热（Jose Maria Beranger）中将在1896年获得2 300万比塞塔的拨款，得以开始建造一艘1.1万吨战列舰、两艘6 800吨重巡洋舰、一艘5 300吨轻巡洋舰、两艘驱逐舰和两艘拖船。考虑到西班牙的各个殖民地都掀起了反对西班牙统治的起义，贝兰热借此说服西班牙政府在1896年5月从意大利购买了一艘7 234吨的装甲巡洋舰，将其更名为"克里斯托巴尔科隆号"（Cristóbal Colón），该舰时速达到 20 节，原配有两门 10 英寸大炮、两门 8 英寸舰炮、14 门 6 英寸舰炮以及鱼雷管和其他小型武器，最终却因付款争议，在交付时被意大利拆卸掉两门 10 英寸主炮。

西班牙海军的羸弱也深深影响着驻守在马尼拉湾的西班牙海军亚洲分舰队。驻守在菲律宾的 40 多艘西班牙军舰中，30 多艘是老旧战舰，舰队司令为帕特里西奥·蒙托霍（Patricio Montonjo）海军上将，主要舰艇包括巡洋舰"克里斯蒂娜女王号"、"卡斯蒂亚号"（Castilla）、炮艇"唐·胡安·德·奥地利号"（Don Juan de Austria）、"吕宋岛号"、"古巴岛号"和通信船"杜埃罗侯爵号"（Marqués del Duero）等。其中"克里斯蒂娜女王号"为舰队中最大的战舰，该舰作为蒙托霍的旗舰，吨位达 3 520 吨，装有六门口径 6.2 英寸火炮。第二大战舰为老旧的木制巡洋舰"卡斯蒂亚号"，其安装有四门老旧的 5.9 英寸火炮。除此之外，再没有其他舰船安装有口径超过 4.7 英寸的火炮。

尽管西班牙的亚洲分舰队战斗力有限，但是其依然可以借助地形对进入马尼拉湾的美军舰队构成威胁。从地形上来看，马尼拉湾本身并非一个易守难攻的战略要地，整个海湾呈现为一个巨大的梨形。海湾的入口处如同梨柄，其宽度只有十英里，且其航道被入口处的几座小岛一分为二。靠北的科雷希多岛（Corregidor）形状犹如一个巨大的烟斗，它与峡口北岸之间的通道被称为博卡奇卡（Boca Chica）或北海峡，仅有三英里宽。靠南的卡巴洛岛（Caballo）与峡口南岸之间被称为博卡格兰德（Boca Grande）或南海峡。在卡瓦略岛和南岸之间还有一处名为埃尔弗赖莱岛（El Fraile）的岛礁，埃尔弗赖莱岛进一步将宽阔的航道一分为二。马尼拉城位于峡口往内 30 海里处的海岸线上，马尼拉城西南处大约 6.5 海里的地方，有一座狭窄的半岛形的凸起，被称为桑利点（Sangley Point），而在它的怀抱之中构成了卡纳考湾（Cañacao

Bay），西班牙的舰队的锚地甲米地则位于湾中。

大约 30 年前，西班牙政府就开始筹划应对如何抵御一支敌对舰队对菲律宾发动攻击的问题。1891 年，一位名叫德尔里奥（Del Rio）的西班牙海军将领曾提出，如果没有一支旗鼓相当的舰队，那么要做到阻止敌人进入马尼拉湾是一件不可能的任务，必须得依赖岸防火炮和鱼雷来确保对敌人舰队的摧毁和驱离。因此德尔里奥建议应将整个海军舰队驻守在苏比克湾之中，利用苏比克湾狭窄的主航道，形成一个易守难攻的防御阵地。苏比克湾的主航道只有一英里宽，要是敌人海军驶入苏比克湾，则可以利用舰炮和岸防火炮将其逐个击沉，这使得敌人的舰队也无法大举进攻马尼拉湾；如果敌人舰队选择集中兵力进攻马尼拉湾，那么其后勤线和退路就有可能被蜷缩在苏比克湾内的西班牙舰队切断；如果选择分兵两处，分别进攻马尼拉湾和监视苏比克湾内的西班牙舰队的动向，那么他们既没有充足的兵力占领马尼拉城，又易被西班牙舰队击败。然而，德尔里奥的这一建议最终并没有实现，直到建议提出七年后的 1898 年，苏比克湾的军事基地依然处于计划阶段，西班牙官员们却因马尼拉城生活的舒适而耽于兴建。整个 19 世纪 90 年代，有超过 200 名海军官员驻留于马尼拉城，他们的兴趣更多在于社会和经济问题，而非军事问题。对此，德尔里奥七年之前就已有预言："如果敌军的将领发现苏比克湾其实并无驻军，他自然就会牢牢占据住马尼拉城。那我们的舰队能有何作为？如果敌军攻击位于甲米地的军火库，我们的舰队就几乎只能眼睁睁地看着自己一步一步被敌军歼灭，却无能为力。"[①]

就情报而言，美国计划攻击马尼拉湾的消息算不上什么军事机

[①] Ronald Spector, *Admiral of the New Empire: The Life and Career of George Dewey*, Baton Rouge: Louisiana State University Press, 1974, p.52.

密,其早已泄露出来。而对于美国人来说,"美国对马尼拉湾的攻击可以说是战争史上保密最糟糕的战争之一,杜威开赴马尼拉湾的情报,由美国外交官透露给了德国外交官,然后又从德国通过电缆传到了西班牙国内;更荒唐的是,《纽约太阳报》(The New York Sun)甚至撰文告知它的读者,让他们注意即将发生的战争"[1]。西班牙政府至少在1898年1月就已获悉了美国的这一军事计划,西班牙驻华盛顿的海军专员向国内报告说,一旦美西战争爆发,美国有可能率先向菲律宾发动攻击。费南多·普利莫·德里维拉总督(Fernando Primo de Riveray Sobremonte)[2]曾在1898年3月3日发电报给西班牙殖民大臣莫雷特(Segismundo Morety Pendergast),说情报显示,美国亚洲分舰队司令杜威已经收到进攻马尼拉湾的命令,因此他将全力支持蒙托霍在菲律宾,特别是马尼拉地区做好战斗准备。在杜威做各种进攻准备的时候,菲律宾的西班牙人可以说是正怀着紧张而又听天由命的复杂心态等待着美国人的到来。

1898年2月15日,"缅因号"军舰沉没,这也让菲律宾的西班牙人大为震惊,通过泄露出的情报,他们意识到美国很有可能会对菲律宾以及西班牙的亚洲分舰队发动进攻。在菲律宾总督召集的一场会议上,参会者一致同意将西班牙的亚洲分舰队移向苏比克湾,在峡谷东航道的狭窄处,用凿沉旧船的方法来堵塞航道,并用岸防火炮来守住西航道;计划在海湾内的航道上再部署一些水雷,同时用岸防火炮覆盖海湾内部的航道。部署好这些之后,西班牙人就可以以逸待劳,静待杜威舰队的到来。然而直到月底,苏比克湾的布防工程仍未完工,

---

[1] Brad K. Berne (ed.), *The Spanish-American War: A Documentary History with Commentaries*, Madison: Fairleigh Dickinson University Press, 2014, p. 162.

[2] 费南多·普利莫·德里维拉,曾先后于1830—1831年和1897—1898年两次出任菲律宾总督。

对此各部门之间相互推诿：工程部说是海军耽误了水泥运达时间，而海军予以否认，并把责任推到了军械部。在各个部门的争吵不休中，无人知道岸防工程究竟何时能够完工。对于种种状况，蒙托霍忧心忡忡，他在4月11日写道："我没有后备力量，也没有时间。"① 4月19日，西班牙海军大臣塞吉斯蒙多·贝尔米琼（Segismundo Bermejoy）在发给西班牙的亚洲分舰队指挥蒙托霍的电报中，建议他用水雷封锁各个港口。蒙托霍在回电中无奈地表示："您意识到我手中没有任何水雷的话，将知道我是在尽我所能。"② 贝尔米琼告知蒙托霍，有70枚水雷正在运往菲律宾的途中，然而直到战争结束，贝尔米琼所说的这批水雷也没有到达菲律宾。在绝望中，蒙托霍让其舰队分出一批鱼雷，拆卸掉弹头，代替水雷布防在美军可能途经的航道上。然而这批没有引线的鱼雷是否能起到作用，令人怀疑。

除了蒙托霍亚洲分舰队以外，西班牙在菲律宾列岛上还驻有一支海外军队，但是相对于西班牙同时期的其他殖民地的驻守军队，这支军队的力量也相对有限。1898年时，西班牙陆军总兵力达到492 077人，整个兵力的近七成部署在海外殖民地，然而部署在菲律宾的陆军人数仅为五万余人（见表2-4）。相比较而言，驻守在菲律宾的人数并不算多：陆地面积只有菲律宾近1/3的古巴，驻扎的陆军人数却是菲律宾的五倍多；陆地面积只有菲律宾面积近1/32的波多黎各，陆军驻扎人数却是菲律宾的1/5。在五万多人的驻菲律宾陆军中，绝大多数都驻扎在马尼拉城周围。除此之外，殖民政府还有一支由菲律宾人组成的本土军团，约5 600人。

---

① George J. A. O'Toole, *The Spanish War: An American Epic 1898*, New York: W. W. Norton & Stoddart Company, 1986, p. 179.

② Ronald Spector, *Admiral of the New Empire: The Life and Career of George Dewey*, Columbia: University of South Carolina Press, 1974, p. 54.

表 2-4　西班牙陆军海外分布（1898 年）

殖民地	面积（万平方公里）	人口规模	军队人数	占西班牙陆军总兵力的比例	军队建制
古巴	10.98	1 570 000	278 457	56.60%	101 个步兵营 4 个海军陆战队步兵营 11 个骑兵团 2 个山炮团
菲律宾	29.97	7 000 000	51 331	10.40%	7 个步兵团 15 个独立步枪团 1 个海军陆战队步兵团
波多黎各	0.91	—	10 005	2.0%	7 个步兵营 1 个国民警卫团

资料来源：Spencer C. Tucker (ed.), *The Encyclopedia of the Spanish-American and Philippine-American Wars: A Political, Social and Military History*, Santa Barbara: ABC-CLIO, Inc., 2009, pp. 610, 719。

虽然西班牙人很早就获知了美国人即将对菲律宾发动战争的情报，但是西班牙人的军事准备显然极不充分。其中一个原因就是，此时，西班牙人显然低估了美国的军事能力。因为长时间以来，西班牙人认为一个国家工业和商业的发展，以及国民热衷于公民事务，将会削弱这个国家的军事职业精神。因此在美西战争爆发之前，西班牙媒体对工业化程度较高的美国的军事职业精神持鄙夷的态度。西班牙国内报纸《共和报》（*La Correspondencia Militar*）以报道政治、军事新闻为主，在战争爆发前的几个月，该报所刊登的文章经常轻蔑地将美国称为"商人之国"。其中一位撰稿人甚至暗示说，美国是一个缺乏男子气概的国家，它是拥有着比西班牙更多的财富和"比西班牙更多的人（我不愿说是男人）的国家"[①]。

[①] José Vicente Herrero Pérez, *The Spanish Military and Warfare from 1899 to the Civil War: The Uncertain Path to Victory*, New York: Palgrave Macmillan, 2017, p. 108.

麦金莱政府和美国公众因美英战争时期的经验而对自身海岸线的防守充满担忧。麦金莱总统提议,一旦战争爆发,则征召 125 000 名志愿者参军。但是战争部预计,一旦战争打响,海岸防御则交由国民警卫队来负责,因而无须动员太多军队。总统和战争部之间的这种意见分歧实际上大大影响了战争的筹备工作,在医药储备、医疗人员配备、是否允许黑人参军和运输舰只等诸多问题上凸显出来。因而,战争部自己也没有预料到战争规模,更没有想到会占据海外领土。而海军部一开始所考虑的就是在菲律宾舰队部署一支"存在舰队",牵制住西班牙在菲律宾的亚洲分舰队,防止其与西班牙的本土舰队在美国东海岸会合,从而对美国沿海城市构成威胁。但是,美国也并没有做好与任何国家的亚洲分舰队进行决战的准备。

实际上,美西两国都未对这场战争做好充分准备。相较而言,西班牙人前期的情报搜集能让他们更容易预料到即将在菲律宾海域打响的战争。可是,西班牙人的过度自信却并未让他们做好充分的准备。与之相反的是,美国公众和政府对西班牙人在菲律宾的部署几乎一无所知,他们所担忧的只是外国海军对本国东海岸的侵袭,他们并未预料到即将在遥远的东方率先打响一场战争。两国各自的军事准备都使得一场舰队的决战难以爆发,直到杜威的任职,改变了力量对比。

第三章
乔治·杜威的到任与战争筹备

美国和西班牙在各自转型中所采取的不同方式，使得双方力量此消彼长。美国国内的扩张主义者已经对西班牙在南美洲的殖民资产垂涎欲滴，希望踩着西班牙殖民帝国的"尸体"向外扩张，进而实现美国的崛起。在遥远的东方，菲律宾内部民族力量的增长使得西班牙在菲律宾的殖民统治摇摇欲坠。这些迹象看起来似乎都暗示了历史发展的必然趋势，但是它们并非一定会交织在一起，因为菲律宾在地理空间上距离美国遥远，而美国对菲律宾国内的状况也知之甚少。然而，乔治·杜威获得了美国海军亚洲分舰队司令一职，这一偶然事件却将两个事件关联了起来，杜威在马尼拉湾海战中的胜利也成为美国在美西战争中所取得的首胜。如果说美西战争是美国走向对外扩张的开始，那么杜威担任舰队司令就是美国走向帝国的第一步。

马汉在其著作中提到了众人皆知的事实："日本早在三年多以前就告知我国政府，称它不愿意看到我们兼并夏威夷，而今却对于我们拥有菲律宾甚感满意……东方环境的变化如同美国的扩张一样无疑源自某些事先发生的铺垫性事件。这些事件在刚出现时表现得不够显著……但预示着环境变化的偶然事件都发生在短短几年之中。因此，它们具有突发事件的特征。"① 马汉所说的"突发事件"主要指 1894

---

① 〔美〕艾尔弗雷德·塞耶·马汉：《海权对历史的影响（1660—1783 年）：附亚洲问题》，李少彦等译，海洋出版社 2013 年版，第 461 页。

年爆发的中日甲午战争和 1897 年的德国强占胶州湾。然而，马汉在写这段文字时已经是 1900 年，亦即美西战争结束后的第二年。而在战争爆发前，很多美国人都如同马汉一样，未曾意识到东亚的局势正在剧烈地发生变化。

  1894 年，中日甲午战争爆发，东亚局势发生很大变化，日本作为一个新兴强国登上了东亚竞争的舞台。1897 年，德国以神父被杀为借口，强迫租借胶州湾。同时，俄国也加强了对中国的侵蚀，大力投资西伯利亚铁路，并于 1897 年 11 月将一支海军舰队派驻旅顺港。英法等国也试图积极扩大各自在华的势力范围。日本借助在甲午战争中所取得的优势，也密切关注俄国在中国东北地区和朝鲜半岛的动向，日俄双方在此地的竞争日趋激烈。东北亚局势虽然风起云涌，但是并没有引起时任美国亚洲分舰队司令的海军少将弗雷德里克·麦克奈尔（Frederick G. McNair）的过多担忧。麦克奈尔认为德国对胶州岛的租借应受到"小心翼翼地关注"（require careful watching），但是又认为这并不意味着列强正在试图侵占更多的中国领土。因此麦克奈尔在任时，美国的亚洲分舰队并没有做任何应对战争的准备。

  不同于麦克奈尔，杜威在还未成为亚洲分舰队司令之前，就已经开始关注亚洲局势所发生的变化。对依靠"走关系"而获得了舰队司令职位的杜威来说，这是一次期盼已久的机会。他原本从罗斯福处接到的指令是尽可能牵制住西班牙的亚洲分舰队，但他尽可能地加强自己舰队的实力，以实现个人抱负。

第一节 乔治·杜威的获任

  1898 年 1 月，杜威被任命为亚洲分舰队司令。这位出生于 1837

年12月26日的将军，其祖上原本是生活在法国北部杜埃市的胡格诺派教徒，为了免于宗教迫害，搬迁到英国的肯特郡。16世纪，其先祖托马斯·都弈（Thomas Duee）迁居到美国马萨诸塞州，并将姓改为杜威（Dewey）。乔治·杜威还有两位哥哥和一个比他小两岁的妹妹。杜威五岁的时候，母亲去世。杜威在自传中提到，身为外科医生的父亲所展现出的领导力和对宗教教规的恪守对他产生了很大影响。杜威14岁进入诺威治大学（Norwich University）的军事学院。原本希望读西点军校的杜威，为名额所限，只得在1854—1858年间就读于马里兰州安纳波利斯海军军事学院——一所和西点军校齐名的军事院校。在这里，杜威尽管并不擅长历史学和地理学，但是在数学方面却表现出极强的天赋。毕业之后，他被调到地中海的蒸汽护卫舰"沃巴什号"（Wabash）服役。早年间，杜威官运并不亨通，美国内战爆发之际，23岁的他被提升为上尉，在"密西西比号"军舰上担任执行军官，参加了新奥尔良和哈德逊港口的海战。然而由于美军人事擢升缓慢，直到47岁，杜威才晋升为上校。杜威在其回忆录中写道："对于现在的我而言，接任此职务时已过壮年，如果放在英国，这年龄早已接任少将军衔。"① 1896年5月23日，杜威被擢升为准将，在华盛顿的美国海军检查和调查委员会（Navy Board of Inspection and Survey）任职。即使如此，杜威也不无失望，"虽然此军衔意味着我已足以指挥一支舰队，然而我的麾下却无舰可遣"②。到了1897年，杜威已经在考虑退休的事情。著名传记作家埃德蒙·莫里斯（Edmund Morris）在其书中形容杜威"身材矮小，一头硬直的棕褐色

---

① George Dewey, *Autobiography of George Dewey: Admiral of the United States Navy*, Columbia: Pantianos Classics, 1913, p. 79.

② George Dewey, *Autobiography of George Dewey: Admiral of the United States Navy*, Columbia: Pantianos Classics, 1913, p. 166.

头发让他显得有点傻气。虽已年过六旬,但仍野心不减,颇得罗斯福赏识。南北战争时期,他曾是法拉格特①上将手下的一名上尉,但30多年的战后和平生活并未浇灭他的好战野心。如今还有三年他就要告老还乡,虽然深知自己已难再创辉煌,却仍不可一世"②。杜威努力地和西奥多·罗斯福等人建立起政治关系,并加入了华盛顿很多政治官员都参与的"首都俱乐部";而对罗斯福来说,想要在海军部实现抱负的话,也需要结交和自己志同道合的政治官员。在此情况下,罗斯福和杜威逐渐走近。两人相识的确切时间并不清楚,但"杜威"一名首次出现在罗斯福的信件中的时间是1897年6月28日。③ 很快,两人之间的这层关系改变了杜威的命运。

1897年9月,海军部部长朗去外地度假。留任的助理部长罗斯福意外看到了国会议员威廉·钱德勒(William Chandler)写给朗的推荐信。在信中,钱德勒向朗推荐约翰·亚当斯·豪威尔(John Adams Howell),建议由他代替即将退休卸职的麦克奈尔,接任美国亚洲分舰队的司令官。罗斯福立即把这个消息告知杜威,并建议他去找国会议员雷德菲尔德·普洛克(Redfield Proctor),说服他出面请求麦金莱任命杜威来担任亚洲分舰队司令。罗斯福推荐杜威,不仅是因为两人私交笃实,而且两人对于海军未来的发展想法一致,此外美国海军教父马汉也曾向罗斯福积极推荐过杜威。在马汉看来,接任亚洲分舰队司令一职的人应当"可以信赖,并能在挑战到来之际积极

---

① 戴维·格拉斯哥·法拉格特(David Glasgow Farragut, 1801—1870),海军上将,参加过第二次英美战争和美国南北战争,被视为美国的战争英雄。
② 〔美〕埃德蒙·莫里斯:《领袖的崛起:西奥多·罗斯福》,李俊、杨京鹏译,新世纪出版社2015年版,第574页。
③ 〔美〕埃德蒙·莫里斯:《领袖的崛起:西奥多·罗斯福》,李俊、杨京鹏译,新世纪出版社2015年版,第573页。

行动"①。在以罗斯福为首的政治力量的帮助下,朗最终于 1897 年 10 月 21 日任命杜威为亚洲分舰队司令。即便如此,面对杜威的这一依靠"走后门"而得来的升迁,朗直接挪揄说:"我很高兴任命你为舰队司令,杜威准将。但是你不要因此把自己当成了少将,并以此心态去做事。你只是一名准将。或许你先前已经动用了太多的政治影响力。"② 在部长朗及很多海军部官员看来,杜威的这次升迁并不光彩。诚如阿伦·米利特(Allan Millett)等人所评价的:"无论是他在内战时的服役经历还是在战后担任过的职务,都不足以使他从其他几十名军官中脱颖而出。虽然他非常崇拜法拉格特,但他在 40 年的海军生涯中却没有得到机会来仿效心目中的英雄。他所做的一件事就是寻求有势力的朋友,诸如西奥多·罗斯福和雷德菲尔德·普罗克特。他的政治关系使他得到了亚洲海军分舰队的指挥权。"③

尽管还未得到海军部部长的赏识,杜威却对此心满意足。他在自传中提到,自己对此职务早已渴求多时,一旦获此职务,他就开始了准备。他认为"美西之间的战争不可避免",而这次任命将他调派到远离美国的远东地区来指挥这支舰队,使他获得了"将在外,君命有所不受"的机会,"因此他将能够尽快对驻扎在菲律宾的西班牙舰队发动攻击,并取得胜利"④。

---

① 〔美〕巴巴拉·W. 塔奇曼:《骄傲之塔:战前世界的肖像,1890—1914》,陈丹丹译,中信出版社 2016 年版,第 140 页。
② Daniel E. Brannen, Jr. and McNeil Allison (eds.), *Spanish-American War*, Detroit: U. X. L., 2003, p. 107.
③ 〔美〕阿伦·米利特、彼得·马斯洛斯金:《美国军事史》,军事科学院外国军事研究部译,军事科学出版社 1989 年版,第 279 页。
④ George Dewey, *Autobiography of George Dewey: Admiral of the United States Navy*, Columbia: Pantianos Classics, 1913, p. 83.

第二节 乔治·杜威的到任

1897年12月7日,杜威在旧金山登上了前往太平洋的舰船,并于1898年的新年第一天抵达了日本长崎。1月3日,杜威从麦克奈尔手中接任了司令官一职,随后登上了自己的旗舰"奥林匹亚号"(Olympia)。然而,由于不受朗的喜欢,杜威再次陷入了一场窘境之中。为了确保亚洲分舰队司令能与其他欧洲各国的海军司令在礼节上平起平坐,按照惯例,每一位准将在担任亚洲分舰队司令时,都可以悬挂少将将旗,然而"吃惊的是",朗却通知杜威,他只能悬挂代表准将的三角将旗,而不得悬挂少将将旗。① 这一点恰如朗曾对杜威所说的,"不要把自己当成了少将"。

杜威就任亚洲分舰队司令之后,立刻率领驻守在长崎港的全部舰船,接受了日本天皇和皇后的观摩,以求得到这个"敏感国家"的好感,这种好感在日后的马尼拉湾战争中似乎也得到了一定程度的回报。"不仅与政府官员的关系取得了保障,而且也赢得了士兵的善意,后来封锁马尼拉湾时,到访马尼拉的日本军人的谨慎和礼貌证明了这一点:在获取马尼拉湾战役胜利和攻占马尼拉城之间的那段岁月里,他们停在那里的舰只上的船员行为举止得体,待人处世的态度也受到杜威舰队的欣赏。"②

杜威到任后就更为密切地注视着亚洲的局势变化,"东亚的局势

---

① George Dewey, *Autobiography of George Dewey: Admiral of the United States Navy*, Columbia: Pantianos Classics, 1913, p. 86.

② Nathan Sargent, *Admiral Dewey and the Manila Campaign*, Washington D.C.: Naval Historical Foundation, 1947, pp. 8-9.

显得非常不确定,德国、英国、俄国和日本都正忙着下注,以玩一场相互恫吓的游戏"。在写给妹妹的信中,他明确意识到,英国、德国和俄国已经迅速增加了在东亚的海军兵力,美国虽然也增加了兵力,但是担负着太过宽泛的任务。①

杜威麾下的这支亚洲分舰队此时并没有做好战争的准备,它也并非一支能够作战的舰队,这支舰队原本被分配的任务只不过是"一旦清朝和朝鲜两个摇摇欲坠的帝国内部出现暴动或者叛乱,就用它来保护旅居在这两国的美国人的安全"②,所以其虽然力量弱小,却需要在整个东北亚的水域来回巡弋。就在杜威到达时,这支成立于1835年的美国亚洲分舰队只有四艘军舰——两艘装甲巡洋舰"奥林匹亚号"和"波士顿号",炮艇"海燕号"(Petrel),蒸汽船"莫诺卡西号"(Monocacy)。"奥林匹亚号"来到太平洋海域已经三年,计划将被目前正驻扎在火奴鲁鲁的"巴尔的摩号"(Baltimore)所轮换,而按照原计划,在"巴尔的摩号"到达后,"奥林匹亚号"将返回加利福尼亚接受全面检修。不仅如此,整个亚洲分舰队散布在中国海岸线周围,"它们各自正在执行着一直以来的任务"③:驻扎于仁川的巡洋舰"波士顿号"用以监视俄日对朝鲜政府控制权的争夺,负责保护美国驻平壤的大使馆安全;炮舰"海燕号"则在中国春节期间奔赴广州海域,因为美国认为中国人有可能在中国传统节日期间再次燃

---

① Adelbert Milton Dewey, *The Life and Letters of Admiral Dewey: From Montpelier to Manila, Containing Reproductions in Fac-Simile of Hitherto Unpublished Letters of George Dewey during the Admiral's Naval Career and Extracts from His Log-Book*, London: Hardpress Publishing, 1899, pp. 193-194.

② Gregg Jones, *Honor in the Dust: Theodore Roosevelt, War in the Philippines, and the Rise and Fall of America's Imperial Dream*, New York: New America Library, 2012, p. 41.

③ Ronald Spector, *Admiral of the New Empire: The Life and Career of George Dewey*, Columbia: University of South Carolina Press, 1974, p. 40.

起对外国人的仇恨；在该舰稍北的地方，参加过南北战争的古董舰"莫诺卡西号"游弋在长江口的上海附近；杜威及其"奥林匹亚号"虽然继续驻留在长崎港，但是他却频繁与停泊在南京的"莫诺卡西号"的指挥官通信，要求他们随时汇报上海地区的局势发展情况。杜威认为，如果美国与西班牙的战争打响，菲律宾将是他采取行动的地方，他必须确保自己南下菲律宾时的航线安全。

杜威面对的另一个问题就是弹药不足。在杜威抵达舰队驻地时，舰队所拥有的炮弹量都无法完全满足和平时期的日常训练需要。按照海军部的最初计划，将由原本已经退役近两年的巡洋舰"查尔斯顿号"（Charleston）为亚洲分舰队运送新的补给，然而"查尔斯顿号"此时依然在干船坞之中，在半年内甚至更长时间里还无法服役。在罗斯福的帮助下，杜威说服海军部，让其改派炮舰"康科德号"（Concord）尽快运送一批弹药至亚洲分舰队驻地。"康科德号"1898年2月9日加入分舰队时，为亚洲分舰队运送来了35吨军需品，但即使如此，整个舰队的军需品储量依旧严重不足。剩下的弹药则计划交由另一艘老旧的单桅帆船"莫西干人号"（Mohican）来执行。"莫西干人号"将在旧金山装载37吨的军需品，运送至火奴鲁鲁，然后再将货物紧急转运到"巴尔的摩号"上，由后者运达亚洲分舰队驻地，按照计划3月将会与分舰队会合。但是局势正一天天紧迫起来，对满载着舰队所需弹药的"巴尔的摩号"是否能够赶在进攻菲律宾之前与舰队会合，杜威感到担忧。

让杜威头疼的不仅仅是自己的装备不足，对于即将要与其交手的西班牙亚洲分舰队，他所掌握的情报也是相当不足的。杜威刚被任命时，就意识到如果美西交战，菲律宾将是他采取行动的地方，因而在国内时就买到了所有能够找到的关于菲律宾的书籍。阅读之后，他开始抱怨美国政府缺少关于菲律宾的情报——美国海军有关菲律宾的情报自 1876 年之后就再没有更新。① 杜威手上甚至连一张最新的马尼拉湾地图都没有,更不要说更为详细的情报信息了,于是他选择向美国驻菲领事威廉姆斯(Oscar F. Williams)打听相关情报。在写给威廉姆斯的信中,杜威提道:"如果你觉得我正在考虑的这个方案合适的话,那么我将派遣出一支小分队来和你联系,同时也希望你能向我提供有关目前停泊在菲律宾海域内的西班牙战舰的相关信息。此外,有可能的话,还望进一步告知这几年马尼拉港的岸防变化。"② 然而对于威廉姆斯来说,他恐怕还难以胜任这项任务。因为截至此时,威廉姆斯到达马尼拉尚不足一个月,而且他全无军事经验。另外,作为美国政府派驻马尼拉的唯一官方人员,他被西班牙殖民政府严密地监视着,其信件也常常被拆阅。尽管如此,威廉姆斯还是想尽办法地为杜威搜集情报。他聘用了一些情报人员,也借助和西班牙官员的私交关系来获得一些有价值的信息。为了避免遭到西班牙人的怀疑,威廉姆斯以私人信件而非公文的方式把搜集到的各种信息传递给杜威,并以"考德威尔"(Caldwell)署名。1898 年 3 月 1 日,他在报告中提道:"如果有两艘美国军舰悄悄地进入马尼拉湾,就完全可以占领这种城市和要塞。"③ 但是,作为驻菲领事,威廉姆斯并不希望看到美西之

---

① Ronald Spector, *Admiral of the New Empire: The Life and Career of George Dewey*, Columbia: University of South Carolina Press, 1974, p. 40. 实际上,美国海军部在 1897 年曾向马尼拉派出过情报人员,其中本杰明·兰伯顿(Benjamin Lamberton)上校为美国海军航行局(Bureau of Navigation)提供了一份在菲律宾海域的西班牙亚洲分舰队的船只清单,而正是这一份情报为杜威随后所采取的军事行动起到了实质性帮助作用。然而在杜威上任之际,并没有人告知杜威这些情报人员的存在。

② Dewey to Oscar F. Williams, February 17, 1898, in Dewey Papers, 转引自 Ronald Spector, *Admiral of the New Empire: The Life and Career of George Dewey*, Columbia: University of South Carolina Press, 1974, p. 46。

③ Ronald Spector, *Admiral of the New Empire: The Life and Career of George Dewey*, Columbia: University of South Carolina Press, 1974, p. 46.

间在菲律宾地区兵戎相见,他也敦促杜威带着他的旗舰"奥林匹亚号"对马尼拉来一次私人访问,他暗示这一举动"可以取得西班牙殖民当局的好感,并有助于促进美国使馆同殖民政府的关系"①。不过威廉姆斯并不知道,此时罗斯福已经下令给杜威,让其驻留于香港,等待进一步的命令。十天之后,威廉姆斯又给杜威送来了一份情报,提供了西班牙在菲律宾的驻防情况的更为详细的信息。他在情报中指出,马尼拉老城区的堡垒已经过于老旧,可能无法适应现代战争,因此镇守帕西格河河口的这座堡垒充其量也就是一个摆设而已,一炮就可以将其摧毁。关于西班牙亚洲分舰队,威廉姆斯也指出其已处在战备状态,其舰员均已到达战斗岗位。然而,出乎威廉姆斯意料之外的是,"海湾和峡口都没有布置水雷和鱼雷"②。

威廉姆斯在 1898 年 3 月 14 日送给杜威的情报中,再一次强调了菲律宾军队防守的虚弱。"虽然我不是军事方面的专家,但是我想马尼拉的防守是非常虚弱的……我想只要您朝这座城墙高筑的城市放上几枪,或是打上几发炮弹的话,出于商业和宗教利益的需求,城里居民都会迫使马尼拉政府向您投降的。"③ 他最后还补充到,他相信马尼拉的军火库中已弹药不足。到了 4 月 5 日,威廉姆斯在情报中指出,通往马尼拉的航道上依然还没有布置水雷,因为装配水雷所需要的绝缘电线还未能从欧洲运至菲律宾。另外,威廉姆斯还随时通报菲

---

① Williams to H. H. Caldwell, March 12, 1898, in George Goodwin Dewey Papers, 转引自 Ronald Spector, *Admiral of the New Empire: The Life and Career of George Dewey*, Columbia: University of South Carolina Press, 1974, p. 46。
② Williams to H. H. Caldwell, March 12, 1898, in George Goodwin Dewey Papers, 转引自 Ronald Spector, *Admiral of the New Empire: The Life and Career of George Dewey*, Columbia: University of South Carolina Press, 1974, p. 46。
③ Williams to H. H. Caldwell, March 14, 1898, in George Goodwin Dewey Papers, 转引自 Ronald Spector, *Admiral of the New Empire: The Life and Career of George Dewey*, Columbia: University of South Carolina Press, 1974, p. 46。

律宾国内起义军的状况,在 3 月 12 日的信中提到,菲律宾人与西班牙殖民政府的和解看起来已经遥不可及,叛军的力量日益强大,随着西班牙国内情况的发展,起义军对获取胜利也更有信心。因此西班牙驻菲律宾的军人数量日益减少,而且兵力也被分散,"一半的军人都身陷战争之中"①。

除了提供这些情报以外,威廉姆斯在信中还提及西班牙殖民政府无力镇压菲律宾国内起义,这使得菲律宾岛内居民中间也开始出现一种声音,"这种吁求在菲律宾国内与日俱增,他们认为'如果美国或者英国愿意拥有我们菲律宾群岛的话,那对我们是多么好的一件事,我们为什么不能让美国来占领?我们菲律宾群岛是太平洋的珍珠,现在向美国的出口占据着我们一半的出口总额。他们需要在东亚地区为他们的舰队寻找一个母港,就如同香港对于英国的作用那样'"。由此,威廉姆斯断定:"起义军将会非常乐意支援我们舰队的军事行动,并且乐于接受我们的指挥。"他甚至提出:"如果我能给你和你的舰队发布命令的话,我就指挥你们在下周日之前捕获所有的商船和军舰,并且占领菲律宾。"②

第三节　乔治·杜威的战前准备

自从"康科德号"运送弹药抵达日本长崎港之后,杜威的舰队

---

① Williams to H. H. Caldwell, March 10, 1898, in George Goodwin Dewey Papers, 转引自 Ronald Spector, *Admiral of the New Empire: The Life and Career of George Dewey*, Columbia: University of South Carolina Press, 1974, p. 46。

② Williams to Caldwell, April 5, 1898, March 10, 26, 1898; April 8, 1898, 转引自 Ronald Spector, *Admiral of the New Empire: The Life and Career of George Dewey*, Columbia: University of South Carolina Press, 1974, pp. 46–47。

开始逐渐向香港集中。由于"莫诺卡西号"是一艘老旧的明轮炮舰,已经服役多年,杜威决定配备一些基本船员,将它留在上海。1898年2月11日,杜威随同"奥林匹亚号"开始启程前往香港,"海燕号"早在几天前就已经抵达香港,等待同舰队的会合。杜威的这一举动"正是基于他对当时战略研究的逻辑结果,一旦美国同西班牙的战争爆发,他就必须立即从那里主动发起进攻,同时,香港由于是离马尼拉最近的港口,也因而成为杜威可以近距离观察事态发展的最有利的港口,并能够于时机来临时在那里发起进攻。然而,此时国内并不如他所愿,美国政府至此依然并不愿意让局势走向战争"①。

1898年2月15日,停泊在古巴海域的"缅因号"爆炸。2月17日,有关消息传到香港。2月18日,从海军部传来的讯息证实了这一消息,但是海军部部长朗在电报中依然非常谨慎。朗告知杜威,2月15日,"缅因号"在哈瓦那意外沉没。总统指示舰队即日起挂半旗以示哀悼,直至有下一步指示:"请通过电报告知你下辖的所有舰只,均按此命令执行。"② 在海军部部长发出的这封电报中,朗用"意外"来解释"缅因号"在哈瓦那的沉没,可见此时美国政府高层和海军部部长对发动战争仍持犹豫态度,并没有将此次事件的责任者的帽子扣在西班牙人头上。虽然如此,在海军部助理部长的主导下,海军部依然在进行战争准备,"海军造船厂开始建造船只,并就购买战争物资开始了初步调查"③。1898年2月25日,也就是"缅因号"事件的第十天,海军部助理部长罗斯福以代理海军部部长的身份发电报给杜

---

① Nathan Sargent, *Admiral Dewey and the Manila Campaign*, Washington D. C.: Naval Historical Foundation, 1947, p. 9.
② Nathan Sargent, *Admiral Dewey and the Manila Campaign*, Washington D. C.: Naval Historical Foundation, 1947, p. 11.
③ Nathan Sargent, *Admiral Dewey and the Manila Campaign*, Washington D. C.: Naval Historical Foundation, 1947, p. 9.

威,其语气全然没有朗那样的谨慎,而是告知杜威,做好战争准备,命令他率除"莫诺卡西号"之外的整个舰队在香港集中,并确保为舰队加满燃料;一旦对西班牙宣战,杜威的任务首先是确保牵制住西班牙的亚洲分舰队,让其无法离开亚洲海岸,然后在菲律宾群岛采取攻势行为;"奥林匹亚号"留在舰队,等待进一步指令。① 不过,罗斯福在这封电报中,给杜威发布的首要任务只是确保"牵制"住西班牙的亚洲分舰队,防止它前往美国海域对各沿海城市或者美军可能在加勒比海上开展的各军事行动构成威胁;在此基础上,再考虑对菲律宾发起主动攻击。

就在罗斯福的指令到达香港的八天前,杜威已乘坐"奥林匹亚号"抵达香港。接到备战命令的杜威,转而向"所属舰只发出了战斗警报"②。对杜威来说,亚洲此时的形势要求他必须取得胜利,因为"如果他在菲律宾失利,或者即使被迫撤退,他要从7 000海里以外处才能获得任何可能的援助,在这种情况下,舰只很可能被毁,人员将会减少;几乎可以肯定将不会有足够的弹药来保卫自己,而且肯定也不会有足够的燃煤使之回到己方的海域。最后,他还低估了西班牙可以用来与他作战的力量"③。因此,杜威马不停蹄地将自己可以调配的力量向香港集中。杜威命令其他舰只迅即赶往香港与自己会合。"波士顿号"和"康科德号"最先抵达香港,其他舰只也陆陆续续抵达香港。通过罗斯福,美国海军部同意不再让"巴尔的摩号"

---

① Nathan Sargent, *Admiral Dewey and the Manila Campaign*, Washington D.C.: Naval Historical Foundation, 1947, p.10.
② 杨生茂、冯承柏、李元良编:《美西战争资料选辑》,上海人民出版社1981年版,第171页。
③ 〔美〕斯蒂芬·豪沃思:《驶向阳光灿烂的大海:美国海军史(1775—1991)》,王启明译,世界知识出版社1997年版,第229页,亦可参见Nathan Sargent, *Admiral Dewey and the Manila Campaign*, Washington D.C.: Naval Historical Foundation, 1947, p.10。

第三章 乔治·杜威的到任与战争筹备

代替"奥林匹亚号",而是让"奥林匹亚号"继续留在舰队之中,"巴尔的摩号"也直接加入亚洲分舰队,以增强杜威的兵力,巡洋舰"罗利号"(Raleigh)从地中海中队调至远东地区,加入亚洲分舰队。为了应对人员不足的情况,尽管"莫诺卡西号"被留在了上海,但是舰上的部分军官和水手被抽调到其他舰船上,并随着这些舰船同期抵达香港。

在香港的这段时间里,为了应对可能爆发的海战,杜威除了抓紧做好舰队的人员训练、弹药和舰只的准备外,还从多个渠道搜集情报,以获得有关西班牙在菲律宾驻防的更为详尽的信息。一方面,他不仅抓紧从威廉姆斯等人处继续获得有关西班牙军人在马尼拉附近海域驻防的相关信息;另一方面,也开始从其他渠道进行情报搜集,以求获得的情报更为全面。为了解马尼拉湾的水文状况,加上"海军部自身也缺少有关菲律宾的军事情报,杜威不得不从香港的商店中购买菲律宾海域的海图"①。另外,杜威也从来往于香港和菲律宾的美国商人手中搜集菲律宾的各种信息。威廉姆斯告知杜威,西班牙在科雷希多岛的岸防工事上又新增了六门新式火炮,在海峡入口处布置了水雷,并向杜威提供了蒙托霍舰队的人员和舰船的数量信息以及菲律宾人的反叛形势。除了这些有用的信息之外,威廉姆斯甚至把自己所探听到的各种谣言都作为情报传递给杜威。例如,威廉姆斯探听到,面对杜威舰队可能发动的攻击,西班牙人正在筹划建立起一个包括西班牙、德国和俄国的联盟,甚至还打算进一步建立起一个反美的全欧联盟。他甚至从菲律宾的教堂里探听到一个更为夸张的消息,传闻美国政府正在央求教皇出面调停,因为美国政府认为,一旦开战,西班

---

① A. B. Feuer, *America at War: The Philippines, 1898–1913*, London: Praeger Publishers, 2002, p. 5.

牙将会彻底摧毁美国的陆海军。① 除了威廉姆斯以外，杜威也从其他途径获取相关情报内容，例如一个在香港工作的美国人会定期前往马尼拉旅行，由于专业所长，他能提供与其专业相关的信息。另外杜威在海军准将厄普姆（F. B. Upham）的帮助下得到了非常有价值的信息：厄普姆擅长与那些旅行者们建立良好的私人关系，一些旅行者告诉他在科雷希多海峡被西班牙军队强制领航的经历，他们在海峡内行驶的曲折路线就让杜威获得了如何躲避海峡内水雷的珍贵信息。②

这些情报显然增加了杜威的信心，在他3月31日发回国内的信函中，他认为自己的舰队已经得到了煤和补给，可以随时在24小时之内就奔赴马尼拉。在信中，他详细介绍了西班牙舰队主要舰只的吨位和岸防情况，因此自信满满地预言道："我的舰队在我的指挥下可以一天之内就打败西班牙舰队，并摧毁一部分马尼拉的城防工事，我相信，我这么说绝不是因为我过于自负……完全有理由相信，只要马尼拉被占领或者被舰队封锁，整个马尼拉的剩下部分要么会落入叛乱分子手中，要么就落入我们的手中，因为西班牙依靠他们的海军舰队才实现了对整个群岛的占领，所有的群岛都依赖马尼拉为它们提供补给。"③

此刻最让杜威担忧的是，战争可能随时打响，因而他急需获得弹药和燃煤以确保自己的舰队能够正常参战。考虑到战争打响后，英国很可能会宣布中立，杜威因此决定尽可能地从国内为他的船只购买到

---

① Nathan Sargent, *Admiral Dewey and the Manila Campaign*, Washington D. C.: Naval Historical Foundation, 1947, pp. 14-15.
② Nathan Sargent, *Admiral Dewey and the Manila Campaign*, Washington D. C.: Naval Historical Foundation, 1947, p. 15.
③ Nathan Sargent, *Admiral Dewey and the Manila Campaign*, Washington D. C.: Naval Historical Foundation, 1947, pp. 15-16.

足够的煤。3月11日,杜威向海军部发出电报,一方面催促尽快将煤炭和弹药从旧金山运至香港,另一方面通报说其他政府已经从本地市场购买了所有的优质燃煤,因此有必要尽快"从旧金山运来弹药和煤炭"①。朗次日也予以回复,授权杜威抓紧购买燃煤,与香港签订一份可在香港购买5 000吨及以下燃煤的合同,又言"你可依照自己需求便宜行事。如有需要可从英国订购优质燃煤"②。3月21日,杜威再次向海军部询问弹药的有关情况:"为了确定燃煤的购置计划,我需要获知'巴尔的摩号'何时能够抵达横滨或香港。"③朗也予以回应,告知杜威:"弹药已经在送往香港的路上。'巴尔的摩号'已经接获命令,装运着供给亚洲分舰队弹药的'莫西干人号'一旦抵达火奴鲁鲁,将即刻赶往香港。"④

除燃煤供给问题外,杜威需要解决的另一个问题就是燃煤的运送问题。杜威希望尽快从香港得到辅助舰船,以满足舰队的后勤需要,特别是保证整个舰队的燃煤需求。考虑到本地的优质燃煤已被其他国家购买,杜威希望通过租赁或购买中立国的民船来为自己采购燃煤。4月2日,朗向杜威发出一封电报,认为根据已知的国际法规则,一旦开战,杜威只能从中立国港口获得供给,以确保能够支撑舰队任务结束后驶返国内所需的必要物资,但是中立国出于中立的规则,不会为杜威提供有助于发动马尼拉湾海战所需的物资。朗因此建议杜威选

---

① Nathan Sargent, *Admiral Dewey and the Manila Campaign*, Washington D. C.: Naval Historical Foundation, 1947, p. 16.

② Nathan Sargent, *Admiral Dewey and the Manila Campaign*, Washington D. C.: Naval Historical Foundation, 1947, p. 16.

③ Nathan Sargent, *Admiral Dewey and the Manila Campaign*, Washington D. C.: Naval Historical Foundation, 1947, p. 16.

④ Nathan Sargent, *Admiral Dewey and the Manila Campaign*, Washington D. C.: Naval Historical Foundation, 1947, p. 16.

择在日本长崎租用一间仓库,作为舰队的物资基地,或者租用一些供应船只伴随舰队一起航行。杜威则认为,一旦开战,与其他国家相比,日本"小心谨慎地严守中立相关规则"的程度有过之无不及,因此想与其签订秘密条约;他认为租用相关仓库的建议完全不可行,朗的这一建议"在任何一个熟悉东亚事务的人看来都是毫无可能实现的"。① 为了求证这一判断,杜威向美国驻日公使阿尔弗雷德·埃里布亚·巴克（Alfred Eliab Buck）发去电报:"我被告知,一旦同西班牙的战争爆发,日本港口将可供我舰队使用,作为我方物资和燃料的基地,这是否属实?"巴克公使对此答复道:"港口不会被用作物资的燃料的供应基地,只有驶回美国的船只可在此港口装载物资和燃料;一旦开战,日本只会严格遵守中立国相关条款。"结合巴克公使的回复,杜威认为如果想要获取一个物资码头的话,这个码头只可能在中国海岸线上找到。② 因此杜威选择从其他国家购买民用船只,来为自己的舰队保障物资和燃料供应。最初,杜威租赁了一条英国籍商船"南山号"（Nanshan）,船上装载着采购到的燃煤。4月4日,杜威向海军部发出了电报,询问是否可以购买下"南山号",以便作为自己的后勤船只,跟随舰队开赴马尼拉。接着第二天,海军部发来电报,完全同意了杜威的请求,并且允许杜威增购一艘民用商船。杜威只须将购船收据直接寄往海军部,购买"南山号"和另一艘商船的费用由专项资金拨款付清。此外由于"目前情势紧迫",务必"确保船只供你调遣和受你辖制。一旦战争爆发,如有可能,可配置武

---

① George Dewey, *Autobiography of George Dewey: Admiral of the United States Navy*, Columbia: Pantianos Classics, 1913, p. 94.
② George Dewey, *Autobiography of George Dewey: Admiral of the United States Navy*, Columbia: Pantianos Classics, 1913, pp. 94-95.

器"。① 接到这封电报后，杜威从英国船主手中购买了货船"南山号"和邮轮"佐菲亚号"（Zafiro）作为他的供应船："南山号"满载着杜威购买到的3 000吨威尔士的优质煤，"佐菲亚号"则载有另外的600吨煤和600吨其他货物，加入杜威的舰队之中。为了确保它们能在战时自由进出于各中立国港口，杜威也动了心思。虽然两艘船现在隶属于美国海军，但是杜威将两艘船注册为关岛籍。与此同时，两艘船上的英国籍船员都是从平民中招募而来的，并自愿留在船上，这使得杜威可以借助他们的平民身份，让这两艘船在战争爆发后依然能够进出中立国港口，从而为杜威舰队运送物资。

截至此时，美国在香港的六艘现代化战舰的总吨位为19 098吨。此外，还有一艘归属美国财政部的缉私船"麦卡洛克号"（McCulloch）正在进行环球航行，当它行驶到新加坡时，美国驻新加坡领事斯宾塞·普拉特（E. Spencer Pratt）通知"麦卡洛克号"舰长霍奇森（D. B. Hodgson），该舰已由财政部转隶海军部，并被紧急征调，前往香港。② 4月17日，"麦卡洛克号"抵达香港并加入杜威舰队。

在杜威准备启程前往菲律宾的同时，海军部的高官们也一致认为杜威应立即对马尼拉的西班牙舰队展开攻击，但是麦金莱却迟迟没有给出意见。因此杜威在剩下的这段在香港的日子里，继续紧锣密鼓地带领舰队做着各种战争准备。4月17日，"麦卡洛克号"抵达香港，与舰队会合。4月19日，整个舰队开始涂装作战时用来伪装的深蓝

---

① Nathan Sargent, *Admiral Dewey and the Manila Campaign*, Washington D. C.: Naval Historical Foundation, 1947, p. 17.
② A. B. Feuer, *America at War: The Philippines, 1898-1913*, London: Praeger Publishers, 2002, p. 1.

灰色，确保战争一旦打响，伪装色能让舰船在海面上难以被分辨出来。

4月21日，麦金莱宣布海军封锁古巴，美国与西班牙断交。当天，朗给依旧身在香港的杜威发去了一封电报："我国海军北大西洋舰队正在对古巴海域实行封锁。战争虽未正式打响，但是有可能随时宣战。一旦宣战，我会通知你，静待指示。"① 杜威接获"战争已经随时可能爆发"的信息后，愈发担心弹药不能在战争爆发前送到，虽然他心里也明白，即使"巴尔的摩号"送来了新的弹药补给，舰队在行动之前所拥有的弹药储量也才达到所需弹药量的一半，但是杜威依然期盼着这批弹药能在他起锚之前送达。

4月22日，海军部部长朗发来电报，说大西洋舰队正在封锁古巴，战争一触即发。幸运的是，当天下午，杜威接到了情报，"巴尔的摩号"离开了九龙。它于夜里到达了香港，与舰队会合。舰队立刻开始将"巴尔的摩号"全身涂装为深蓝灰色。

至此，这支远征马尼拉的舰队终于全部到位。舰队包括已经服役六年的装甲巡洋舰"奥林匹亚号"和吨位稍小一点的"巴尔的摩号"，两艘排水量更小一点的装甲巡洋舰，即1892年下水的"罗利号"和已经服役14年的"波士顿号"，两艘炮艇"海燕号""康科德号"，缉私船"麦卡洛克号"以及两艘运煤船"南山号""佐菲亚号"。其中，作为杜威旗舰的"奥林匹亚号"是舰队中排水量最大、火力最强的舰只，也是美军此时最为先进的装甲巡洋舰。"奥林匹亚号"排水量达到5 870吨，时速21.68节，装载有四门安装在3.5寸炮塔上的8英寸口径火炮、十门5英寸速射炮，其舰身的装甲厚度达

---

① Nathan Sargent, *Admiral Dewey and the Manila Campaign*, Washington D. C.: Naval Historical Foundation, 1947, p. 19.

到4.75英寸，甲板装甲厚度也达2英寸，能装载1169吨煤供其航行。"巴尔的摩号"排水量4413吨，时速20节，可满载490吨煤供其航行，装配有四门8英寸、六门6英寸的火炮，其舰身装甲厚度达到4英寸，甲板装甲厚度达到2.5英寸。排水量为3213吨的"罗利号"和3000吨的"波士顿号"的储煤量仅仅为400余吨，因此它们如果没有运煤船跟随的话，则很难实现远距离航行。

虽然杜威麾下的舰队数量有限，然而与蒙托霍的舰队相比，美国舰队仍然处于优势地位。蒙托霍只有六艘舰船能够与杜威的舰队相匹敌，这六艘舰船在装甲防护力和火力上与杜威的舰队相比，均处在下风，它们难以与安装有8英寸火炮的"奥林匹亚号""巴尔的摩号""波士顿号"这些美国舰只相抗衡。除8英寸的主炮之外，美国舰队还有23门6英寸火炮和20门5英寸火炮，而它的对手只有20门4.7英寸火炮。虽然美西军舰的数量之比为6∶7，但是整个西班牙舰队的总吨位只有11689吨，大约只有美国舰队的一半。从火力上看，"美舰队一次齐射可发射3700磅炮弹，而西班牙舰队一次齐射仅1273磅"[1]。更为致命的是，虽然整个西班牙舰队的海军人员数量达到1500人，却严重缺乏有经验的炮手，这进一步降低了西班牙舰队的战斗力。"从火力来看，无论是6英寸（约15.2厘米）火炮的数量还是一次舰炮齐射的弹药量，西班牙在马尼拉的舰队都只有杜威舰队的1/3。所以杜威对战斗的结果很有信心，他在各海军部的报告中预计'一天之内摧毁西班牙舰队和马尼拉的防御'。"[2]

4月23日，杜威从香港的英国官员威尔逊·布莱克（Wilson

---

[1] 高冬明：《美国战争机器：1607—1945》，社会科学文献出版社2014年版，第330页。
[2] 徐弃郁：《帝国定型：美国的1890—1900》，广西师范大学出版社2014年版，第131页。

Black)少将处获悉美西已经开战的消息。在获知战争已然打响后,舰队很多官兵都自愿延长服役期而不愿意错过这场战争。"波士顿号"舰长怀尔兹(Frank Wildes)按原计划将轮换到国内,其舰长职务由兰伯顿继任;此刻战争将至,怀尔兹希望延长服役期,杜威则允许其留任舰上。但兰伯顿此时已经到任,杜威随即将其调任到"奥林匹亚号"上,作为自己的助手。

杜威到任之后,针对这支原本根本无法适应作战的舰队做了精心的准备,甚至在从香港驶往马士湾的途中,还让其舰队进行了一两天的军事演练,以应对即将到来的战争。在即将驶入马尼拉湾时,杜威召集各舰舰长来到自己的旗舰"奥林匹亚号"上,进行兵棋推演。在整个推演过程中,杜威和这些军官讨论了会遇见的各种可能情形,所有军官畅所欲言,做了详尽而充分的讨论。[1] 在整个准备过程中,杜威尽可能地为自己的这支舰队充分应对战争做准备,然而,该舰队本身的实力有限,还远不足以占领马尼拉。对于杜威来说,他的军事目标也仅仅是完成"俘获或者摧毁"西班牙人的亚洲分舰队。

对于杜威来说,目前的优势在于舰队的火力,因此他所希望的是蒙托霍不会将其舰队分散,这样可以尽可能地实现舰队的决战,在较短时间内结束战斗。如果蒙托霍将其部分兵力置于苏比克湾,那么这将让杜威面临艰难抉择。自己的舰队需要分兵两处,而西班牙人能借助岸防工事,使得舰队决战无法实现。如果无法短时间内占据,杜威有限的后勤供应让他难以长时间驻留在菲律宾海域,则只能选择被迫撤退,这样更容易将自身置于危险的境地:英国和日本坚守中立的态度,令杜威难以返回香港和长崎;有限的燃煤让他几乎难以返回到美

---

[1] A. B. Feuer, *America at War: The Philippines, 1898–1913*, London: Praeger Publishers, 2002, pp. 2–4.

国本土。虽然航程充满着危险，但是无论如何，这是一次难得的机会：只要抓住这个机会并一举获胜，杜威就能证明自己。

在杜威为自己舰队进行备战的过程中，美国国内对此却并不着急。这段时间美国所有政府文件中并没有出现有关菲律宾问题的讨论，扩张主义者的相互通信和国会讨论中也没有涉及任何有关菲律宾的问题，就连罗斯福也没有与杜威有任何通信，菲律宾对此时的美国来说依然是遥远且陌生的。另外，此时杜威麾下的这支舰队虽然完全有能力牵制住西班牙人的亚洲分舰队，但是杜威依然尽可能地强化舰队火力，并在后勤、情报各个方面做着准备。可见，杜威此时的行为并非来自国内的命令，也并非仅仅满足于牵制西班牙人的舰队，他之所以孜孜不倦地做着准备是出于杜威个人的利益需求——成就自己对于荣誉的追求。这次海战对于杜威来说是一次难能可贵的机会，只要能够取得胜利，就可以获得这份荣耀。杜威并非决策者，因此并没有主导美国对菲律宾的决策，但是他在香港的行为却极大地影响了美国的决策过程，推动了美国在菲律宾的战争进程。

第四章
杜威与德国海军在香港的龃龉初生

杜威未曾预料到的是,当其舰队在香港筹备与西班牙人的战争时,却与一支自欧洲而来的德国海军在逃兵和国歌问题上发生了数次争吵。这次的抵牾不仅源自双方在东亚地区扩张战略方向上的碰撞,也有偶发性因素,而这一点也是双方将领在事前都未曾预料到的。

第一节 经济竞争

19世纪90年代初,美德同为新兴强国,在经济能力上大致相当。从经济上看,德国经济占当时世界经济总量的11.1%,美国经济占10.1%。两国进出口贸易也大致相当,年进出口量均为15亿美元。双方互为对方的重要贸易伙伴国:美国对德年均出口额为6 800万美元,占其出口总量的9%;德国对美国的年均出口额为8 200万美元,占其出口总量的11%。1889年,美德两国人口总量同样大致相当:德国全国总人口6 180万,人口年均增长率为1.5%;美国全国总人口4 690万,人口年均增长率为1.9%。当时德美两国的最大城市分别为柏林和纽约,常住人口均为150万;美国第二、三大城市芝加哥和费城的常住人口分别110万和100万,德国第二、三大城市汉堡和慕尼黑的常住人口分别为 60 万和 30 万。1899 年，威廉二世的德意志帝国领土面积为 20.873 2 万平方英里，此时美国的领土面积为 297.4 万平方英里。得益于广袤的土地，美国在自然资源储备、工业潜力和铁路总里程等方面远超德国。截至 1899 年，美国境内已探明煤炭储量 1.4 亿吨，德国境内为 0.85 亿吨；美国可开采的生铁量为 940 万吨，德国为 450 万吨；美国境内铁路通车总里程数为 17 万英里，德国为 2.7 万英里。

1899 年，美国每平方英里的人口密度仅为 21 人，而德国每平方英里的人口密度达到 229 人。因此美国成为德国移民的主要目的地。19 世纪后期，德国对外移民人数开始减少，向国外移民人数年均递减 3 万人。1899 年，德国对外移民人数由 1881 年的 210 547 人下降到 90 250 人，其中 84 424 人移民对象国为美国，占当年对外移民总数的 93.5%。[1] 1890 年，在美国境内居住的德国人已达到 278.4 万人，这也使得德国一大群经济学家和知名作家奔走疾呼，声称这种趋势将可能阻碍德国向海外的殖民。

从军事上看，1899 年两国海军力量都落后于英国、法国、俄国等西方主要军事强国。截至此时，德国海军保有 26 艘老旧的装甲战舰、23 艘轻型巡洋舰；美国拥有的一级装甲舰仅 9 艘，还有 15 艘服役或仍在建造的轻型军舰。此时的美国提出了"两洋海军战略"，其海军人数达到 9 921 人，每年的海军军费开支已达到 2 140 万美元。同时间的德国海军人数已达到 16 116 人，但每年的海军军费仅为 850 万美元，这主要源自德国在陆地上面对法俄等欧洲强国的压力，必须维持一支强大的陆军（此时美国陆军为 27 759 人，军费开支为 4 440

---

[1] Holger H. Herwig, *Politics of Frustration: The United States in German Naval Planning, 1889–1941*, Boston: Little, Brown and Company, 1972, pp. 6–7.

万；德国陆军总人数为 491 759 人，军费开支为 8 810 万）。①

19 世纪 80 年代，美德两国都先后走上了帝国扩张的道路，到海外寻求殖民地。"美国和德国国际经济地位的根本性改变，引发了它们对国际政治地位和殖民利益的热切追求。1897 年对两国而言都是具有标志意义的一年，一个专制的帝制政府和一个'民主'的共和制政府，竟同时开始制订并全面推行海外殖民扩张政策。在经过长达六年力图摆脱'大陆政策'框架束缚的艰难努力之后，威廉二世终于推出'世界政策'，在全球范围抢夺殖民地和大力发展海军；1897 年上台的麦金莱政府，则完全被一股扩张主义的气氛所包围。"② 但是，两国尽管在海外市场并未存在严格意义的经济竞争，甚至在面对传统殖民主义大国时还有相互合作，却依然将对方视作自己的潜在敌人。

在威廉二世看来，美国和德国将会在 20 世纪初成为主要的贸易对手，而这将对德国构成重大威胁，为此，美英两国应已在 1897 年秘密签订了一份"绅士协定"（Gentlemen's Agreement），这一协定就是为了将德国的势力挤出世界主要贸易市场，将之牢牢束缚在欧洲大陆。多年以后，直到威廉二世被迫退位，他依然坚持这一判断。③ 为了应对这一威胁，威廉二世决定效仿拿破仑，后者 1806 年在欧洲大陆建立起"大陆封锁体系"来孤立英国并封锁英国经济。威廉二世呼吁欧洲各国应该建立起一个"泛欧经济封锁体系"，这个体系将由德国领

---

① Holger H. Herwig, *Politics of Frustration: The United States in German Naval Planning, 1889-1941*, New York: Little, Brown and Company, 1976, p. 7.
② 王华：《萨摩亚争端与大国外交：1871—1900》，中国社会科学出版社 2008 年版，第 239 页。
③ Kaiser Wilhelm II, *Ereignsse und Gestalten aus Jabrenm, 1878-1918*, Leipzig, 1922, pp. 60-62, 264.

导,意图孤立美国并封锁美国经济。他表示,这个体系也可以邀请英国参加。① 威廉二世政府为此开始了外交尝试。1896 年 9 月 7 日,德国外交大臣比伯斯坦（Baron Adolf Marschall von Bieberstein）给俄国外交部发函,提出此前智利和乌拉圭两国取消了同欧洲国家的贸易协定,美国总统麦金莱又进一步以互惠经贸条约为诱饵,试图垄断两国的贸易市场,将欧洲国家从这些市场中排挤出去。对此,欧洲各国只能望洋兴叹,因而他建议应该联合起来应对威胁,第一步就应当对来自美国的谷物提高进口关税。两天之后,威廉二世和表弟俄国沙皇尼古拉二世在德国城市格尔利茨会面。威廉二世明确表达出应联合应对美国的威胁,尼古拉二世同意劝说法国暂时放弃宿怨,和德国联合起来对抗美国。② 1897 年 8 月 11 日,威廉二世和尼古拉二世在圣彼得堡会晤,再次提及针对美国的关税联盟。

威廉二世的这种猜测很快得到了德国驻美大使的印证。德国驻美大使西奥多·冯·霍勒本（Theodor von Holleben）在向国内提交的报告中指出,美德两国在世界市场范围展开竞争。1898 年新年,在发给德国国内的信件中,霍勒本十分笃定地认为,不论是民主党还是共和党执掌白宫,与德国的经济竞争已经成为美国国内的主要议题。霍勒本从美国媒体和公众观点中发现,大多数美国人都将德国视为最讨厌的国家,即使德裔美国人已经在"美国化",能让美国信服的只有

---

① Holger H. Herwig, *Politics of Frustration: The United States in German Naval Planning, 1889–1941*, New York: Little, Brown and Company, 1976, p. 19.

② Foreign Office, Auswärtigs Amt, Bonn, West Germany Foreign Office, Amerika, Generailia No. 13. Kongresse behufs Zusammenschluss der Republiken des amerikanischen Kontinents und Zusammengehen der europäischen Staaten gegen Amerika, Vol. 1, Foreign Office notes, September 7, 1896; Wilhelm II to Foreign Office, September 9, 1986, 转引自 Holger H. Herwig, *Politics of Frustration: The United States in German Naval Planning, 1889–1941*, New York: Little, Brown and Company, 1976, pp. 19–20。

力量。德国如果想成为世界大国，与美国的战争是不可避免的，两国必将走向战争。①

第二节　外交政策变化

1897 年，麦金莱当选为美国总统，很快其政府就弥漫着扩张主义气氛，以洛奇和罗斯福为首的帝国主义者开始推动美国政府调整对外政策。"1897 年时，出口问题又发展到非解决不可的程度。'美国处在了夺取世界市场的时刻'，它必须打开新的国外市场，否则'肯定会被我们自身的过分肥胖窒息而死'。如何拓展新的世界贸易市场，就成为新一届政府制订外交政策时需优先考虑的内容。"② 德国则被他们看作美国扩张道路上可能需要面对的最主要对手。1897 年 9 月，海军部副部长罗斯福在递交给海军部部长朗的报告中指出，德国和日本正在快速成为美国的主要竞争敌手，为了应对这种挑战，美国应该在太平洋和大西洋发展"两洋海军"。罗斯福提醒他的部长，蒂尔皮茨（Alfred von Tirpitz）早在 1894 年的备忘录中指出美国是德国潜在对手。11 月，罗斯福再次提醒朗，德国对中国青岛的占领足以说明德国对美国的敌意，这是德国向西半球扩张的前奏。③ 罗斯福相信德国对在西半球某处攫取到一处领土是早有计划的。

与美国一样，德国的外交政策在 19 世纪 90 年代也发生了变化。

---

① Holger H. Herwig, *Politics of Frustration: The United States in German Naval Planning, 1889–1941*, New York: Little, Brown and Company, 1976, p. 22.
② 王华：《萨摩亚争端与大国外交：1871—1900》，中国社会科学出版社 2008 年版，第 239 页。
③ Crownshield to Long, February 28, 1898, Navy Department, General Board File, No. 414-3, 转引自 William R. Braisted, *The United States Navy in the Pacific, 1897–1909*, Annapolis: Naval Institute Press, 1958, p. 20.

德国的"国家有机体论"认为,如果现在不走出去获得殖民地,德国就会消亡。"对于德国的政策制定者们来说,没有哪个岛太小,也没有哪处岛礁是微不足道的,他们已经接受了英国的理念,'即使海洋上那些孤立的岩石,虽然没有任何开发的希望,但是只要足够长时间地拥有它们,他们必然会带来用处'。就蒂尔皮茨来说,他希望为德国海军打造出海军基地,以供德国海军全球航行使用。"① 1897年,"比洛出任帝国外交大臣,蒂尔皮茨掌管海军部,米凯尔则做了普鲁士财政大臣和大臣会议副主席,这标志着德国内外政策出现了一个'决定性的转折'"②。"1897年重大新发展是德国也转向'世界政策'了。它的野心冲破了俾斯麦设下的界限。"③ 1897年12月,美国驻德大使安德鲁·怀特(Andrew D. White)曾向德国外交大臣冯·比洛(von Bülow)提出,希望美德两国海军相互理解,实现合作。对此,威廉二世讥讽道:"如果我们足够强大了,我们就有谈合作的价值了。"④

德国比美国更早注意到了菲律宾问题。德国政府和海军部都迫切等待着西班牙殖民帝国的垮塌。1897年1月,时任德国巡洋舰东亚分舰队舰队长的蒂尔皮茨提醒柏林,西班牙无法继续坚守菲律宾,因此德国海军必须展开对于菲律宾海域的地理和军事潜力研究。两个月后,威廉二世对此有所回应,指出"目前机会已经来临,因此本皇决定我们应从西

---

① Holger H. Herwig, *"Luxury" Fleet: The Imperial German Navy, 1888-1918*, London: Taylor & Francis Group, LLC, 1980, p. 109.
② 王华:《萨摩亚争端与大国外交:1871—1900》,中国社会科学出版社2008年版,第246页。
③ 〔英〕A. J. P. 泰勒:《争夺欧洲霸权的斗争:1848—1918》,沈苏儒译,商务印书馆2019年版,第484页。
④ Holger H. Herwig, *Politics of Frustration: The United States in German Naval Planning, 1889-1941*, New York: Little, Brown and Company, 1976, p. 25.

班牙手中购买菲律宾,甚至也可直接抢夺过来"①。然而,德国显然没有意识到美国向菲律宾推进的速度如此之快。1898年3月2日,威廉二世获知美国将要进攻菲律宾的消息,杜威舰队已向马尼拉湾驶去,他立即把此消息通报给西班牙当局。西班牙向德国发出邀请,希望德国军舰进驻马尼拉湾,从而展现与西班牙亚洲分舰队共同防守马尼拉的架势。威廉二世最初想接受这份邀请,但是冷静下来之后马上意识到,如果没有英国的加入,那么反美联盟都是徒劳的。威廉二世尽管拒绝了西班牙人,但是依然对此愤愤不平,骂道:"这群混蛋美国佬想干仗了!"(Those Yankee Scoundrels want war!) 三天之后,德国驻美大使西奥多·冯·霍勒本(Theodor von Holleben)从华盛顿发回电报,说美国计划在谈判桌上以讨价还价的方式取得菲律宾。这让威廉二世更加怒不可遏,骂道:"美国佬们不能这样做,马尼拉迟早是我们的。"②

第三节 杜威与德国海军的初生罅隙

3月8日,威廉二世的弟弟阿尔贝特·威廉·海因里希亲王乘坐"德国号"战列舰抵达香港。海因里希亲王被授予海军少将军衔,他这次途经香港前往青岛,担任德国东亚分舰队的副司令。海因里希亲王到达香港时,杜威的舰队也正在香港集结。初次接触,美德海军之间就因逃兵而爆发了冲突,美德双方舰队官兵都对彼此感到不满。事

---

① Holger H. Herwig, *Politics of Frustration: The United States in German Naval Planning, 1889-1941*, New York: Little, Brown and Company, 1976, p. 25.
② Foreign Office, Auswärtigs Amt, Bonn, West Germany, Spanische Besitzungen in Asien No. 1, Vol. 6 Bülow to Wilhelm II, March 2, 1898; Holleben to Hohenlohe, March 5, 1898, 转引自 Holger H. Herwig, *Politics of Frustration: The United States in German Naval Planning, 1889-1941*, New York: Little, Brown and Company, 1976, pp. 25-26。

情经过是，在德国军舰停泊在香港后，一些德国海军登上"奥林匹亚号"准备进行友好访问，然而美舰值日军官和船员突然发现，一位来自德国巡洋舰"格菲翁号"（Gefion）的水手疑似杜威舰队中的一名逃兵，由于他当时身穿德国军装，因此值班军官无法立即逮捕此人。于是杜威与海因里希亲王取得联系，要求立即交出这名士兵。海因里希亲王虽然最终交出了这名逃兵，但声称此人是德国公民，并且是德国海军的一名海员，因此德国人不会放弃他。

同时发生的另一事件则反映出在当时欧洲强国的眼中，美国海军是非常弱小的，并不值得给予重视和尊重。此时的香港已经聚集了多国的海军人员，按照惯例，各国海军会在此组织聚会，互相款待往来。在聚会上，首先由东道主按一定顺序遥祝未出席聚会的各国国家元首或政府首脑，祝福他们身体健康，与此同时乐队都会奏响相应国家的民族音乐，祝酒顺序主要依据出席聚会的海军将领军衔而定。海因里希亲王在某一日上午所举办的聚会上，除了作为东道主的他本人是少将军衔以外，剩下的来宾中，军衔最高的依次是英国驻香港代理总督、负责驻港海军基地的布莱克少将和美国海军亚洲分舰队司令杜威准将。因此，依据惯例，首先应该为德国皇帝威廉二世送上祝酒词，其次为英国伊丽莎白女王祝酒，再次为美国总统麦金莱送上祝福。然而出乎意料的是，在为伊丽莎白女王祝完酒之后，海因里希亲王提议下一个祝酒词致俄国沙皇，最后致美国总统。更糟糕的是，在为美国总统祝酒时，乐队演奏的歌曲是《万岁，哥伦比亚》（Hail, Columbia）[①]，而

[①] 1789年，菲利普·菲利（Philip Phile）为乔治·华盛顿（George Washington）的就职典礼创作了这首歌曲，原歌曲的标题为"总统的游行"（The President's March）。1798年，约瑟夫·霍普金森（Joseph Hopkinson）为该歌曲填了词，这首歌曲的名字更改为"万岁，哥伦比亚"。虽然美国在19世纪很长一段时间中都将它作为国歌，但是并未得到官方的认可。按美国海军的惯例，早上舰艇上应当演奏的曲目为《星条旗》，晚上演奏的曲目才能是这首《万岁，哥伦比亚》。

杜威当时并没有做出任何评论，只是提醒海因里希亲王在上午演奏这个曲目是不尊重美国海军传统的，如果需要，他很愿意为德国乐队赠送一份《星条旗》的曲谱。① 虽然这场小风波随着海因里希亲王亲自登上"奥林匹亚号"向杜威道歉而化解，但是也可以看出美国当时的军力被欧洲各国所轻视。这两场事件虽然都因为双方的克制而未使得形势剑拔弩张，但是也令彼此渐生嫌隙，进而加剧了日后在马尼拉湾对峙的紧张局面。

在这段时期，海因里希也几次三番地向杜威试探美方立场。在一次场合中，海因里希亲王与杜威讨论了美西战争可能会对局势造成的复杂结果。海因里希亲王告诉杜威，欧洲列强恐怕难以接受美国吞并古巴，而杜威回答他说，美国并无吞并之意，只意在结束家门口附近的可怕状况。在另一个场合上，海因里希亲王进一步试探性地询问杜威，美国是否意在远东寻求一处立足点，杜威回答说："美国仅仅只是想得到一处海湾。"② 再有一次，海因里希亲王曾在宴请杜威时，半开玩笑地说："我会派我的舰队到马尼拉来看看你都会做什么。"对此杜威似乎全无海因里希的"幽默"，当着"奥林匹亚号"舰长格里德利（C. V. Gridley）上校和美国驻香港领事威尔德曼（R. Wildman）的面，严肃地回道："阁下，我非常乐意您届时派遣您的舰队去那里，但是也允许我提醒您，您要确保您的舰队不会停泊在我们交战双方的炮火

---

① George Dewey, *Autobiography of George Dewey: Admiral of the United States Navy*, Columbia: Pantianos Classics, 1913, p. 91.

② George Dewey, *Autobiography of George Dewey: Admiral of the United States Navy*, Columbia: Pantianos Classics, 1913, p. 185.

范围之内。"①

尽管如此,杜威对海因里希亲王的印象并不算差。马尼拉湾对峙事件发生之后,杜威曾评论:"如果在马尼拉湾指挥德国舰队的人是海因里希,与杜威准将打交道的人就不会是那位海军中将,那么我们(美国)可能会省去许多不便,也可能会避免许多糟糕的感觉。"② 杜威指的"那位海军中将"是和他在马尼拉湾对峙的迪特里希,此时的迪特里希正在从日本赶往马尼拉湾。

1843年9月7日,迪特里希出生在德国威斯特伐利亚州的明登市,比杜威小近六岁。迪特里希的父亲是一个纯正的普鲁士人,在省级政府中任职,母亲则来自从意大利移民到德国科隆市的一个商人家庭。与杜威相比,迪特里希虽然年轻,可是此时已经是海军中将。1897年,德国政府关于海军发展战略的争论再次浮出水面,在威廉二世的支持下,主张战列舰的一派取得上风,这一派的代表人物是德国海军远东巡洋舰队司令蒂尔皮茨,因此他被召回国内,取代霍尔曼(Hollmann),担任了帝国海军大臣。这一调动给迪特里希创造了机会,使其能够前往东亚填补蒂尔皮茨留下的空缺。1897年4月1日,迪特里希正式接到担任远东巡洋舰队司令的通知,要他在5月前往东亚履任新职。山东两名德国传教士被杀后,正是迪特里希率领德国舰队,逼迫清政府签订了《胶澳租借条约》。驻扎中国山东期间,迪特里希获悉美西战争爆发,他写信告诉妻子亨妮(Henni):"我相信我

---

① Adelbert Milton Dewey, *The Life and Letters of Admiral Dewey: From Montpelier to Manila, Containing Reproductions in Fac-Simile of Hitherto Unpublished Letters of George Dewey during the Admiral's Naval Career and Extracts from His Log-Book*, London: Hardpress Publishing, 1899, pp. 199-200.

② Nathan Sargent, *Admiral Dewey and the Manila Campaign*, Washington D.C.: Naval Historical Foundation, 1947, p. 11.

们不会错过美西战争的这次机会。"① 迪特里希认为,这给了德国在亚洲水域获取第二个海军基地的机会。

4月,迪特里希接到海因里希亲王从香港发来的邮件。海因里希亲王告诉迪特里希,从马尼拉逃出来的德国商人说菲律宾起义军最终将会推翻西班牙殖民政府,然后"希望得到欧洲另一个列强的庇护,他们更倾向于由德国来担当此责任"②。为了证实这一消息,海因里希亲王派出旗下军舰"吉菲昂号"(Gefion)前去马尼拉调查。

德国驻菲律宾的领事克鲁格(Friedrich von Krüger)联系到迪特里希,说两名德国工程师随后在吕宋岛北部的沿海城镇失踪,希望后者能将德国舰队派到菲律宾,以保护当地德国人的利益。③ 迪特里希于是给柏林发送电报,希望柏林同意他派遣一艘军舰前往马尼拉,德国帝国海军总司令部总司令克诺尔(Edward von Knorr)上将不仅同意了他的要求,而且还命令他派遣两艘军舰前往。这一命令却让迪特里希犯难,此时他手上的军舰或被派往各地,或处在维修之中。在他可以调遣的军舰中,"科莫兰号"(Cormoran)被派往中国海域巡弋,而"阿科纳号"(Arcona)则被调遣守卫胶州。让迪特里希更为尴尬的是,当乘坐"威廉公主号"(Prinzess Wilhelm)到达长崎时,他发现停泊在三菱重工业长崎造船所(Mitsubishi Dockyard and Engine Works)等待检修的"凯撒号"还没有完工,这就造成"威廉公主号"的检修工作还有数周以后才能开始。自己手上的第二分舰队,正

---

① Diederichs to Henni von Diederichs, May 14, 1898, BAMA, N 255/4. 另参见 David F. Trask, *The War with Spain in 1898* (1981), and Julius W. Pratt, *Expansionists of 1898: The Acquisition of Hawaii and the Spanish Islands*, Baltimore: The Johns Hopkins Press, 1936。
② Holger H. Herwig, *Politics of Frustration: The United States in German Naval Planning, 1889-1941*, Boston: Little, Brown and Company, 1972, p. 184.
③ Terrell D. Gottschall, *By Order of the Kaiser: Otto von Diederichs and the Rise of the Imperial German Navy, 1865-1902*, Annapolis: Naval Institute Press, 2003, p. 185.

和"艾琳号"(Irene)一起,陪同海因里希亲王在中国和日本的各港口进行巡视。尽管如此捉襟见肘,迪特里希还是立即调派了军舰奔赴马尼拉:首先,"艾琳号"立即脱离第二分舰队,径直赶往马尼拉;其次,"科莫兰号"将于几天之后启程前往马尼拉,与"艾琳号"会合;最后,第二分舰队中的"女皇奥古斯塔号"(Kaiserin Augusta)代替"凯撒号",成为旗舰,驶向菲律宾。

第四节　杜威离开香港

美西战争爆发后,作为中立国的英国随即表明了自己的外交态度。布莱克少将受命告知杜威,美国与西班牙已经正式宣战,同时表明英国将严守中立的态度。1898年,4月23日英属香港政府发布决定,所有的美国和西班牙舰只必须在4月25日下午4点之前离开香港。在发给杜威的正式信函中,布莱克写道:"很荣幸,由我向您传达我国政府的决定。我国主管殖民地事务的国务大臣发来消息,告知贵国和西班牙之间的战争已经爆发,国务大臣通知我,让我将这一突发消息告知给在香港海域内交战国双方的所有作战舰只的指挥官员。在收到本通知后,可以将你们的所有作战物资和燃煤运至离本地最近的你们双方各自所属港口,所有作战舰只尽快离开本埠而驶入公海区域。因此我诚恳地请求你在有关处理作战物资和燃煤问题上,认真遵照本通知,并率领您的所有舰船于25日星期一下午4点之前离开香港水域。"① 此时的杜威虽然还没有从海军部处得到开战的消息,但是决定遵照布莱克的要求,离开香港。

---

① Nathan Sargent, *Admiral Dewey and the Manila Campaign*, Washington D.C.: Naval Historical Foundation, 1947, pp. 19-20.

4月24日下午,"波士顿号""康科德号""海燕号""麦卡洛克号""南山号""佐菲亚号"先行离开香港。第二天,"奥林匹亚号""巴尔的摩号""罗利号"也起锚离开香港。整个离开过程并非一帆风顺。"罗利号"一出海港,一台发动机的循环泵就突然停机,导致它只能缓慢行驶,并被拉到了九龙船坞进行维修,直到第二天上午才赶上了舰队。离开香港之后,船员们虽然知道与西班牙人的战争迫在眉睫,但并不知道他们的目的地究竟在何方。在杜威驻扎香港期间,英国军舰看到停靠在附近的美国军舰后,就为这支舰队下了赌注。而杜威自己也清楚地知道,英国人的"赌注大都下在他不能取胜上",没有一个人"敢赌我们的舰队将取得胜利"①。当杜威舰队离港时,有几名与美国人交好的英国官员前来送行。"但是当关于马尼拉防守坚固的消息传过来时,没有一个英国人会把胜利的赌注下到美国一边,他们所取得的一致意见就是这群美国佬人不错,但是不幸的是,可能再也看不见他们了。"② 即使是布莱克,在把要求美西两国舰队离开的信函送给杜威之后,也不无同情地私下写道:"我亲爱的杜威,上帝可以作证,当我把信函送交给你的时候,我有多么心碎。"③ 不过,在另一群美国海军军官的记忆中,一部分英国人对于这群盎格鲁-撒克逊同胞的胜利抱有更大的乐观态度,例如"不朽号"(Immortalite)上的船长就向"波士顿号"的船长大喊道:"你们一定会打胜

---

① Nathan Sargent, *Admiral Dewey and the Manila Campaign*, Washington D. C.: Naval Historical Foundation, 1947, p. 19.

② James M. McCaffrey, *Inside the Spanish-American War: A History Based on Frist-Person Accounts*, *Jefferson*, North Carolina: McFarland & Company, Inc., 2009, p. 9.

③ Nathan Sargent, *Admiral Dewey and the Manila Campaign*, Washington D. C.: Naval Historical Foundation, 1947, p. 20.

第四章　杜威与德国海军在香港的龃龉初生

仗的，我目睹过你们的射击练习太多次了，因此我绝不怀疑这一点。"①

然而，杜威并没有带领这支舰队径直向菲律宾驶去，而是来到离香港有 30 英里的马士湾，这里离马尼拉湾只有 600 英里。彼时，中国政府并没有如同英国占领下的香港那样有着严格的中立程序，"海燕号"上的一位美国军官说，即使清政府发布这个命令，"他们（清政府）也没有能力让我们离开"②。然而这一决定并未与清政府进行过任何协商，显然无视了中国的中立地位。当身处中国海域的"莫诺卡西号"的舰长提醒杜威这么做有可能会造成更为复杂的国际局势时，杜威答复说："此处的国际局势并非我们主要所虑之事。"③ 除此之外，杜威此时依然希望能得到更多有关西班牙人布防和舰队的情报。从香港出发时，原本打算直接开往菲律宾的杜威途中收到信息，威廉姆斯已经从马尼拉出发。④ 考虑到目前所获得的有关西班牙舰队和岸防工事的情报还不充分，杜威希望威廉姆斯能够探听到进一步的消息。在发给海军部的电文中，杜威指出："美国领事周二上午将会从马尼拉出发来到我处，并带来有关西班牙人驻防的最新情报。因此在我启程前往菲律宾之前，我认为确保和领事的联络至关重要。所以我

---

① Herbert Wrigley Wilson, *The Downfall of Spain: Naval History of the Spanish-American War*, London: Sampson Low, Marston and Company, 1900, p. 153.

② James M. McCaffrey, *Inside the Spanish-American War: A History Based on Frist-Person Accounts*, Jefferson, North Carolina: McFarland & Company, Inc., 2009, p. 9.

③ Asiatic Squadron Station Letters, April 9, 1898, in Dewey Papers, 转引自 Ronald Spector, *Admiral of the New Empire: The Life and Career of George Dewey*, Columbia: University of South Carolina Press, 1974, p. 48。

④ Herbert Wrigley Wilson, *The Downfall of Spain: Naval History of the Spanish-American War*, London: Sampson Low, Marston and Company, 1900, p. 123.

将率领舰只下锚于中国的马士湾，静待宣战的消息。"① 抵达马士湾之后，杜威再次向海军部发送了消息，告知他已到达马士湾。为了保持与国内的通信联络，他将自己的副官考德威尔（H. H. Caldwell）少尉留在了香港，由考德威尔少尉接发电报，后者通过来往于马士湾和香港之间的通信船与杜威联络。

留驻在马尼拉的美国领事威廉姆斯虽然早在4月15日就收到建议他离开马尼拉的电报，之后又连续收到两封来自国内的相同要求的电报，但他仍坚持留驻在美国领事馆，时间长达一周，在此期间源源不断地将有关马尼拉的情报输送到杜威那里。直到4月23日，威廉姆斯发电报给美国驻英领事馆，告知自己已经乘坐蒸汽船"埃斯梅拉达号"（Esmeralda）离开菲律宾，前往香港。

4月24日，麦金莱终于决定对西班牙人发动攻击。朗在自己的回忆录里记录了麦金莱在4月24日的变化："4月21日（星期四）我向总统建议应立即开始行动，他（麦金莱）认为现在不是最佳时机。到了24日（星期日）我再次在白宫向他询问意见，那是一个阳光明媚、浓浓春意的清晨，然而我提交的却是一个令人不快但需要立即处理的事情。我们坐在沙发上，他思索一会儿后，脸上开始露出坚定的神色，准备承担起这份责任。"麦金莱同意了朗的请求，朗随即电令杜威："美西之间已经宣战，应立即实施军事行动。尤其注意西班牙舰队的动向。你必须不遗余力地将其俘获或者摧毁。"②

4月26日，美国向西班牙宣战，朗和罗斯福向派驻在多个地点的美国舰船发出了命令。根据一年前由美国海军情报局和美国海军战

---

① Nathan Sargent, *Admiral Dewey and the Manila Campaign*, Washington D. C.: Naval Historical Foundation, 1947, p. 21.

② Frank Freidel, *The Splendid Little War*, Short Hills: Burford Book, 2002, pp. 11-12.

第四章 杜威与德国海军在香港的龃龉初生

争学院联合制定而成的海军战略，美国舰队需要牵制住西班牙人的亚洲分舰队，防止他们开赴美国沿海区域。战争一打响，海军部即电令各舰队，向他们发出作战指令。其中罗斯福亲自发电报给杜威，命令他立即向马尼拉的西班牙海军发动进攻。而对杜威来说，这是他期待已久的消息。在给自己妹妹的一封信中，杜威写道："我们一直翘首以待宣战的消息，以便开始我们的行动。我手下的七艘军舰都已经摩拳擦掌，我相信我们可以终止西班牙人在菲律宾的统治……在你收到这封信之前，我们就可能已经成了马尼拉和菲律宾其他城市的主人……我相信我这么说并不是源于我的狂妄自大，而是对我麾下的士兵充满信心。我们将在某一天进入马尼拉湾，捕获或摧毁西班牙人的舰队，削弱他们的防御。"① 但是杜威并没有立刻出发，他告知海军部："一旦领事到达我处，我舰队将立即启程，奔赴马尼拉。"② 为了得到更为准确的情报，杜威希望在出发前与威廉姆斯会面，并向后者确证有关菲律宾的最后情报。直到4月27日上午，威廉姆斯终于乘坐着拖曳船"名望号"（Fame）从香港抵达马士湾，并登上"奥林匹亚号"同杜威会面，为后者带来了有关西班牙驻防的相关信息。威廉姆斯的情报显示，目前马尼拉湾大约有40艘武装船只，除了六艘巡洋舰以外，其余大部分都是小炮艇，它们只适合在河道作战而非海上作战。因此威廉姆斯判断，美国舰队的实力要强于西班牙人。从马尼拉离开前，威廉姆斯看见蒙托霍的舰队正在离开马尼拉湾，他猜测西班牙人可能前往马尼拉以北100公里的苏比克湾内进行舰队集结。

---

① Adelbert Milton Dewey, *The Life and Letters of Admiral Dewey: From Montpelier to Manila, Containing Reproductions in Fac-Simile of Hitherto Unpublished Letters of George Dewey during the Admiral's Naval Career and Extracts from His Log-Book*, London: Hardpress Publishing, 1899, pp. 197-198.

② Nathan Sargent, *Admiral Dewey and the Manila Campaign*, Washington D.C.: Naval Historical Foundation, 1947, p. 22.

他还告诉杜威，在离开马尼拉的前一天，他看见西班牙的"民地拿岛号"（Isla de Mindinao）运载着更多军需品抵达了马尼拉，西班牙守军不仅收到了更多的重炮，在科雷希多岛上还增添了六门火炮。除此之外，西班牙人还购置了许多水雷，而这些水雷将会被部署在海湾的入海口。除告知西班牙在马尼拉的军事部署之外，威廉姆斯也告知杜威另一则小道消息——他听闻此时的西班牙、德国和俄国，正试图拼凑起一个针对美国的全欧联盟。

4月27日下午2时，水面平静，天气晴好。杜威命令舰队向苏比克湾挺进，整个亚洲分舰队呈双列队形前进。"奥林匹亚号"行进在队列前方，紧跟在后面的是"巴尔的摩号""罗利号""海燕号""康科德号""波士顿号"，各舰之间保持1 200码的距离。缉私船"麦卡洛克号"主要负责引领两艘补给船只"南山号"和"佐菲亚号"，排在战斗队列右侧半英里处。依照这种队形，舰队能确保一次性投入的侧舷炮的数量为10门8英寸火炮、23门6.3英寸火炮、20门5.5英寸火炮，以及许多更小口径的枪炮。① 远胜于西班牙舰队的火力让杜威寄希望于能与西班牙人进行舰队决战，在较短时间内决定战争的胜负。

---

① 按当时的战列舰舰炮标准，大型战舰其最基本的火炮口径都会超过6.3英寸（大约16厘米），最大的舰炮为13英寸，其次是8英寸的火炮。二等火炮包括口径为6.3英寸的火炮和口径为3.4英寸的火炮。另外，有的军舰还装有口径5.5英寸和4.7英寸的速射炮，口径再小一点的火炮被称为辅助火炮，辅助火炮往往都没有装甲保护。

第五章
马尼拉湾海战

由于供给的不足，对于杜威来说，现在最重要的是尽快寻找到西班牙亚洲分舰队的主力，以实现舰队决战，尽快地消灭或者俘获对手。这一方面是因为必须尽快寻找到合适的港口而躲避即将到来的多台风的季节，另一方面有限的弹药储备和后勤保障也不允许美国舰队陷入围城战。① 但是按照威廉姆斯所提供的情报，如果西班牙将自己的部分舰船安置在苏比克湾的话，就会对杜威的军事行动带来威胁。苏比克湾位于香港到马尼拉湾的航线之间，若蒙托霍舰队部分驻留湾中，就会形成事实上的"存在舰队"，对杜威往返于香港的通信船造成危险，并使后者不得不面临两线作战的困境。因此对于杜威来说，在进入马尼拉湾之前，必须扫清苏比克湾内可能存在的西班牙舰队，才能确保自身的安全。

威廉姆斯的情报也显示，较早之前，蒙托霍的一支舰队离开了马尼拉湾。威廉姆斯和杜威均估计，蒙托霍此去应是北上并进入苏比克湾，因此杜威决定，在进入马尼拉湾之前，必须要首先搜索苏比克湾，以防自己两面受敌。然而，让杜威没有料到的是，就在其舰队抵达苏比克湾的前几个小时，西班牙人就主动放弃了苏比克湾。4月30

---

① A. B. Feuer, *America at War: The Philippines, 1898–1913*, London: Praeger Publishers, 2002, p. 3.

日夜晚,趁着夜色,杜威顺利进入马尼拉湾。5月1日凌晨,杜威舰队发现蒙托霍的整支舰队蜷缩在马尼拉附近的甲米地海军基地。经过两轮的攻击,蒙托霍舰队的主力舰只被歼灭殆尽,其余舰只也被美军捕获,杜威以非常小的代价获得了海战的胜利。

第一节　西班牙舰队对苏比克湾的主动放弃

经过三天的航行,4月30日拂晓,美国舰队抵达吕宋岛。杜威决定在进攻马尼拉城之前,首先侦察苏比克湾。苏比克湾位于马尼拉湾以北100公里,如果西班牙舰队从苏比克湾出击,就可以通过破坏性的行动来摧毁杜威的供给线,从而给杜威舰队的生存造成威胁。另外,苏比克湾有着极佳的天险作为防御条件,再加上岸防设施,可以使其成为很好的防御阵地,因此杜威预想蒙托霍将会陈兵于此。

事实上,在杜威到达苏比克湾的几天前,即4月25日下午1点,蒙托霍率领所有的舰船从马尼拉出发,向北驶进了苏比克湾。按照蒙托霍的最初计划,他将率领西班牙的亚洲分舰队在此处迎敌。蒙托霍清楚地认识到苏比克湾的战略价值,[1] 知道在这里将会给美军造成威胁。4月27日,蒙托霍抵达苏比克湾之后,开始视察海湾入口的布防情况。然而,他却发现原本应该安装在海湾西边通道入口的四门5.9英寸口径的岸防火炮并未安装到位,此时岸防火炮还闲置在沙滩上。负责苏比克湾防御工程的德尔里奥告诉蒙托霍,至少还需要一个

---

[1] Adelbert Milton Dewey, *The Life and Letters of Admiral Dewey: From Montpelier to Manila, Containing Reproductions in Fac-Simile of Hitherto Unpublished Letters of George Dewey during the Admiral's Naval Career and Extracts from His Log-Book*, London: Hardpress Publishing, 1899, p. 273.

半月的时间才能完成苏比克湾内岸防工事,将火炮布防到位。另外,蒙托霍手下的军官对布置在海湾入口处的鱼雷的爆炸效果也没有多少信心,认为可能对美舰构不成太大威胁。以上这些状况让蒙托霍意识到,岸防炮和鱼雷的缺失实际上已经让海湾入口成了不设防地点,这也就意味着其舰队必须直接面对美军舰队的进攻,除非美军选择不进入苏比克湾而径直前往马尼拉,这样他才能拥有更多的准备时间。令蒙托霍更加头疼的是,木质巡洋舰"卡斯蒂亚号"船尾螺旋桨轴承的位置已经出现了漏水,舰上士兵花了整整一昼夜才终于用水泥将漏洞补上。虽然止住了渗水,然而该舰已经失去了动力,如果参与战斗的话,极易被美舰摧毁。于是,蒙托霍决定将"卡斯蒂亚号"调派至格兰德岛的东北处,让其成为一艘满载沙土的驳船,作为一处固定炮台以扼守苏比克湾湾口的西部航道,"(它)只能被认为是一个浮动炮台,由于船身状态不良,无法航行"[①]。很显然,该船已经难以航行或参加任何战斗,蒙托霍只希望它能够尽可能地吸引美国的弹药。另一艘舰船"安东尼奥·德乌拉号"(Don Antonio de Ulloa)由于无法被操纵,因而也被固定下来,使其右舷炮能够开火。蒙托霍希望能够利用这两艘军舰"成为要塞舰队志愿海岸炮兵轰击美舰"[②]。蒙托霍又将"圣金廷号"(San Qunitin)和两艘商船凿沉,用三艘沉船船体来封闭住湾口的东部航道。蒙托霍希望美舰不会选择苏比克湾作为首先进攻的目标,他试图以苏比克湾仅剩的狭窄的西部通道和停泊于湾口附近"卡斯蒂亚号"上的火炮来延缓美舰的进攻,为自己赢得一个半月的时间,借此来完成苏比克湾内的岸防工事。

[①] Nathan Sargent, *Admiral Dewey and the Manila Campaign*, Washington D.C.: Naval Historical Foundation, 1947, p.106.

[②] 〔美〕E.B.波特主编:《世界海军史》,李杰、杜宏奇等译,解放军出版社1992年版,第347页。

然而，蒙托霍的这一计划未能遂愿。4月28日，蒙托霍收到西班牙驻香港领事发来的情报。情报显示美军舰队已经于当天下午两点从香港马士湾启程，其进攻路线是，在苏比克湾摧毁西班牙舰队，然后再调头开赴马尼拉。领事建议西班牙舰队在苏比克湾做好迎战准备，以期在苏比克湾能够歼灭美国舰队。① 当天下午，蒙托霍召开了战前会议，然而会上讨论出的结果与西班牙领事意见相反：除了德尔里奥以外，其他所有军官都认为舰队应该返回马尼拉，以便在相对更为有利的条件下应对美军的进攻。因为在目前状况下，苏比克湾无力防守，湾内的水深也不足以让沉船阻挡住美军的驶入。在这种情况下，对于蒙托霍来说，"他所能做的就是放弃对苏比克湾的防御，将舰只停泊在马尼拉湾内——并且希望岸基火炮将使杜威的舰只无法进入湾内，重新敷设的水雷能够重新封锁马尼拉湾的入口处，使美国人完全待在湾外"②。4月28日下午，蒙托霍率领包括失去动力的"卡斯蒂亚号"在内的所有舰船离开苏比克湾，南下向马尼拉湾驶去。对此，杜威在后来的自传中写道，在马尼拉湾海战爆发前，西班牙舰队的军官都倾向于防御而非进攻，一个如此士气的军队虽还未出战，但已输大半。③

就在威廉姆斯于4月27日上午同杜威会面时，除了告知有关马尼拉湾的水域布防情况外，他还告知杜威，在离开马尼拉时，曾听闻有一支西班牙舰队向苏比克湾驶去。因此威廉姆斯提请杜威注意这支舰队的可能动向。杜威当时判定，蒙托霍应该已经意识到苏比克湾的

---

① George Dewey, *Autobiography of George Dewey: Admiral of the United States Navy*, Columbia: Pantianos Classics, 1913, p. 103.

② 〔美〕斯蒂芬·豪沃思：《驶向阳光灿烂的大海：美国海军史（1775—1991）》，王启明译，世界知识出版社1997年版，第304页。

③ George Dewey, *Autobiography of George Dewey: Admiral of the United States Navy*, Columbia: Pantianos Classics, 1913, p. 103.

战略价值要高于马尼拉湾,所以有可能选择坚守苏比克湾来给美军制造麻烦。① 4月30日,杜威在抵达位于苏比克湾湾口的博利瑙海岬(Cape Bolinao)后,向"波士顿号"和"康科德号"发出信号,命令两舰全速驶进苏比克湾,对湾内进行侦察。不久,有舰员汇报说,听见湾内方向疑似传来交火声。杜威担心"波士顿号"和"康科德号"火力较弱,如果遭遇到西班牙舰队主力,两艘舰船将不能在火力上取得优势,于是再次派出"巴尔的摩号"进入湾内支援两舰,其余舰只则在湾口附近,以每小时三至四海里的速度来回游弋,随时准备入湾支援作战。在此期间,舰队遇见几艘渔船,但是船上的渔民均说并不知晓西班牙舰队的动向。在焦急等待中,直到下午3点30分,"巴尔的摩号"等三艘军舰终于从湾内驶出,并向杜威报告说,在苏比克湾内没有发现西班牙舰队的踪迹。

值得一提的是,"康科德号"在湾内侦察时,俘获了一名西班牙舰队的军官。据其交代,西班牙舰队从苏比克湾撤离时,的确曾在湾口布下了80枚水雷。随后,美军在搜寻苏比克湾内西班牙海军基地里的一个仓库中,又发现了遗落在此而未及布设的15枚水雷。然而布设在海湾的80枚水雷,被希望获得火药的菲律宾游击队从水中打捞出来并拆卸一空。②

蒙托霍轻易放弃了苏比克湾,而选择退回到并非战略要地的马尼拉湾,成为他犯下的第一个战略性错误。如果蒙托霍当时选择将舰队分散在小岛、海湾或马尼拉湾入口处的话,那么他有可能给美国人带来威胁。如此,杜威就不得不依次吃下西班牙的每一艘军舰(而杜

---

① George Dewey, *Autobiography of George Dewey: Admiral of the United States Navy*, Columbia: Pantianos Classics, 1913, p. 205.

② George Dewey, *Autobiography of George Dewey: Admiral of the United States Navy*, Columbia: Pantianos Classics, 1913, p. 101.

威的舰队还不足以实现这个目标),同时还要面临受到分散在各处的西班牙舰队发动突然袭扰的可能情况,并使其攻击线遭到破坏。蒙托霍之所以放弃苏比克湾,和西班牙驻菲律宾总督巴西利奥·奥古斯丁(Basilio Augustin)① 有很大的关系,后者出于一己私利,希望舰队守护在马尼拉附近,使马尼拉免受美国军舰的炮击。蒙托霍和奥古斯丁的这一决定在日后受到了很多人的批评。然而很多批评者没有注意到的是,蒙托霍将舰队从苏比克湾调到马尼拉湾还有另一层考虑,即在力量对比对己方的不利的情况下,当选择一个更有利于保护非战斗人员的战斗位置。苏比克湾平均水深达40米,蒙托霍认为这不利于从水中救起落水的士兵,进而增加死亡率;而马尼拉湾平均水深只有8米,更有利于捞救落水的士兵。

然而,蒙托霍的这一决定使得美军可以集中其舰队主力,从而同西班牙人进行舰队之间的决战,并且凭借其火力优势战胜西班牙人,这也是奉马汉海军战略思想为圭臬的杜威最希望看到的局面。所以,当杜威获知在苏比克湾内没有发现西班牙舰只的踪迹时,他转向司令官兰伯顿说:"我们拿下他们了。"杜威立即召开舰长会议,没有展开任何讨论,而是果断下令舰队于当晚径直驶入马尼拉湾。② 现在杜威舰队希望的是,西班牙的所有主力舰只均停泊在马尼拉湾内,或者能够与之遭遇,否则这有可能意味着一场漫长战争的来临。正如中尉卡洛斯·G. 卡尔金斯(Carlos G. Calkins)后来回忆时所提到的:"大多数美国人都担心,我们不能在苏比克湾或者马尼拉湾碰上西班牙人,

---

① 巴西利奥·奥古斯丁,第115任菲律宾总督,任职时间为1898年4月11日至1898年7月24日。

② James M. McCaffrey, *Inside the Spanish-American War: A History Based on Frist-Person Accounts*, Jefferson, North Carolina: McFarland & Company, Inc., 2009, p. 12.

我们大多数人希望的就是在去吕宋岛的途中就遇上他们。"①

4月30日夜晚，西班牙的亚洲分舰队返回到马尼拉湾内。蒙托霍之所以决定不将自己的舰队停泊在马尼拉城附近，在于担心同美舰交火时，马尼拉城会被美舰误击。蒙托霍将舰队的下锚地选在了甲米地军火库对面的浅水区卡纳考湾，这一决定也成为蒙托霍的又一个重大失误：西班牙舰队在火力上本就不如美军，却又失去了得到马尼拉附近岸防火炮支援的机会，从而陷入更危险的境地之中。晚上7点，蒙托霍收到苏比克湾传来的情报，美军舰队已经于当天下午3点进入苏比克湾。蒙托霍料定美军很快就会发现自己的舰队已经离开苏比克湾，之后将径直向马尼拉湾驶来。②他的判断是正确的，但出乎他意料的是，美国人来得如此之快。此时，杜威的舰队已经在马尼拉湾西北600海里的位置，以六节的速度向马尼拉驶来。

第二节　杜威进入马尼拉湾

西班牙放弃苏比克湾防御之后，能加强蒙托霍舰队的防御能力，延缓美军向马尼拉湾的行进速度的军事力量只剩下马尼拉湾湾口两岸的岸防工事。结合威廉姆斯等人的情报，杜威大致掌握了西班牙在马尼拉湾的火力分布。整个马尼拉岸防工事由四处火力点组成，即马尼拉湾湾内马尼拉城的城防工事、卡纳考湾的岸防工事以及位于马尼拉湾湾口的博卡奇卡海峡和博卡格兰德的两处岸防工事。马尼拉岸防工

---

① Carlos G. Calkins, "Historical and Professional Notes on the Naval Campaign of Manila Bay," *USNIP XXV* (June, 1899), 转引自 Ronald Spector, *Admiral of the New Empire: The Life and Career of George Dewey*, Columbia：University of South Carolina Press, 1974, p. 56。

② French Ensor Chadwick, *The Relations of the United States and Spain: The Spanish-American War*, Vol. 1, New York：Charles Scribner's Sons, 1911, pp. 167-168。

事火力分布情况见表 5-1。

表 5-1　马尼拉岸防工事火力分布

炮台分布地点		火炮门数	口径（英寸）	火炮类型
博卡格兰德海峡岸防工事	卡瓦略岛	3	5.9	后膛炮
	埃尔弗赖莱岛	3	4.7	后膛炮
	蓬塔乌斯廷加	3	6.3	前膛炮
博卡奇卡海峡岸防工事	科雷希多岛	3	8	前膛炮
	蓬塔格达	3	7	前膛炮
	蓬塔拉西	2	6.3	后膛炮
马尼拉城防工事	马尼拉城周边	4	9.4	后膛炮
		4	5.5	后膛炮
		2	5.9	后膛炮
		2	4.7	后膛炮
		9	8.3	前膛炮
		18	6.3	前膛炮
		8	—	后膛野战炮
卡纳考湾岸防工事	桑利点	2	5.9	后膛炮
	卡纳考湾	1	4.7	后膛炮

注：表格自制，以上炮塔的具体数量和类型为 1898 年 5 月 2 日的情况，即西班牙人投降之后，美军通过实地审察才得以获知。数据来源于 George Dewey, *Autobiography of George Dewey: Admiral of the United States Navy*, Columbia: Pantianos Classics, 1913, pp. 99-100；Nathan Sargent, *Admiral Dewey and the Manila Campaign*, Washington D. C.: Naval Historical Foundation, 1947, pp. 23-25。

马尼拉城位于马尼拉湾的东岸，距离马尼拉湾的入口大约 25 英里，桑利点岬角处和五英里外的甲米地海军基地形成对马尼拉湾的自然屏障。马尼拉的城防工事用以确保马尼拉城的安全。在整个马尼拉湾的岸防线上，马尼拉城自身的城防工事构成整个马尼拉湾火炮防御最为强大的地方。整个岸防线上的火力配属包括四门口径为9.4英寸的火炮，四门口径为5.5英寸的火炮，两门口径为5.9英寸的火炮，两门口径为4.7英寸的火炮；除此之外，还包括24门各种口径大小的旧式前膛炮，这些火炮遍布在整个海岸防线上。

卡纳考湾的岸防工事，主要由桑利点和湾内的岸防工事组成，用来保障西班牙舰队的安全。就地形而言，伸入马尼拉湾的桑利点犹如一个巨大的"钳鳌"，这里自然也成为保护马尼拉城和甲米地的战略要地。然而，西班牙人布设在整个桑利点上的岸防火炮仅有两门5.9英寸的后膛炮，其射程均不超过2 000码，这也成为整个防线中火力最弱的地点。

博卡奇卡海峡和博卡格兰德海峡的岸防工事主要用来扼守马尼拉湾入海口，由分布于科雷希多岛、卡瓦略岛、埃尔弗赖莱岛、蓬塔乌斯廷加、蓬塔格达、蓬塔拉西等处的炮火据点组成。为了确保南海峡的安全，西班牙军队在此地布设了九门老旧的前膛炮，但是其装弹速度的缓慢，其实很难阻止现代化的巡洋舰从南海峡驶入马尼拉湾。此外，埃尔弗赖莱岛设有三门4.7英寸火炮，卡瓦略岛设有三门5.9英寸火炮。整个岛屿防御如同大杂烩一般，既有先进的后装线膛炮，也有老旧的前装滑膛炮。虽然前装滑膛炮也有足够的威力给杜威的舰队带来损害，但是它装弹时间长，除非第一炮能够有效击损目标，使得船只在第二炮之前失去控制，否则它的攻击力也是有限的。另外，这些火炮射程有限，且无先进的照明设施，所以如果美国舰队趁着夜色从南海峡驶入的话，它们就全然没有了战斗效能。然而在一些西班牙军官眼里，情况并非如此糟糕。在蒙托霍提交给西班牙政府的报告中，负责马尼拉湾入口处岸防工事的海军炮兵上校塞诺·格雷斯

(Señor Graces)和上尉贝纳文特(B. Beneavante)认为,一旦美军驶入马尼拉湾,湾口附近的岸防工事就有能力与之相持达 24 天。蒙托霍对此的评价是:"他们将所能找到的仅有的几枚鱼雷布设在湾口,当他们谈及这所能起到的作用时,我对此感到憎恶……湾口的航道根本无法依靠这些鱼雷或者岛上的岸防工事来守住,因此舰队只能依靠自己与美舰作战。"①

尽管西班牙人可能布设的水雷让杜威舰队的很多官兵感到担忧,杜威却不以为意。杜威 1882 年曾在东地中海服役,他近距离地目睹了埃及阿里帕夏与英法舰队作战的过程,阿里帕夏为了对抗英法舰队,在苏伊士河布设了大量的水雷,但是大多数水雷并未发挥作用。依据这一经验,杜威判断热带地区的水温会对水雷造成损毁,如果不随时更换的话,水雷就有可能失效。后来证明,杜威关于水雷的判断是正确的。当美国舰队启程前往马尼拉的时候,西班牙舰队则还在等待从西班牙本土运回来的电缆,这些电缆可以被用作水雷的引线。

当杜威率领舰队离开苏比克湾,径直向马尼拉湾开来的同时,蒙托霍也在焦急地做着准备。蒙托霍非常清楚地知道对手目前所处的位置,并知道杜威将强行驶入马尼拉湾,寻求同自己舰队进行决战。在蒙托霍的计划中,马尼拉湾湾口两座高出海平面数百尺的科雷希多岛和稍小一点的卡巴洛岛,是部署重型大炮的理想地点,他寄希望于利用这些岸防火炮和安设在湾口的水雷,打消美国人企图进入马尼拉湾的念头。② 然而当蒙托霍退回到马尼拉后,他却发现原本用来封锁马

---

① Adlebert Milton Dewey, *The Life and Letters of Admiral Dewey: From Montpelier to Manila, Containing Reproductions in Fac-Simile of Hitherto Unpublished Letters of George Dewey during the Admiral's Naval Career and Extracts from His Log-Book*, London: Hardpress Publishing, 1899, pp. 281–282.

② James M. McCaffrey, *Inside the Spanish-American War: A History Based on Frist-Person Accounts*, Jefferson, North Carolina: McFarland & Company, Inc., 2009, p. 11.

第五章 马尼拉湾海战

尼拉湾入海口的水雷只有 1/3 布设到位。马尼拉湾湾口也没有足够的先进火炮，虽然那些旧式重型火炮的威力足以打穿杜威舰队中没有装甲防护的甲板，但是这种前膛炮重新装弹耗时漫长，如果第一次射击没有对美军的战舰造成致命伤害的话，那么在第二次射击前，美军舰队很可能已经驶出射程之外。于是他决定将整个舰队停驻在甲米地的浅水区，这样他的舰队可以得到布设在桑利点上的岸防炮的火力支持。

4月30日深夜，当蒙托霍将舰队带回到甲米地之后，就贸然登上了陆地，回到了自己在马尼拉城的家中。他临走时只提醒下属留意湾口的交火声，认为杜威的舰队如果进入马尼拉湾，必然会引发双方猛烈的交火。战后，蒙托霍在递交给政府的报告中，如此解释自己是夜离开舰队的行为：他当时认为美国由于不熟悉地形，不会贸然在黑夜进入海峡，因此自己还有足够的时间做好迎战准备。

正当蒙托霍等西班牙军官不断退却时，此刻对杜威来说，却是一场他"等待了60多年的战争"的前夕，因此他急切地渴求战争并取得胜利。"36年前，我曾作为'密西西比号'的执行军官，参与了杰克逊要塞战，这是我第一次亲历炮火；35年前，我在法拉格特将军手下任职，作为'圣菲利普号'上的执行军官。在试图强行突破哈德逊港口的岸防工事时，我失去了我的军舰。因此，此刻，我要借助夜色来确保成功地通过海峡峡口。不同的是，在前两次战斗中，我只是追随在别人左右，而这一次，我却要担负起最重大的责任。"[1] 正如杜威在日后的回忆录中所提及的，这场战争将是杜威难得的一次机会。杜威及其手下官兵更是摩拳擦掌，准备趁着夜色强行通过峡口，寻找西班牙人的舰队主力，并与之进行决战。

---

[1] George Dewey, *Autobiography of George Dewey: Admiral of the United States Navy*, Columbia：Pantianos Classics, 1913, p. 103.

4月30日的傍晚时分，列舰于马尼拉湾湾口的杜威等待着夜幕完全降临，夜色将会给西班牙的岸防火炮带来更多麻烦，让它们难以朝他的舰队对准开火。为了在夜色中有效地隐蔽自己的行动，杜威命令每一艘舰船上只点亮船尾的一盏信号灯，除此以外，舰船上的其他所有灯全部熄灭。不仅如此，船尾的信号灯也被有意识地伪装，其发出的光线被精心地遮挡住，只有后部的船只才能看见，以此既能用来指引后续舰只的行动方向，让舰队行进时保持阵型，又让西班牙炮手难以在漆黑一片的夜色中发现美国舰队。

夜色虽然给杜威舰队提供了天然的保护色，但是也同样给舰队带来了麻烦，因为这让舰队难以辨认水雷的位置。1898年3月的时候，威廉姆斯曾通过电报告知身在香港的杜威，西班牙人在博卡格兰德海峡和博卡奇卡海峡并没有布置水雷，因为其缺少引发水雷爆炸的引线。然而，4月26日，在舰队驶向菲律宾的途中，杜威接到美国驻新加坡领事普拉特的情报，一艘名为"帕奈岛号"（Isla de Panay）的舰船从马尼拉航行至新加坡，来自"帕奈岛号"船员探听到的一则消息表明，西班牙人此时正忙着在峡口布设水雷。另外，威廉姆斯离开香港时也曾发给杜威一则情报，同样表明西班牙人正在布设水雷。4月27日，杜威接获另一份情报，该情报指出西班牙人已经在博卡格兰德海峡和博卡奇卡海峡布设好了水雷。面对各种有关水雷的情报，杜威却表示怀疑，他不仅怀疑水雷是否已经布设妥当，同时，对水雷的威力更持以怀疑态度。他认为西班牙的军队没有接受过足够训练，也缺乏相关经验，因此并不擅长在海峡布设水雷。除此之外，热带的温暖和高盐度的海水会很快让这种水雷的引线失去作用，使得布设的水雷有可能失效。当舰队准备通过海峡时，杜威的一位服役于"巴尔的摩号"上的侄子向他建议，应当让"佐菲亚号"行驶到整个舰队的最前方,因为运煤船吃水较深,如果"佐菲亚号"能够安全驶过,那么其他船只都会解除触雷的危险,即使"佐菲亚号"触雷,也只会让一艘非战斗船只受损,从而保护主力舰只不受损害。然而,凭恃自己在水雷方面的经验和判断,杜威却自信地拒绝了这一建议:"为了这次机会,我等了60年,所以不管前方有没有水雷,我都将亲自领导舰队前进。"① 他下令由自己的旗舰领队,其余舰只跟随旗舰驶入海湾。杜威不无自信地认为:"这么多给舰队所发来的警告信息,以及纷至沓来的有关航道危险、亟待引航、航线曲折的报告,犹如狼的号叫一般,只是对手为了在强于自己的力量面前虚张声势而已。"②

尽管西班牙人知道杜威的舰队在天黑以前就已经到达湾口附近,也知道杜威一定会驶入马尼拉湾,但是入口处安全措施的松散程度还是让人吃惊。"美国舰船在海浪中前行的时候,没有遇见一艘巡逻艇,即便西班牙人原本拥有多艘承担这种侦察任务的小船。此外,海峡两岸岸防火炮的守军没有用探照灯来巡视这一片海域。或许他们认为没有人会傻到在黑夜通过布满水雷的海峡,如果真是这样的话,这是一个严重的误算。"③ 杜威也评价道:"就我们目力所及,在峡口,没有一艘舰船来回巡航游弋,我们原本预料可能会有鱼雷艇朝我们发射鱼雷,然而却什么都没有。除了岸上的信号灯,峡谷里没有任何生命迹象。目之所及,在科雷希多岛和埃尔弗赖莱岛之间的峡谷内,只看见纵队全速向峡谷挺进时,尾部所冒出的蒸汽。除此之外,什么都

---

① Ronald Spector, *Admiral of the New Empire: The Life and Career of George Dewey*, Columbia: University of South Carolina Press, 1974, p. 57.
② George Dewey, *Autobiography of George Dewey: Admiral of the United States Navy*, Columbia: Pantianos Classics, 1913, p. 99.
③ James M. McCaffrey, *Inside the Spanish-American War: A History Based on Frist-Person Accounts*, *Jefferson*, North Carolina: McFarland & Company, Inc., 2009, p. 13.

没有。"①

留在马尼拉家中的蒙托霍也获知了美国舰队进入马尼拉湾的消息:"午夜时分,从科雷希多岛方向传来了枪炮声。5月1日凌晨2点,我收到了电报,说美国舰队在峡口内开启了探照灯,搜寻入口处的岸防工事,美国舰队和我方的岸防工事互有交火。"② 但是,这依然没有引起蒙托霍的重视,他虽然通知岸防工事的所有火炮做好准备,命令水手和士兵都回到自己的岗位以待美军到来,然而蒙托霍自己依然留在马尼拉家中,不仅如此,他属下的很多海军军官也都并没有返回到自己的岗位上。

在穿越海峡入口处两座小岛中间时,美国舰队尽可能地保持安静。然而,排在队列最后的"麦卡洛克号"在还没有驶离危险区域的时候,烟囱里冒出的一颗火星突然点燃了煤烟,火向上蹿出,犹如"选举时刻所点燃的篝火"③,这让"麦卡洛克号"成为西班牙岸防炮的目标,与此同时,杜威舰队立刻开炮予以还击。"罗利号""康科德号"和"波士顿号"都向西班牙人的岸防工事进行了炮击,仅仅几分钟之后,"康科德号"上所打出的一枚炮弹精确地命中了岸防火炮,炮击结束。整场炮击中,西班牙的火炮只发射了三发炮弹并且未击中任何有意义的目标,就被一发美国人的炮弹摧毁了。杜威舰队毫发无损地驶入马尼拉湾,整个舰队只有一人死亡——

---

① George Dewey, *Autobiography of George Dewey: Admiral of the United States Navy*, Columbia: Pantianos Classics, 1913, p. 104.

② Adlebert Milton Dewey, *The Life and Letters of Admiral Dewey: From Montpelier to Manila, Containing Reproductions in Fac-Simile of Hitherto Unpublished Letters of George Dewey during the Admiral's Naval Career and Extracts from His Log-Book*, London: Hardpress Publishing, 1899, p. 287.

③ James M. McCaffrey, *Inside the Spanish-American War: A History Based on Frist-Person Accounts, Jefferson*, North Carolina: McFarland & Company, Inc., 2009, p. 13.

"麦卡洛克号"的轮机长弗兰克·兰德尔（Frank B. Randall），其死因是轮机房内令人窒息的热度和兰德尔自己太大的心理压力，诱发了他的心脏病。

就在蒙托霍回到马尼拉城之后，西班牙舰队静待于卡纳考湾内的甲米地海军基地，其舰队主力包括11艘军舰，能直接参战的战舰有7艘（见表5-2）。

表5-2 西班牙主要作战舰只情况

舰船	吨位	主炮的数量/尺寸	副炮（快速炮）	鱼雷发射管数量	船员数量	舰长姓名
"克里斯蒂娜女王号"	3 520 吨	6门6.2寸	13门	5	352	卡达索（L. Cadarso）上校
"卡斯蒂亚号"	3 260 吨	4门5寸 2门4.7寸	14门	2	349	阿尔加多（A. Algado）上校
"古巴岛号"	1 045 吨	4门4.7寸	4门	2	156	西德拉克（I. L. Sidrach）中校
"吕宋岛号"	1 045 吨	4门4.7寸	4门	2	156	休曼（I. L. Human）中校
"安东尼奥·德乌拉号"	1 160 吨	4门4.7寸	6门	—	156	罗伯逊（E. Robion）中校
"唐·胡安·德·奥地利号"	1 159 吨	4门4.7寸	8门	2	179	孔沙（I. de la Concha）中校

(续表)

舰船	吨位	主炮的数量/尺寸	副炮（快速炮）	鱼雷发射管数量	船员数量	舰长姓名
"杜埃罗侯爵号"	500 吨	1 门 6.2 寸 2 门 4.7 寸	—		96	格拉（S. M. de Guerra）上尉
"莱索将军号"（未参战）	520 吨	2 门 4.7 寸		1	115	贝纳文特上尉
"维拉斯科号"（未参战）	1 152 吨	3 门 5.9 寸		—	145	
"埃尔·科雷奥号"（El Correo）（未参战）	560 吨	3 门 4.7 寸		1	115	
"阿尔戈斯号"（Argos）（未参战）	508 吨	1 门 3.5 寸			87	

参考资料：George Dewey, *Autobiography of George Dewey: Admiral of the United States Navy*, Columbia：Pantianos Classics, 1913, p. 144；Nathan Sargent, *Admiral Dewey and the Manila Campaign*, Washington D. C.：Naval Historical Foundation, 1947, p. 27。

而进入马尼拉湾的杜威舰队则主要由 7 艘作战舰只组成，其中，火力稍弱的"麦卡洛克号"被安排保护 2 艘辅助舰只"南山号"和"佐菲亚号"，剩余的 6 艘战舰参加了战斗（见表 5-3）。

表 5-3　美国主要作战舰只情况

舰船	吨位	主炮的数量/尺寸	副炮（快速炮）	鱼雷发射管数量	船员数量	舰长姓名
"奥林匹亚号"	5 870 吨	4 门 8 寸 10 门 5 寸	21	6	381	格里德利上校

第五章 马尼拉海战

（续表）

舰船	吨位	主炮的数量/尺寸	副炮（快速炮）	鱼雷发射管数量	船员数量	舰长姓名
"巴尔的摩号"	4 413 吨	4门8寸 6门6寸	8	—	328	戴尔上校（N. M. Dyer）
"海燕号"	892 吨	4门6寸	3	—	110	伍德中校（E. P. Wood）
"波士顿号"	3 000 吨	2门8寸 6门6寸	6	—	230	维尔德斯上校（F. Wildes）
"罗利号"	3 213 吨	1门6寸 10门5寸	12	2	252	科格仑上校（J. B. Coghlan）
"康科德号"	1 710 吨	6门6寸	6	—	155	沃克中校（A. Walker）
"麦卡洛克号"（未参战）	1 280 吨	—	4	—	68	霍奇森上校

参考资料：George Dewey, *Autobiography of George Dewey: Admiral of the United States Navy*, Columbia：Pantianos Classics, 1913, p. 144; Nathan Sargent, *Admiral Dewey and the Manila Campaign*, Washington D. C.：Naval Historical Foundation, 1947, p. 27。

马尼拉湾海战中美西舰队力量对比情况见表5-4。相比较而言，蒙托霍的舰队虽然数量上占优，但是大部分还是老旧的木制战船，在吨位、防护力均处于下风。4英寸口径以上的火炮，美西舰队的数量比是53∶31；4英寸口径以下的火炮，美西舰队的数量比是56∶44；鱼雷发射管，美西舰队的数量比是8∶13；美西舰队舰员的数量比是1 456∶1 447。除此之外，蒙托霍在马尼拉湾内还有23艘吨位较小的舰只，其吨位都在500吨以下，船员大多50名以下，航速也最高只能达到十节，配有一到两门的小口径火炮，主要用于海岸防御，而无法在海战中起到多大作用，更多被用来配合堡垒作战，这反而使得舰艇丧失了应有的机动能力。蒙托霍的舰队虽然实力相对弱小，但此时毕竟还享有地利之便，且在火炮数量上与美军差距并不算大，所以可利用地形、水雷和岸防火炮来与杜威的舰队抗衡，利用部署在马尼拉城附近的两门6.3英寸口径的前膛炮和四门9.4英寸口径的后膛炮、桑利点的两门5.9英寸口径的后膛炮、卡纳考湾的一门4.7英寸口径的后膛炮等岸防火炮，协助己方舰队对美舰发动攻击。

表5-4 马尼拉湾海战中的美西舰队力量对比

	美国	西班牙
参战军舰	6艘	7艘
总吨位	19 098吨	11 689吨
主炮（4英寸以上）数	53门	31门
副炮（4英寸以下）数	56门	44门
鱼雷发射管数	8套	13套
官兵数	1 456人	1 447人

参考资料：George Dewey, *Autobiography of George Dewey: Admiral of the United States Navy*, Columbia: Pantianos Classics, 1913, p. 144; Nathan Sargent, *Admiral Dewey and the Manila Campaign*, Washington D. C.: Naval Historical Foundation, 1947, p. 27。

第三节　海战的经过

进入海湾之后，杜威下令，整个舰队的速度降到四节。舰队以"奥林匹亚号"为首，后面依次为"巴尔的摩号""罗利号""海燕号""康科德号""波士顿号""麦卡洛克号"，形成纵列式战斗队形。另外两艘运煤船"佐菲亚号"和"南山号"排成第二条纵列，位于战斗队列的左边，并与之保持平行。整支舰队在马尼拉湾内以低速巡弋，寻找西班牙舰队主力的位置所在。所有水手留在战斗位置，做好天明之后与敌舰接触交火的准备。

杜威原本担心蒙托霍会将舰队停泊在马尼拉城附近，从而能够依托马尼拉城附近岸防工事的掩护而向自己发动攻击，对美军造成更大威胁。然而，5点左右，天开始破晓，当美军舰队驶近距离马尼拉城大约六英里的位置时，却发现停泊在马尼拉港的船只均是商船。杜威料定敌军的战舰都泊于马尼拉南边的甲米地内，于是要求舰队立即开始做最后的战斗准备。在行进过程中，杜威认为由于"麦卡洛克号"的发动机和锅炉都位于水线以上，在敌人的炮火下，其生存力有限，因此让它驶离战斗队列，加入"南山号"和"佐菲亚号"的队伍之中。这样，一方面使得"麦卡洛克号"处在敌人炮火的覆盖范围之外，另一方面也能保障两艘运煤船的安全。

凌晨5点5分，夜色开始消散，西班牙人逐渐从马尼拉湾的海面上辨识出杜威舰队的轮廓。几分钟之后，西班牙人的岸防炮塔开始炮击。出于为即将打响的舰队决战做好准备的考虑，杜威让各舰节省弹药，只让"康科德号"和"波士顿号"开炮予以还击，其余主力舰船则避开岸炮攻击，转而向南驶向甲米地，寻找蒙托霍的舰队主力并与之决战。

5点15分，停靠在甲米地内的西班牙舰队在岸炮火力的支援下，开始向杜威舰队开火。此时杜威舰队尚在西班牙的炮火射程范围之外，因此西班牙的炮击只引爆了"奥林匹亚号"舰首前方的两枚水雷。不仅如此，由于所引爆的这两颗水雷的位置深度远远超出了"奥林匹亚号"的吃水深度，以至于爆炸只掀起了巨大的浪花，对"奥林匹亚号"并未造成任何损坏。虽然不知此地还有多少枚水雷，然而杜威命令各舰保持前进。幸运的是，没有任何一艘军舰触及水雷,也再没有水雷被岸防火炮所引爆,并未对舰队造成任何损害。① 此时,"奥林匹亚号"打出"记住'缅因号'"的旗语,以此来激励士兵。杜威要求各舰不可浪费弹药,等到旗舰"奥林匹亚号"开火之后,才能开炮还击。

蒙托霍让整支西班牙舰队采取直线列队的方式向美国发动进攻,这一队列使得西班牙的舰船并不能完全发挥火力,这也成为蒙托霍的又一个战略错误。5点41分,杜威认为舰队已经处于有利的射击位置,随即向旗舰的舰长发布命令:"格里德利,只要你做好了准备,随时可以开火。"战争立刻呈现出一边倒态势。6点9分,当舰队距离海岸大约5 500码时,"奥林匹亚号"上的8英寸火炮开始向西班牙人的阵地发起轰击,"巴尔的摩号"和"波士顿号"随即对准西班牙人的"克里斯蒂娜女王号"和"卡斯蒂亚号"以发动炮击。西班牙军舰立即予以还击。

美国舰队在离海岸大约3 000码时,转而向西行驶,沿着西班牙防线平行地来回巡弋,分别用两侧8英寸的舷炮向西班牙防线齐射,攻击桑利点上的岸炮和湾内的舰队,西班牙人予以反击,但收效甚微。其间,西班牙人希望派出小鱼雷艇,试图抵近"奥林匹亚号"之后再发射鱼雷,进而摧毁美国旗舰,以使美国舰队群龙无首。然而,这些小鱼雷艇都被美国舰队的快速炮摧毁,这一战术就此宣告失败。杜威的舰队只用了两个小时,就将排成一条直线的西班牙舰队中的五艘击毁了。

在杜威舰队的强大火力下,蒙托霍的旗舰"克里斯蒂娜女王号"

---

① Adelbert Milton Dewey, *The Life and Letters of Admiral Dewey: From Montpelier to Manila, Containing Reproductions in Fac-Simile of Hitherto Unpublished Letters of George Dewey during the Admiral's Naval Career and Extracts from His Log-Book*, London: Hardpress Publishing, 1899, pp. 219–220.

是唯一一艘对美国人进行了有效还击的舰船。因此，它自然也遭到了美军的更多炮火打击，最终沉没。"克里斯蒂娜女王号"上的舰员死亡150人，伤90人，其中有七名军官，舰长格里德利上校在营救被困船员的过程中也遭射杀而阵亡。1903年，"克里斯蒂娜女王号"被重新打捞出水，在其船身发现15个弹孔。西班牙第二大战舰"卡斯蒂亚号"仅剩一门舰炮幸存，其余舰炮均被摧毁，船身甲板因为被火炮击中而引起大火，造成舰员死亡23人，80人受伤，其余船员不得不弃船离开。"唐·胡安·德·奥地利号"同"卡斯蒂亚号"一样，也因被击中而引起大火并造成严重毁坏。"吕宋岛号"有三门火炮遭到毁坏。"杜埃罗侯爵号"亦被炸毁。由于"克里斯蒂娜女王号"被摧毁，蒙托霍最终下达了弃船的命令。7点刚过，他就不得不将将领旗转移到了仅剩的"古巴岛号"上。经过这次短暂交火，蒙托霍的七艘主力战舰中有五艘失去了战斗力，381人阵亡。

其间，按照杜威的计划，整个舰队将沿着西班牙人的防御阵线来回巡弋四次，分别利用军舰两边的舰炮对蒙托霍舰队进行炮击。当进行第四次转向之后，"奥林匹亚号"上的领航员卡尔金斯中尉突然报告杜威说，他认为美军手上的海图绘制错误，根据目测水深，其深度要深于预期，因此可以再次转向，让舰队更能逼近攻击。杜威听取了这项建议，于是舰队进行第五次转向，逼近到距离蒙托霍舰队大约2 000码的位置时，再次发动了一轮攻击。[①]

7点35分，杜威命令舰队暂停攻击，转而向西航行，与西班牙舰队脱离，并让船员进食早餐，因为他认为此时的西班牙舰队已经基

---

① Adelbert Milton Dewey, *The Life and Letters of Admiral Dewey: From Montpelier to Manila, Containing Reproductions in Fac-Simile of Hitherto Unpublished Letters of George Dewey during the Admiral's Naval Career and Extracts from His Log-Book*, London: Hardpress Publishing, 1899, p. 226.

本上被摧毁殆尽。但是，造成杜威中断进攻的另一个重要原因则是他误解了下属汇报上来的弹药储量。7 点 35 分，"奥林匹亚号"的舰长格里德利上校向杜威汇报了船上的剩余弹药量。格里德利上校汇报说，舰上的 5 英寸舰炮在先前的战斗中各发出了 15 发炮弹。然而，杜威听了格里德利的汇报，误解为每门舰炮仅剩 15 发炮弹。自认为没有退路的杜威感到了忧虑，于是决定与西班牙舰队的脱离，让舰队行驶至远离甲米地的马尼拉湾西部水域，使舰船之间得以重新分配弹药。在向西行驶的过程中，这一信息得以更正，从而缓解了杜威的焦虑。随着大雾慢慢消散，杜威发现西班牙舰队的损伤程度比他预计中还要严重，海面上，一些西班牙舰船开始爆炸或者沉没。更令杜威欣喜的是，他发现己方舰队没有一艘船受到严重损伤，整个舰队无一人阵亡，只有"巴尔的摩号"上的两名军官凯洛格（F. W. Kellogg）中尉、欧文（N. E. Irwin）少尉以及六名船员受了轻伤。[①]

　　杜威也意识到，西班牙舰队虽然已经命悬一线，但是其火药储备依然还很充分，且还有岸防火炮可以提供火力，依然能对自己的舰队构成威胁。11 点 14 分，杜威率领美国舰队重新发起进攻。11 点 16 分，杜威舰队再次进入战斗位置，甲米地的岸防工事和"杜埃罗侯爵号"也对杜威舰队发动了攻击。然而，排水量仅 1 160 吨的"杜埃罗侯爵号"已经很难抵挡住杜威舰队的进攻，很快就被击沉，桑利点上的炮台也很快被美军摧毁。杜威发现，蒙托霍舰队的一艘运输船"棉兰老岛号"（Isla de Mindanao）搁浅在了巴科奥尔（Bacoor）海滩上，于是命令"康科德号"靠近"棉兰老岛号"并将其击毁，后者所运输的各种物资全部损毁。同时，由于"海燕号"在舰队中

[①] Nathan Sargent, *Admiral Dewey and the Manila Campaign*, Washington D. C.: Naval Historical Foundation, 1947, pp. 37-39.

吃水最浅，杜威命令它进入甲米地港，摧毁躲避在港内浅水区的剩余舰只。

在杜威发布开火命令后的第七个小时，即 12 点 30 分，蒙托霍宣布投降，甲米地港内的政府大楼上升起白旗。"海燕号"停止了炮击，西班牙人的部分舰队还未被完全击毁。于是，"海燕号"的大副休斯（E. M. Hughes）上尉带领七名船员乘坐一艘救生艇接近并登上了西班牙人的舰船。此时，停在港内的"唐·胡安·德·奥地利号""古巴岛号""吕宋岛号""莱索将军号""杜埃罗侯爵号"和"埃尔·科雷奥号"等战舰上的船员都已经弃船而逃，休斯等人索性纵火焚毁。最终停泊在甲米地港内的西班牙亚洲分舰队仅剩下一艘武装运输船"马尼拉号"（Manila）幸免于难。"等到夜幕降临，燃烧战舰的大火将整个甲米地湾的海岸照得通明，'克里斯蒂娜女王号'和'卡斯蒂亚号'看起来就像一副骨头架子，火焰从骨架中蹿出，在白炽的高温火光中，映衬出被烧得黝黑的骨架。在摇曳的火光中，战后的甲米地呈现出一副超现实主义的景象——犹如地狱之门。不时，弹药库里所迸出的爆炸火光，恰如火山喷发，其爆炸后的残骸物被抛射到高空之中，整个场面完全展现出可怕的现代战争的恐怖场景。"①

整个西班牙舰队的抵抗此时已经彻底瓦解。随即，杜威率领"奥林匹亚号""巴尔的摩号"和"罗利号"停泊于马尼拉港外。跟随舰队一同前来的威廉姆斯离开"麦卡洛克号"，登上一艘英国军舰，委托舰长将他的一封书信递交给英国驻马尼拉领事罗森·沃克（Rawson Walker），后者自威廉姆斯从马尼拉撤出之后，就一直受他的委托，代为负责美国驻马尼拉领事馆的各项事宜。下午 2 点，这封

---

① A. B. Feuer, *America at War: The Philippines, 1898—1913*, London: Praeger Publishers, 2002, p. 19.

信交到沃克的手中，威廉姆斯在信中委托他将杜威下达的一则警告转呈给西班牙驻菲律宾的总督巴西利奥·奥古斯丁。杜威在给奥古斯丁的警告中提出，如果马尼拉城附近的防御工事向美国舰队开火的话，他将立刻炮击马尼拉城。此外，杜威要求，如果西班牙在帕西格河（Pasig River）部署有鱼雷艇的话，那么它们必须向美军投降，并允许杜威使用马尼拉通向香港的通信电缆。奥古斯丁很快予以答复，他向杜威保证，只要杜威不会部署美军舰队炮击城市，那么城防堡垒也不会向杜威舰队开火。关于鱼雷艇的问题，总督答复，就他所知，在帕西格河并没有部署鱼雷艇；即使有，出于荣誉，他也不会允许他们向美军投降。很快，马尼拉城附近的岸防阵地停止了对美国舰队的攻击。然而，关于杜威想使用马尼拉电缆的要求，总督却对此予以拒绝。作为报复，杜威第二天派遣"佐菲亚号"将马尼拉与香港的海底电缆打捞出来，并将其切断，马尼拉由此失去了与外界连接的唯一电缆。

至此，整个马尼拉湾内的西班牙舰队全军覆没："克里斯蒂娜女王号""卡斯蒂亚号""安东尼奥·德乌拉号"沉没；"唐·胡安·德·奥地利号""吕宋岛号""古巴岛号""棉兰老岛号"以及停泊在甲米地内的"莱索将军号"、"维拉斯科号"、"埃尔卡诺号"（El Cano）、"阿尔戈斯号"被美军所焚毁；"巴塞罗号"（Barcelo）、"飞速号"（Rapido）、"大力神号"（Hercules）等一些小型舰只被美军俘获。甲米地附近的岸防工事被美舰摧毁，甲米地港的军火库、机械厂的设施和弹药补给均被美军所得。在整场马尼拉湾海战中，不论是在蒙托霍看来，还是杜威手下的埃利考特（Ellicott）中尉在战后所进行的统计，均认为西班牙伤亡人数为381人。然而，蒙托霍手下的军官给出的数据显示，在马尼拉湾海战之前，西班牙舰队官兵人数大约是

1 134 人,伤亡人数占到了总人数的 1/3;① 而美军在这场战争中仅仅伤了七人(见表 5-5)。

表 5-5 西班牙各舰及岸防工事伤亡人数

名称	阵亡数	受伤人数	总人数
"克里斯蒂娜女王号"	130	90	220
"卡斯蒂亚号"	23	80	103
"古巴岛号"	0	2	2
"吕宋岛号"	0	6	6
"唐·胡安·德·奥地利号"	0	22	22
"安东尼奥·德乌拉号"	8	10	18
"杜埃罗侯爵号"	0	0	0
岸防部队	6	4	10
总计	167	214	381

资料来源:Herbert Wrigley Wilson, *The Downfall of Spain: Naval History of the Spanish-American War*, London:Sampson Low, Marston and Company, 1900, p. 141。

第四节 战争后续

1898 年 5 月 2 日,美国的一些媒体就简要报道了有关杜威在马尼拉湾获胜的消息,来自福蒙特州的参议员雷德菲尔德·普洛克,曾向麦金莱推荐杜威作为亚洲分舰队的司令,当他从报纸上获悉杜威获胜的消息之后,立刻向麦金莱写了一封信:"您必定还记得,正是在我诚挚的请求下,您指示朗,调派杜威准将作为亚洲分舰队司令。您现

---

① Herbert Wrigley Wilson, *The Downfall of Spain: Naval History of the Spanish-American War*, London:Sampson Low, Marston and Company, 1900, p. 141.

在应该发现您做出了多么明智的决定。如果他被赋予一定的政治责任的话,他将是明智的决策者,并能做出确保安全的决策。在这一方面,无人能出其右。因此我们会推举他(杜威)与您竞争总统职位,他应该有机会成为一名优秀的总统。"① 杜威获胜后,在最先寄给他的贺信中,有一封来自时任美国驻英国大使约翰·海伊,海伊在信中赞扬杜威进入马尼拉湾的行动"是充满智慧而又勇敢的"。②

然而,海军部并未从杜威处接获正式的消息,于是麦金莱不得不在一堆马尼拉和其他地方发回来的大量未经证实的情报中焦急地等待着。正是由于奥古斯丁拒绝杜威使用海底电缆以及杜威的报复行动,使得杜威只能派遣一名通信兵乘坐着"麦卡洛克号",将这一获胜消息经由香港发回美国。

> 马尼拉,1898 年 5 月 1 日
> 1898 年 5 月 5 日由"麦卡洛克号"送至香港后发出
> 海军部部长:
> 舰队于今早拂晓时分驶抵马尼拉,并立刻与敌舰接触交战。经过战斗,摧毁了西班牙舰船"克里斯蒂娜女王号"、"卡斯蒂亚号"、"安东尼奥·德乌拉号"、"唐·胡安·德·奥地利号"、"吕宋岛号"、"古巴岛号"、"莱索将军号"、"杜埃罗侯爵号"、"埃尔·科雷奥号"、"维拉斯科号"、运输舰"棉兰老岛号",以及甲米地的几处炮台。明天我们将摧毁甲米地的军火库。整个舰队并无受到重创,只有几名士兵受了轻伤。我请求海军部能迅速

---

① George Dewey, *Autobiography of George Dewey: Admiral of the United States Navy*, Columbia: Pantianos Classics, 1913, pp. 112-113.

② Nathan Sargent, *Admiral Dewey and the Manila Campaign*, Washington D. C.: Naval Historical Foundation, 1947, p. 229.

派遣快船从旧金山运送弹药来我处，目前联系我们的唯一方法是发电报给我们驻香港的领事馆，我会和领事馆保持联系。

杜威①

在收到杜威的有关马尼拉湾海战获胜的电报之后，1898年5月5日（美国时间为5月4日），朗复电给杜威："请允许我向你以及亚洲分舰队的所有官兵们致以最衷心的祝贺。总统高度评价了你们所取得的成果。我们将等待你们进一步的消息，以此来决定我们下一步将采取的行动，以及我们需要为你提供的补给。"② 而就在朗发出这封电报的前一天，即5月4日，杜威再次让自己的通信兵乘坐"麦卡洛克号"前往香港，并于5月5日由香港向美国海军部发出了第二封电报，更为详细地介绍了杜威在马尼拉湾的战果。在这封电报中，杜威虽然表现出对所获取战果的自豪，但是也在后半部分流露出担忧：他担心他将在马尼拉陷入与西班牙人长期对峙的局面，因此急切地向海军部询问弹药和物资补给。

> 1898年5月5日，由"麦卡洛克号"送至香港后发出美国海军部：
>
> 我们已经占领了西班牙亚洲分舰队驻甲米地的海军基地，并摧毁了甲米地周边的防御堡垒。我们已经摧毁了马尼拉湾海峡峡口的所有堡垒，将驻军就地解散，送回马尼拉。我们已切断马尼拉通向大陆的海底电缆。我们已经控制了马尼拉的运输舰船和一

---

① Nathan Sargent, *Admiral Dewey and the Manila Campaign*, Washington D.C.: Naval Historical Foundation, 1947, p. 44.

② Nathan Sargent, *Admiral Dewey and the Manila Campaign*, Washington D.C.: Naval Historical Foundation, 1947, p. 45.

些小的拖船。我们已经把所缴获的西班牙海军的信号手册副本通过挂号信件的方式寄回国内。我们整个舰队目前身体状况和精神都保持极好的状态。西班牙的损失虽然还无法统计，但是应该很大，仅仅"克里斯蒂娜女王号"就阵亡150人，我们目前所救治的西班牙伤员就达到250人。我们的弹药是否已经送来？我需要得到立即答复。我需要能维持舰队在较长时期驻防所需要的燃煤和食物供应。在马尼拉，我们获得了令人惊喜的胜利。但是供应短缺的危机有可能即将全面爆发，那样将有利于西班牙在马尼拉的定居者们。

杜威[1]

当美国媒体报道了杜威在马尼拉取得的胜利时，美国一时陷入欣喜之中。麦金莱总统立刻将杜威擢升为少将，并以全体美国人的名义给杜威发出了一封满是赞誉之辞的电报。国会认为杜威的这场胜利让美国西海岸自此安全无虞，也不用再担心受到两支西班牙主力舰队会合而对美国沿岸各大城市进行袭扰，因此也通过了表彰杜威及其全体舰员的决议案。

这场海战的胜利赢得了美国人对美国海军的信心。马尼拉湾海战令美国消除了对西班牙舰队将会在古巴海域集中的担忧：战争爆发之初，美国沿海城市的居民深陷于恐惧之中，他们担心西班牙人的亚洲分舰队将会与本土舰队会合，进而封锁美国海岸，对沿海城市进行轰炸。在马汉海洋战略占主导的时代，杜威在马尼拉湾的胜利意味着胜利的天平开始向美国倾斜，使美国对即将开始的在古巴地区的作战有

---

[1] Nathan Sargent, *Admiral Dewey and the Manila Campaign*, Washington D. C.: Naval Historical Foundation, 1947, p. 44.

了更大的信心。内森·萨金特（Nathan Sargent）在其著作中认为："杜威没有充分意识到他的胜利对国家的重要性，也没有意识到它多大程度上提升了这个国家的士气，几个月之后，他才明白这场海战彻底地消解了欧洲大陆上长期以来对我国海军的诽谤，也有效地平息了欧洲国家之间关于干预的争议。但更为重要的是，他给国内带来了道德效应，其他人以之为效仿的典范……杜威获胜之前，美国海军还不为它的人民所知，自从30多年前的内战结束之后，它一直处于被忽略的状态，国会或多或少对它的福利抱以漠视态度。虽然由于海军军官团的认真努力，使得几艘现代化的舰只建造了起来，但是海军人事却完全被忽视，军衔的升职也处于停滞状态。英德两国由30多岁年轻人所承担的职责，在我国，却由一群年过半百、头发花白的中尉军官来履行。"[①] 杜威的这场胜利让美国海军获得了国内民众的关注。

5月11日，"麦卡洛克号"自香港返回马尼拉时，带回了由国内发来的两封电报。这两封电报均由朗在5月7日发出，其内容主要是对杜威进行褒奖。在第一封电报中，朗告知杜威，他被正式任命为美国海军亚洲分舰队司令，并被授予少将军衔。朗在电报末尾着重强调，杜威"即刻可悬挂少将将旗"[②]。在第二封电报中，朗不仅强调了麦金莱总统对杜威的褒奖，也答复了杜威所关心的补给问题。"总统先生以全体美国人的名义，对你和你属下舰员们表示感谢，感谢你们的光荣行为和所获得的全胜。为了表彰你所获得的成就，他特擢升你为少将军衔。另外，总统向国会提交议案，以国会的名义向你表示

[①] Nathan Sargent, *Admiral Dewey and the Manila Campaign*, Washington D.C.: Naval Historical Foundation, 1947, p. 46.

[②] Nathan Sargent, *Admiral Dewey and the Manila Campaign*, Washington D.C.: Naval Historical Foundation, 1947, p. 45.

感谢。一旦投票通过，国会的这封褒奖将有助于你的进一步擢升。满载军火的'查尔斯顿号'会即刻启程。太平洋邮政公司的"北京号"（City of Peking）邮轮也会携带军火和物资补给随即出发。如果你没有别的安排的话，我们也将会派出兵员来支援你。如果需要，你需要多少兵员为宜？"① 一周之后，朗又发出第三封电报，正式传达了美国总统麦金莱和国会对杜威的赞誉。"根据总统的提议，国会参众两院投票同意，特以美国国会和人民的名义，谨此向美国海军亚洲分舰队司令乔治·杜威准将致谢，感谢他于1898年5月1日，在菲律宾群岛的马尼拉湾中，与敌人英勇战斗并摧毁西班牙亚洲分舰队和岸防炮台时所体现出的卓越成就。国会和美国人民在此特向杜威准将及其麾下的所有官兵表示感谢，感谢他们在这一行动中所展现出的英勇精神和专业水准。5月10日，麦金莱总统已经批准国会的这项决议，你已被授予少将军衔。海军部非常荣幸能将此消息告知于你，你也可以将此消息传达给你麾下的各级军官。"② 5月12日，杜威在回电中不仅表达了对罗斯福提拔自己的感激，也向海军部举荐其麾下的多名军官，包括副官兰伯顿、"波士顿号"舰长维尔德斯、"罗利号"舰长科格仑、"奥林匹亚号"舰长格里德利、"巴尔的摩号"舰长戴尔、"康科德号"舰长沃克和"海燕号"舰长伍德。

西班牙方面，在杜威切断海底电缆的前一天晚上，奥古斯丁也向西班牙国内发出了一份汇报战况的电报："昨晚，4月30日，驻守马尼拉海峡的炮塔通报说发现敌舰队，敌人利用夜晚可见率差的条件，强行驶入海峡。拂晓时分，敌人开始摆出作战阵型，向甲米

---

① Nathan Sargent, *Admiral Dewey and the Manila Campaign*, Washington D. C.: Naval Historical Foundation, 1947, p. 45.

② Nathan Sargent, *Admiral Dewey and the Manila Campaign*, Washington D. C.: Naval Historical Foundation, 1947, p. 45.

地炮塔和当地兵工厂进行激烈的炮击。我方舰队在甲米地和马尼拉的岸防炮火的掩护下,以出色的战斗进行迎击,使敌军遭受了重大损失,以致后者不断地采用各种欺诈战术来对抗我军。9时许,敌舰队躲于停泊在海湾东侧的其他国家的舰船之后,以此为伪装而向我军发起攻击。由于敌军军力要优于我军,因此我军遭受了重大损失。'克里斯蒂娜女王号'人员伤亡较大,舰长卡达索上校以身殉国。目前我还未得到更多的消息。我陆海军士兵及志愿兵们在战斗中表现得极为优异。"[1]在这封电报中,奥古斯丁虽然承认自己所遭受的损失,但是为了免于责罚,虚报了战绩,暗指美国舰队也因此遭受了重大损失。

第五节　胜负原因探究

历史学家波特(E. B. Potter)指出,在马尼拉湾海战中,"受过正规射击训练的美舰至少命中了170发,而缺乏射击实践的西班牙水兵仅仅命中了15发。美国人的胜利不仅靠实力上占优势,而且也是他们准备充分的结果。杜威说,'马尼拉战役是在香港码头打赢的'。他还应该加上一句,那就是,这是个审时度势的胜利。如果他没有及时发现和打败蒙托霍的舰队,那么,他的供给就难以为继了"[2]。对于这场胜利,杜威"奉献了自己所有的时间和精力,事无巨细地做

---

[1] Nathan Sargent, *Admiral Dewey and the Manila Campaign*, Washington D. C.: Naval Historical Foundation, 1947, pp. 44–45.

[2] 〔美〕E. B. 波特主编:《世界海军史》,李杰、杜宏奇等译,解放军出版社1992年版,第348页。

好了各项准备"①。

在一次采访中,杜威详细提及了自己舰队与西班牙舰队决战时所拥有的几个优势:首先,美国船坚炮利。例如,"尽管'奥林匹亚号'被击中十三次,有八次被命中船体,但是却没有受到任何损害",鱼雷所起的作用则更为有限。相反,美国的火炮则对西班牙的舰船造成了巨大的伤害。其次,即使西班牙舰队与岸防火炮配合在一起,从数量上可以抵消美舰的炮火优势,然而美国更为优良的火炮射击训练则大大提高了命中率;再次,美国军官的受教育程度更高,素质更好;最后,美国对前期侦察工作更为看重。②

然而,杜威舰队所获得的胜利并不能掩盖一个事实,那就是美国海军针对这场战争的准备并不充分。尽管经过杜威几个月的准备,美国舰队的战斗力有了很大程度的提高,但是这支舰队原本并不承担作战任务,在后勤和情报上都没有为这场战争做好准备。例如,进入马尼拉湾后,由于"南山号"和"佐菲亚号"只是临时购买的商船,其航速远远比不上军舰,为了确保这两艘后勤船不掉队,整个舰队将速度降低到了八节,然而两艘补给舰,甚至作战舰只"海燕号"由于吨位较小,只能吃力地在海浪中随行;为了缓解弹药紧张的状况,杜威只能避开西班牙军队的岸防工事,寻求同蒙托霍舰队的决战;甚至在对甲米地的蒙托霍舰队发动攻击时,杜威才发现舰队所使用的海

---

① Adelbert Miltron Dewey, *The Life and Letters of Admiral Dewey: From Montpelier to Manila, Containing Reproductions in Fac-Simile of Hitherto Unpublished Letters of George Dewey during the Admiral's Naval Career and Extracts from His Log-Book*, London: Hardpress Publishing, 1899, p. 255.

② Adelbert Miltron Dewey, *The Life and Letters of Admiral Dewey: From Montpelier to Manila, Containing Reproductions in Fac-Simile of Hitherto Unpublished Letters of George Dewey during the Admiral's Naval Career and Extracts from His Log-Book*, London: Hardpress Publishing, 1899, pp. 265-266.

图绘制错误,与实际地形并不完全一致。

杜威之所以能取得这场战争的胜利,是因为一方面,这是一场双方都未能准备充分的战争,谁的准备更不充分,谁的错误犯得更多,谁就更可能在战争中失败。另一方面,得益于杜威的大胆、自信和运气,以及他破釜沉舟、孤注一掷的勇气,因为"如果他在菲律宾失利,或者即使被迫撤退,他要从7 000海里以外处才能获得任何可能的援助,在这种情况下,舰只很可能被毁,人员将会减少;几乎可以肯定将不会有足够的弹药来保卫自己,而且肯定也不会有足够的燃煤使之回到己方的海域。最后,他还低估了西班牙可以用来与他作战的力量"①。

美国人赢得这场胜利,更大程度上是源自西班牙人所犯下的一个又一个错误。在分析西班牙人战败的原因时,美国人也承认,西班牙官兵在"最艰难、最不利的情况下所表现出来的英勇"值得赞誉,特别是"克里斯蒂娜女王号"舰长格里德利上校不顾自己生命而营救伤员的行为,更是赢得了对手的尊重。"西班牙人打得很好,但他们须打得更好才行。卡彭特军医满意已取得的胜利,在结束他对战斗的叙述时,简要地分析了敌人的力量和弱点:'为了公平起见,我必须说,西班牙人作战勇敢,但他们不能井井有条地射击。'"② 然而美舰一开始的射击其实非常糟糕,士兵们也是随着战争的进行才越打越好。③ 造成西班牙失败的最大问题是,当战争迫在眉睫时,虽然西班牙人早已获得了美国即将袭击马尼拉的情报,但是政府由于惰怠,

---

① 〔美〕斯蒂芬·豪沃思:《驶向阳光灿烂的大海:美国海军史(1775—1991)》,王启明译,世界知识出版社1997年版,第299页。
② 〔美〕斯蒂芬·豪沃思:《驶向阳光灿烂的大海:美国海军史(1775—1991)》,王启明译,世界知识出版社1997年版,第307页。
③ Nathan Sargent, *Admiral Dewey and the Manila Campaign*, Washington D. C.: Naval Historical Foundation, 1947, p. 38.

没有利用海战爆发前的三个月来充分做好战争准备，也没有利用其地理条件来有效地改进其防御手段，而这既是西班牙长期的国民性格所致，更是西班牙当时的政府混乱和财力急剧衰退所造成的。战后，蒙托霍在递交给国内的报告中也分析了此次海战失败的原因："组成我的小舰队的舰只缺乏战斗力；缺乏各类人员，尤其是主炮手和普通炮手；有些专业机械师不称职；射速炮极少；敌人官兵有熟练的技术；我们大部分舰只缺乏装甲防护。"①

这种错误不仅仅表现为平时训练得不够，西班牙人在战争进行过程中所做出的错误决断更是让西班牙舰队走向了失败。首先，放弃苏比克湾的防御是致命的。作为一处极具战略地位的据点，它使得任何来犯马尼拉湾的敌人都不得不需要分兵两处作战，不然其后勤运输或者通信航线都将面临进出苏比克湾的西班牙舰队的威胁。西班牙人并非不知道这块地方的战略重要性，他们曾经在苏比克湾的奥隆阿波（Olongapo）港口开辟出了一块海军基地，然而很多军官认为这里距离马尼拉城太远，他们并不愿意放弃在马尼拉城奢华、安逸的生活，因此拒绝将舰队驻守于此地。

不仅如此，原本狭窄的马尼拉湾入口可以给杜威舰队造成极大威胁，"尽管西班牙人完全清楚杜威就在附近，也必然会驶进马尼拉湾，然而海湾入口处的安全措施的松散程度却如此地出人意料"②。因此，杜威可以趁着夜色，毫发无伤地驶入马尼拉湾，使得西班牙人失去了最后一道地理屏障。战后，据驻守在埃尔弗赖莱岛的西班牙军官交代，当夜很多西班牙士兵乘船渡过马尼拉湾，在蓬塔拉西登陆后，前

---

① 〔美〕斯蒂芬·豪沃思：《驶向阳光灿烂的大海：美国海军史（1775—1991）》，王启明译，世界知识出版社1997年版，第307页。
② James M. McCaffrey, *Inside the Spanish-American War: A History Based on Frist-Person Accounts*, *Jefferson*, North Carolina: McFarland & Company, Inc., 2009, p. 13.

往马尼拉城寻欢作乐,因此当美军进入马尼拉湾时,他们根本无法返回岸防工事作战。科雷希多岛上的一位目击者也向杜威坦言,美军舰队驶入马尼拉湾时,西班牙人并非全然不知,但是让人费解的是,指挥官却没有发出开火的命令。杜威推断,这大概是由于驻守在科雷希多岛和卡瓦略岛的西班牙岸防部队预测,美国舰队在既没有领航员,又对海峡的水文状况不熟悉的情况下,不会做出如此鲁莽的选择,即选在午夜时分盲目驶入漆黑一片的峡口之中,因此西班牙岸防部队没有做好任何的战争准备。

赫伯特·里格利·威尔逊(Hebert Wrigley Wilson)认为,蒙托霍的西班牙舰队在三个关键环节上没有把握住改变战争胜负结果的机会:首先,西班牙人如果将舰队安置在马尼拉湾的入海口,则能够有效地对进入海峡的杜威舰队实施炮击——虽然蒙托霍曾经提议过如此布防舰队,却遭到了菲律宾总督的拒绝;其次,虽然西班牙舰队在火力上处于下风,鱼雷的可靠性不高,但是在特定海域采用撞击战术,也能对杜威舰队构成较大的威胁;最后,西班牙舰队如果锚定在马尼拉城的岸防工事下方,则能够依托岸防工事来吸引杜威舰队的火力。①

除此之外,蒙托霍个人在这场战争中所犯的错误也是显而易见的。正是他做出了轻易放弃苏比克湾的防守的决定,使得杜威能够将自己有限的舰只进行集中,利用其火力的优势来对付西班牙人。更为致命的是,杜威舰队的行动并非不为西班牙人所知晓,杜威一抵进菲律宾就被西班牙人监视了起来。蒙托霍至少收到了三次有关美国舰队动向的情报,却都未引起他的足够重视:4月30日上午和下午,他分别收到了来自从博利瑙海岬和苏比克湾传来的情报;5月1日凌晨

---

① Herbert Wrigley Wilson, *The Downfall of Spain: Naval History of the Spanish-American War*, London: Sampson Low, Marston and Company, 1900, p. 131.

2点,他再次收到了来自甲米地的报告,说杜威舰队已经穿过了马尼拉湾口。然而,蒙托霍依然选择离舰登岸,前往五英里外的马尼拉城参加其妻子举办的招待会,随他同行的还有舰队中的一些高级将领。他们在岸上度过了整整一夜,直到海战爆发以后,才在5月1日清晨回到了自己的战斗岗位上。这种局面使得杜威舰队在穿越海峡的时候,没有受到任何岸防工事的攻击,而西班牙人众多的小吨位战舰原本可以利用海峡的狭窄而对美国舰队采取袭扰战术。在这场战争中,蒙托霍的腿受伤,他的两个儿子也都参与了马尼拉湾海战,其中一个在战斗中负伤。退回到马尼拉城后,蒙托霍依然承担了指挥官的职务,直到城内的西班牙军队投降。1898年9月,西班牙正式颁布法令,解除了蒙托霍的职务。11月,回到西班牙的蒙托霍遭到囚禁,随后被送上军事法庭。尽管法庭认为,亚洲分舰队的覆没并不完全是他的责任,但是他依然被勒令退役。有趣的是,杜威成为蒙托霍所求助的为其辩护的对象之一。他给杜威写了一封措辞谦卑的信。在这封书信中,蒙托霍为自己在马尼拉湾的失败寻找了三条开脱理由:第一,苏比克湾本身并无岸防设施的保护;第二,舰队之所以并未驻守在苏比克湾,是因为考虑到美国舰队相比西班牙舰队的实力更为强大,因此镇守在水位较浅的甲米地湾有助于降低西班牙士兵的伤亡率;第三,马尼拉湾入口的防御不充分,并不是缺少勇气,而是由于舰船战力低下,幸运女神没有眷顾到西班牙人。基于此,蒙托霍希望杜威能为他在西班牙法庭上作证,证明失败的责任并不在于自己。杜威在回复中证实了蒙托霍所列举的三项理由,并称赞了蒙托霍在马尼拉湾海战中的英勇行为和表现出的骑士风度。① 在法庭上,蒙托霍用

---

① George Dewey, *Autobiography of George Dewey: Admiral of the United States Navy*, Columbia: Pantianos Classics, 1913, pp. 152-154.

第五章 马尼拉湾海战

杜威写给自己的这封信件为自己辩护，使其免于处罚。

就杜威个人而言，他的成功缘于他被压抑多年后而藏于心中的抱负。长时间以来得不到提拔和重用的杜威，依靠同西奥多·罗斯福等人的私交而当上了亚洲分舰队的司令，这一任命也受到了海军部部长朗的冷嘲热讽。为了证明自己，杜威极度渴望着这场胜利。在到任之前，他就对东亚和菲律宾局势做了初步研究；在横滨和香港，他积极地为可能发生的战争做着准备，一方面通过非官方渠道获得大量有关于菲律宾的情报，另一方面在弹药、人员和后勤物资上积极地做着各种准备。在缺少专业情报渠道的前提下，他尽可能地搜集各种信息，即使是有关西班牙人战备的谣言，也对之做出了详尽的分析，并以此得出作战方案。"杜威的成功取决于他对局势的大量的初期研判，取决于他的远见卓识和在香港时的精心准备，取决于他与麾下舰长们进行磋商时所体现出的睿智以及对每一个可能偶发事件的精心推演，取决于他对有关西班牙人各种准备谣言的分析，取决于他即使是在自己最不被看好的一个小时内，也能出其不意地出现在对手未曾预料到的地点。"[①] 英国海军史专家威尔逊高度赞扬了杜威率领舰队进入马尼拉湾时所展现出的沉着和英勇，认为"杜威准将对于各种警告选择了忽视，他依靠对西班牙人的战斗价值及其军事设备效率的正确估量，然后就像此处没有任何地雷和岸防设施一样勇敢地驶入海峡，整个过程所表现出的镇定自若恰是他真正的与众不同之处"[②]。

总之，美西双方都是在准备并不充分的情况下开始这场战争。相比较而言，杜威为了个人抱负，以一己之力将这支舰队在短时间内

[①] Nathan Sargent, *Admiral Dewey and the Manila Campaign*, Washington D. C.: Naval Historical Foundation, 1947, p. 48.

[②] Herbert Wrigley Wilson, *The Downfall of Spain: Naval History of the Spanish-American War*, London: Sampson Low, Marston and Company, 1900, p. 125.

提升到较好的状态之中,而这些举动得到了朗和海军部的大力支持。美西双方的军事行动几乎都是透明的:从现有资料可以看到,杜威借助非军事人员所搜集到的情报,使得他大致能够掌握西班牙人的相关军事行动;有关蒙托霍所获情报的资料有限,但是从仅有资料和蒙托霍的军事行动来看,他对杜威舰队的动向也大致清楚。双方的军事行动几乎没有秘密可言。他们各自都从纷杂的情报中进行了选择,也各自忽视了一些警告。在此情况下,杜威依仗着自己的经验和勇气采取行动,而蒙托霍等西班牙将领们则选择从苏比克湾退守,这部分由于贪恋舒适的生活和对马尼拉湾入海口地形的过于依赖。

对于苏比克湾,西班牙人并非全然不清楚它的战略意义。早在美西战争爆发以前,西班牙人就在苏比克湾内的奥隆阿波港口开辟出了一块规模不大的海军基地。很多西班牙军官也都在不同时期提交过报告,强调苏比克湾之于马尼拉城防御的重要战略价值,甚至认为苏比克湾应该取代甲米地作为西班牙的亚洲分舰队基地。然而,这些提议却遭到了一些海军将领的强烈反对,他们已经安逸于马尼拉城的奢华生活,将海军基地设置在甲米地,使他们可以随意地往来于军事基地和马尼拉城之间。[①] 而对于美国人来说,很大程度上这是一场破釜沉舟的战争,一旦失败,在东亚毫无据点的美国舰队将会面对各国纷纷采取中立政策的棘手情况——美国舰队只有在一些友好的港口获得基本的补给之后,才能驶回国内。因此,杜威的获胜不仅仅在于军事技术的先进,相对于西班牙,其官兵的训练更为充分,士气也更为高昂。同时,在面对特定局势时,杜威和美国海军部做出决策更为迅捷,应对措施也更为得体。在这场比谁犯错更少的战争中,美国人轻

---

① George Dewey, *Autobiography of George Dewey: Admiral of the United States Navy*, Columbia: Pantianos Classics, 1913, p. 100.

松地赢得了马尼拉湾海战的胜利。

美西战争爆发之前,西班牙在菲律宾的驻军人数达到5万多,其中有一半是菲律宾当地人。在与美国人的这场战争中,西班牙有3 200人阵亡,这一阵亡率与同时期欧洲国家在热带地区所发动战争的平均伤亡率基本上是相符的。① 因此,西班牙并没有因为马尼拉湾海战的失败而元气大伤,驻守在马尼拉城附近的西班牙陆、海军人数仍有数万。战争结束以后,一些西班牙军官总结西班牙战败的原因之一是"缺乏进攻精神以及一些指挥官对自己的防御实力过度自信"②。这场战争很大程度上改变了西班牙人对于工业时代军事职业精神的看法,西班牙人布尔盖特(Burguete)在《病态国家:防御性生存》(*Morbo nacional. Vida defensiva*)一书中,将好战精神与商业创新精神进行比较,他认为对海外市场的征服已经成为一个国家发展的"生理需要",由此谴责西班牙经济中所奉行的"防御性"保护主义,认为这只会导致在战争中的失败与毁灭。③

美西一俟宣战,杜威率领舰队径直向菲律宾开来。对于杜威来说,这场战争既是一次难得的成就自己的机会,也是破釜沉舟的一战。经过三个月的准备,杜威舰队的战斗力已经强于蒙托霍的舰队,但并不能因此认为前者已经完全做好了战争准备:在后勤补给和情报上,美军的准备不足是显而易见的。但是在杜威看来,仅仅完成罗斯福一开始交给他的基本任务——"牵制住西班牙舰队",是远远不够

---

① José Vicente Herrero Pérez, *The Spanish Military and Warfare from 1899 to the Civil War: The Uncertain Path to Victory*, New York: Palgrave Macmillan, 2017, p. 4.
② José Vicente Herrero Pérez, *The Spanish Military and Warfare from 1899 to the Civil War: The Uncertain Path to Victory*, New York: Palgrave Macmillan, 2017, p. 73.
③ José Vicente Herrero Pérez, *The Spanish Military and Warfare from 1899 to the Civil War: The Uncertain Path to Victory*, New York: Palgrave Macmillan, 2017, p. 112.

的，这既不能实现他所渴望的荣誉和抱负，更不能缓解自香港出发之后越来越强烈的不安全感。有限的后勤供给和英日等中立国的态度，使杜威在消耗完弹药和后勤供应后，就只能退回到7 000公里外的美国本土。然而鉴于杜威舰队有限的燃煤储备，再加上还要面对西班牙人的追击，安全返回美国几乎是难以完成的任务。

幸运的是，不仅仅由于西班牙人相比于美国人来说，其战争准备得更为糟糕，而且西班牙人在战争中所犯下的一个个错误，使得杜威以最令他满意的形式开始了美西之间的马尼拉湾海战，以只有7人受伤的微小代价将驻守在菲律宾甲米地港内的西班牙亚洲分舰队予以全歼。

当这场意料之外的胜利传回国内时，美国人民陷入一片欣喜之中。战争的胜利大大增强了美国在即将开始的加勒比海战争中的信心。然而，对于杜威及其亚洲分舰队来说，这场胜利虽然解决了燃煤、弹药等后勤供应以及锚地等棘手问题，也成就了杜威对荣耀的追求，但是并没有因此缓解杜威对安全的担忧。菲律宾国内的形势变化以及各个列强的态度，使杜威及其麾下的亚洲分舰队面临着更为复杂的局面。此后，杜威在马尼拉的行动主要就是为了确保自己的安全，影响其行动的因素已经由对荣耀的追求变成了对安全的追求。对美国来说，杜威的这场胜利也让政府和社会开始关注菲律宾这个遥远的国家。美国公众和媒体舆论为了这场胜利而欢欣鼓舞、热情高涨，相较而言，美国政府和商业团体、宗教团体则还没有表现出太大的热情：他们对于这场突如其来的胜利还未做好准备，仍需要审慎地评估这份胜利给美国所带来的利益与风险。美国政府首先要做的就是尽快响应杜威的请求，派遣援军确保杜威舰队的安全，这项行动是先于利益而发生的，呈现出"应急式"的特点。

第六章
马尼拉湾海战结束后的局势

马尼拉湾海战结束以后，尽管杜威赢得了胜利，但此时摆在他面前的依然是如何才能保障舰队安全，其麾下有限的海军陆战队只能确保对海湾的封锁。在兵力有限的条件下，杜威面对着马尼拉城附近的五万西班牙陆军与岸防工事、菲律宾共和国不断壮大的军队以及马尼拉湾内其他列强的军舰等挑战。封锁不仅没有给杜威带来安全，反而让他面临更大压力。在这种形势下，海战的胜利并不能确保舰队的安全，于是杜威向国内寻求帮助，请美国立即向菲律宾派出远征军，确保马尼拉城周边的岸防工事和甲米地半岛掌握在美军手中。杜威期望陆地上的军事行动能确保其舰队的安全。

第一节　不堪重负的马尼拉封锁行动

西班牙亚洲分舰队被歼灭后，美军拆毁了甲米地和海峡入口的岸防工事，占领了甲米地的兵工厂、设备工厂，不过没有继续进攻马尼拉城。这一方面是因为杜威所信奉的马汉海军战略思想强调，海军的力量来自它的机动性，不主张海军参与到某一战略据点的攻防中去；另一方面杜威力量有限的海军陆战队根本不足以发动对马尼拉城的攻击。如果杜威舰队同马尼拉城附近防御工事发生交火，岸防火炮居高临下的地理优势将会对游弋在马尼拉湾内的杜威舰队造成威胁。考虑到这一点杜威的亚洲分舰队并未发起对马尼拉城的炮击，而是开始构建对马尼拉湾的封锁。

早在马尼拉湾海战之前，麦金莱总统就发表了关于封锁和中立的命令，并通过电报告知杜威。

华盛顿，1898年4月26日

杜威：

以下是由美国总统宣布的相关内容：

根据美国国会于1898年4月26日所颁布的法案，美西两国实际上自公元1898年4月21日起已处于战争状态。战争应该符合各国所公认的规则，而这些规则在近几次的实践中都予以践行。美国政府即将宣布，美国宣战并不是为了寻求掠夺，它将遵守《巴黎宣言》所指定的相关规则：

因此，我，威廉·麦金莱，作为美利坚合众国的总统，根据宪法和法律赋予我的权力，现在做以下声明：

1. 中立条款可适用于敌国的货物，但战争违禁品除外。
2. 悬挂着敌国旗帜的中立国货物，不会遭到没收，但战争违禁品除外。
3. 封锁必须有效，才能确保其约束力。
4. 1898年5月31日之前（含31日），允许西班牙籍商船在美国境内的任何港口或地方装载货物和离开，如果该商船在海上遇到任何美国船只，在出示其证件时，如果认为其货物是在上述期限届满之前被装载上船的，则应获准继续其航程，但本条所载内容不适用于载有敌方陆军或海军军官的西班牙船只。

5. 任何西班牙商船,如在1898年4月21日之前从任何外国港口或美国某一处地方启航,应获准进入该港口并卸下货物,然后立即离开而不受骚扰;如遇此类船只,应获准继续其航程,前往任何未被封锁的港口。

6. 搜查权是需要严格保障中立国的权利,邮轮的自由航行不受干扰,除非有最明确的理由怀疑违反了关于违禁品或封锁的法律。

我在此签名,并加盖上美利坚合众国的印玺,以此为证。

1898年4月26日　美国独立第122年,华盛顿

威廉·麦金莱

美国国务卿约翰·谢尔曼受总统之命,代为传送。①

在取得了马尼拉湾海战的胜利后,杜威决定对马尼拉湾实施严密的封锁,并对那些穿越封锁线而往来于马尼拉的船只进行登船检查。马尼拉湾海战的当天晚上,杜威调遣"波士顿号"和"康科德号"停泊在甲米地来保持警戒,其他舰船则停泊于马尼拉城附近的海面上。整个夜晚,杜威舰队小心翼翼地提防着西班牙人的报复行动,但没有发现西班牙人攻击舰队的迹象。只是午夜时分,一名西班牙官员在得到总督奥古斯丁授权后,乘坐蒸汽船前往科雷希多岛,去通知岛上岸防工事的指挥官不得向美舰开火。当这位官员路经美国舰队的封锁线时,被美军所捕获,其后让他完成了自己的使命;但等到他返程

---

① Adelbert M. Dewey, *The Life and Letters of Admiral Dewey: From Montpelier to Manila, Containing Reproductions in Fac-Simile of Hitherto Unpublished Letters of George Dewey during the Admiral's Naval Career and Extracts from His Log-Book*, London: Hardpress Publishing, 1899, p. 207.

时，美军再次将这位官员给扣留下来。1898年5月2日，在这位西班牙官员的带领下，"巴尔的摩号"和"罗利号"驶抵博卡格兰德海峡和博卡奇卡海峡，要求海峡的各岸防工事解除武装，向美军投降。各岸防工事的西班牙驻军遵照了这一命令。美军接管了各工事之后，允许这些西班牙军人返回马尼拉。5月3日，"波士顿号"和"康科德号"再次来到博卡格兰德海峡和博卡奇卡海峡，对各岸防工事进行巡视，并拆毁了所有的火炮和弹药。

更大的一场威胁还是来自杜威舰队的锚地——甲米地港。5月2日，美军发现甲米地的兵工厂上方再次升起了一面西班牙国旗，于是杜威副官兰伯顿乘坐"海燕号"在甲米地登陆，才知这一地区的西班牙士兵再次被武装起来。西班牙指挥官索斯托亚（Sostoa）上尉答复兰伯顿，昨日升起的白旗只是暂时休战的象征，并不表示他们向美军投降；如果要他投降的话，那么他需要得到马德里政府或马尼拉殖民政府的授权。兰伯顿对此的答复是，他说的这两种做法都不可能得到满足，只有所有的人员都无条件投降之后，其要求才会被考虑；如果中午之前，此处没有升起白旗，美军就会开火。随后，兰伯顿返回到了"海燕号"。11点35分，甲米地上方再次飘起了白旗，所有的西班牙官兵从甲米地撤出。

中午，杜威邀请英国驻菲律宾的沃克领事登上"奥林匹亚号"共进午餐。在等待沃克期间，杜威突然接到消息，称马尼拉城附近的岸防工事正在重新部署人员。随后，杜威一方面安抚领事，表示他并不畏惧西班牙的岸防工事会进行炮击，因此坚持照常进行与沃克的午餐会；但另一方面命令整个舰队进入战备状态。稍晚时分，为了确保舰队的安全，杜威命令舰队起锚驶入甲米地的军港，停泊于甲米地兵工厂周围，并使该地成为舰队的永久停泊地，而这一部署就一直持续到 8 月。甲米地的警备任务交给了"海燕号"舰长伍德中校来负责。甲米地军火库、各种机械设备被用于维修美军战舰，确保战舰处于良好的状态之中。另外，包括医疗兵在内的后勤保障人员登陆后，埋葬了西班牙的死者，简单处理了留在岸上的伤员。其后，兰伯顿负责将所有西班牙伤员转移到一艘从西班牙人手中缴获的轮船上，船上悬挂红十字会旗帜，并行驶到马尼拉港，将所有伤员交给西班牙当局。

为了确保封锁政策的顺利实施，停泊在马尼拉港口的商船被要求离开这些区域，按照美军划定的区域锚地。美军告知所有的商船，美军已经在马尼拉港口外围建立起严格的海上封锁线，所有靠近马尼拉港的商船都被要求立即离开。这种封锁使得马尼拉从 5 月 1 日一直到 8 月 13 日，与外界中断了联系。杜威舰队一直忙于对马尼拉的封锁，然而这种封锁依旧不能完全给美国舰队带来安全，舰队时刻担心着来自西班牙的报复行动。5 月 12 日，西班牙的小炮艇"卡亚俄号"（Callao）突然驶进美军的封锁线，"罗利号"立即将其截停，"奥林匹亚号"和"巴尔的摩号"则开炮予以配合。最终，"卡亚俄号"被迫停下来，拉下了西班牙国旗，并被美军所控制。通过审问得知，"卡亚俄号"一直被派驻在其他的岛屿附近执行任务，并不知晓美西开战的消息，当该舰被美军开炮截停时，还一脸吃惊的舰长就已经被美军所俘虏。经过一番审问之后，"卡亚俄号"的舰长及其船员被释放，并被送到马尼拉，而"卡亚俄号"则被美军所用，交由塔潘（Tappan）中尉来指挥。同时，将从甲米地俘获的另一艘"马尼拉号"武装运输船交由弗雷德里克·辛格（Frederic Singer）少校指挥，使这些小艇能够补充到有限的美军封锁防线中。但是即使这样，负责封锁的美军舰队兵力依然有限，面临着很大的外部压力。

不久，再次发生了一起西班牙军舰试图穿越美军封锁防线的事件。西班牙人的"莱特岛号"(Leyte)炮舰在马尼拉湾海战中临阵脱逃,未被美舰所捕获。当晚,"莱特岛号"载着一些难民,试图摸黑儿出发,逃离到马尼拉城西北部的帕西格河上,以躲避美军的攻击。但是进入内河之后,它很快发现自己所装运的物资短缺,并且船上的人员担心一旦进入内地之后,将会受到菲律宾当地游击队的进攻。于是它掉头,打算重返马尼拉城。然而就在它穿越封锁线时,被美军所发现,"麦卡洛克号"对之展开追击,并将其捕获。

虽然西班牙和德国舰船穿越美军封锁线,都被美国舰船成功拦截,并被迫接受登临检查。但是这几次事件让杜威产生了担忧。就在杜威向国内发送感谢信的第二天,5月13日,他向海军部发送了另一封电报,而这封电报最终与其前一天向麦金莱总统举荐各舰舰长的电报同日从香港发出。在这封电报中,杜威除了再次感谢麦金莱的表彰外,也提出希望派遣陆军占领马尼拉,并表明自己舰队所面临的危险。

我方目前继续从海面上对马尼拉城实施封锁。菲律宾的叛军虽未从陆上向马尼拉发起主动进攻和展开军事行动,但据信,目前其业已形成了对马尼拉的包围。马尼拉城内已经出现了严重的物资短缺。我相信西班牙的总督府很快将向我方投降,我可以随时占领马尼拉。为了确保马尼拉在我方占领之下,进而控制整个菲律宾群岛,我估算,由"北京号"运来的士兵将有助于守卫甲米地港,从而减轻"奥林匹亚号"的防御压力,但仍宜派遣5 000名装备精良的士兵。所派士兵应有物资装备来适应此地极度炎热、潮湿的天气。西班牙目前兵力估计有1万人,而据情报,菲律宾叛军人数则有3万人。我建议由"查尔斯顿号"和

第六章 马尼拉湾海战结束后的局势

"北京号"运送一些军官和大约100名海员,特别是引擎维护人员,分配到"马尼拉号"和其他缴获的舰艇上工作。我用那些从西班牙人手中缴获到的武器来装备"马尼拉号",并将其交由辛格少校指挥。5月15日,一艘西班牙人的"卡亚俄号"炮舰试图突破我们的封锁而被捕获,我们将舰上的西班牙官兵予以释放。现在我已有大量的燃煤,并且能够在中国的港口购买到更多。我们将与香港保持更为频繁的联系。目前我们观测到有一艘英国军舰、一艘法国军舰、两艘德国军舰和一艘日本军舰驶入马尼拉湾。①

为了封锁的有效,杜威让"麦卡洛克号"也负责执行海面上的巡逻任务,而改由"佐菲亚号"来承担与香港的通信任务。由沃尔特·麦克莱恩(Walter McLean)中尉所指挥的"佐菲亚号"不仅要担负起往来于香港以传递杜威与美国国内来往电文的责任,也要负责从中国采购供给整个舰队的食物。美国舰队在马尼拉湾只能从当地人处采购到数量很少的水果和鸡蛋,这完全不够供给整个舰队的饮食。在香港停泊期间,为了不触及英国的中立政策,麦克莱恩中尉与中国的买办商人达成了交易。这些商人会趁着夜色,将一些肉制品和蔬菜运送到由中国官员所管理的港口区域,进而将这些食物连同煤炭装上"佐菲亚号"。剩下的"康科德号""卡亚俄号""马尼拉号"和"麦卡洛克号"主要负责马尼拉港口外围的巡查工作,确保对所有出入港口的船只进行登船检查。由于舰只数量有限,杜威除了征用"卡亚俄号""马尼拉号"和"莱特岛号"外,还另外征用了从西班牙人

---

① Nathan Sargent, *Admiral Dewey and the Manila Campaign*, Washington D.C.: Naval Historical Foundation, 1947, p. 53.

手中缴获的"巴塞罗号""拉皮多号""大力神号"等小型舰只,使其参与到对马尼拉湾的封锁行动之中。

在整个封锁期间,杜威舰队中的所有官兵都认为西班牙人不会善罢甘休,他们意识到自己依然还未真正获得安全,每个人都小心翼翼地警惕着任何可能的攻击性行为。① 5月20日,菲律宾的起义军中流传出一则消息,据说西班牙人当晚将会对甲米地发动攻击。杜威立即将"海燕号"和"卡亚俄号"派往相应地点以确保海军码头在美军的控制之下,其他船只也各自做好战斗准备。然而,当夜并无任何异常发生。6月中旬又有情报传出,说是西班牙人将会用鱼雷向美军舰队发动攻击,于是各舰立即做好战斗准备,"波士顿号""康科德号"和"卡亚俄号"迅速在马尼拉湾海面搜寻。但与之前一样,当夜也没有任何事情发生。

然而,并非每次都只是虚惊一场。当杜威舰队还在担忧西班牙人会发动鱼雷攻击时,一艘德国蒸汽轮船的突然造访就给美军制造了一场实实在在的危机。一天深夜,一艘德军的蒸汽轮船在从马尼拉湾驶出,向美军舰队驶来,美军探照灯很快发现了它的踪迹,但这艘德国军舰依然径直向"奥林匹克号"的方向行驶,直到美军向其开火才迫使它停下来。当这艘蒸汽轮船的舰长被带到杜威面前时,杜威对他说,如果未来德国军舰在日落之后突然造访,可能将会有"不幸的意外事件发生"。在这种压力之下,杜威及其属下官兵始终都保持着高度紧张。杜威常常夙夜难眠,在甲板上来回踱步,其参谋长和副官们也轮流值夜班以防突发事件。最终,在这种夜以继日的压力下,"奥林匹亚号"舰长格里德利上校累倒在其岗位上。杜威要求格里德

---

① Nathan Sargent, *Admiral Dewey and the Manila Campaign*, Washington D.C.: Naval Historical Foundation, 1947, pp. 55-56.

利必须回国养病，因而解除了其职务，改由兰伯顿担任旗舰舰长。随后，格里德利搭乘客轮"科普特号"（Coptic）返回国内。6月5日，当"科普特号"停靠在日本神户港时，格里德利最终还是因病情严重而去世，其遗体在神户火化，骨灰运回国。

第二节　等待援军

杜威所面临的威胁不仅仅来自海上。由于停泊在甲米地港内，杜威还需要面对来自马尼拉城附近的陆上攻击。虽然杜威摧毁了蒙托霍的舰队，可是西班牙在马尼拉城依然还有着较为庞大的陆上力量。在没有陆军的支援下，杜威对此无计可施。整个马尼拉城由帕西格河一分为二，河的南面坐落着圣地亚哥（Santiago）要塞，牢牢扼守着马尼拉城的南部防线——扎伯特防线（Zapote Line）。扎伯特防线位于马尼拉城以南1.5里处，这里也是西班牙驻守马尼拉城的主要防线。除此之外，在马尼拉城南部郊区马尼拉湾的附近，还有一座由石头与砂浆灌注而成的圣安东尼奥·德·阿巴德（San Antonio de Abad）要塞，其又被称为马拉塔（Malata）要塞。马拉塔要塞依仗自然天险而建，其前方是一道100英尺宽，且水深不一的河道，河道上只有一道石桥可以通过；除了这一条道路以外，其余地方是一片被灌木丛所掩盖着的沼泽之地。马拉塔要塞凭借着地形上的优势，与扎伯特防线相呼应，共同扼守着通往马尼拉城的道路。

美西战争爆发后，时任西班牙驻菲律宾总督的奥古斯丁预见到美国有可能会进攻菲律宾，因此加强了马拉塔要塞的火力配备。其整个要塞设有三门3.6英寸的铜制野炮、四门3.6英寸的铜制山炮和两门3.2英寸的钢制山炮，这既对海面上的杜威舰队造成了威胁，更使得杜威麾下少许的海军陆战队难以从海湾发起对马尼拉城的登陆作战。

在取得马尼拉湾海战的胜利之后，杜威认为必须占据马尼拉城才能确保自己舰队的物资补给和安全。然而此时并没有任何陆军策应支援，以帮助杜威完成这一任务。依据马汉的军事理论，海军绝对不能用作负责镇守海港的"要塞舰队"，以避免丧失其机动能力。因此，杜威只能把舰队停泊在马尼拉湾，等待由国内派遣陆军来占领这座城市。马尼拉湾海战一结束，杜威在汇报自己战果的同时，也向国内要求运来更多的弹药，并调派地面部队以实现对海湾的陆上占领，这样才能确保舰队的安全。1898年，5月16日，杜威终于收到了海军部发出的消息："查尔斯顿号"将带领数艘运输舰向菲律宾驶来，运输舰上将满载新近组建的美国陆军第八军部分官兵，他们的任务就是占领马尼拉城。

在杜威接获这条消息的12天前，即5月4日，麦金莱总统指示战争部发出征召令，将征募一支由常备军和志愿军共同组成的远征军。陆军少将纳尔逊·迈尔斯（Nelson A. Miles）向战争部部长拉塞尔·阿尔杰（Russell A. Alger）建议，将这支由正规军和志愿军混合而成的军队的总人数定为5 000人，兵种包括步兵、骑兵和炮兵，并将之编为美国陆军第八军。

5月12日，韦斯利·梅里特（Wesley Merritt）少将被任命为第八军司令，另一位同样参加过美国内战和印第安人战争的老将埃尔韦尔·奥蒂斯（Elwell S. Otis）为副司令。1836年出生的梅里特战功赫赫，曾参加过美国内战，曾作为美国两个黑人军团之一的第九骑兵团的中尉团长参与了平原印第安人战争。1876年，梅里特晋升为少校，成为第五骑兵团的团长，继续在美国西部与印第安人交战，先后参加了1876年的苏族战争（Great Sioux War）、1877—1878年的班诺克战争（Bannock War）和1879年的乌特战争（Ute War）。多年与"落后民族"的交战经验似乎让他能够担起远征菲律宾的使命。1882年，梅里特成为西点军校的主管（superintendent），并晋升为准将军衔。美西战争开始前，梅里特已经临近退休，并以少将身份成为陆军中军衔第二高的人物。

在获知自己担任司令之后，梅里特于5月13日写信给总统，提出应将其军队人数扩充到14 000人。① 国防部随后将这支远征军的兵力予以扩充，计划招募到20 000人，其中5 000人为正规军，15 000人为志愿兵。为了确保战斗力，梅里特认为应该增加第八军中的正规军比例，并希望分配给他的任务是保卫整个菲律宾群岛，进而能扩编第八军人数。但是迈尔斯认为，梅里特的任务仅仅局限于马尼拉城及其港口，从而拒绝了梅里特的要求。

第八军在旧金山集结，而此时梅里特依然身在华盛顿，于是整个集结就由奥蒂斯负责。这支紧急拼凑出来的军队在旧金山的金门公园接收了武器和装备，并被组织起来进行军事操练和演习。然而，这支即将被派往菲律宾的军队却对菲律宾一无所知，因此接下来的几个月，军事情报处将《菲律宾的军事纪要》（*Military Notes on the Philippines*）散发给这支部队，并且搜集包括百科全书在内的各种民间资料，交给这支部队进行阅读和学习。

第八军的远征将是美国陆军第一次如此远距离地跨水域作战，军队的运送也成为一大难题。由于古巴海域的作战被置于优先考虑地位，因此美国海军的绝大部分舰只都已经被调配到古巴海域。海军已经没有足够的运输船来负责运送第八军前往菲律宾，而陆军只能尽可

---

① James M. McCaffrey, *Inside the Spanish-American War: A History Based on Frist-Person Accounts*, *Jefferson*, North Carolina：McFarland & Company, Inc., 2009, p. 129.

能地租借商船。经过筹措,陆军最终租借到 14 艘商船,连同购买的两艘船只,共计 16 艘船只参与这次远征。① 由于船只数量的有限,整个第八军只能分成三批,在不同时间分别启程前往菲律宾。

负责担任掩护第一批远征军的军舰为"查尔斯顿号"。原本已于 1896 年 7 月 27 日退役的"查尔斯顿号",经过在干船坞半年多的整修之后,于 1898 年 5 月 5 日重新服役,由海军少校亨利·格拉斯(Henry Glass)担任舰长。满载着运送给杜威弹药的"查尔斯顿号"1898 年 5 月 18 日从旧金山出发,5 月 28 日到达火奴鲁鲁。6 月 4 日,"查尔斯顿号"护送着三艘运输舰"澳大利亚号"(Australia)、"北京号"和"悉尼号"(City of Sydney)自火奴鲁鲁出发,驶向菲律宾。三艘运输舰共载有美国官兵 2 500 余名,包括 115 名军官和 2 386 名士兵,由托马斯·安德森(Thomas Anderson)准将率领。除此之外,运输舰上还满载着可供杜威舰队使用的弹药。

除了运送弹药和护送运输舰之外,格拉斯还肩负着另一个任务,即当他们途经马里亚纳群岛时,应当拿获住所有驻扎在此的西班牙守军,并摧毁对方所有军事壁垒和战舰,从而确保自夏威夷至菲律宾之间的水路安全,以便能不受干扰地从国内向菲律宾岛运送更多的弹药和军事人员。6 月 20 日,舰队抵达关岛的首府阿加尼亚(Agana),发现关岛海域连一艘西班牙舰船都没有。原来,此时西班牙驻关岛总督胡安·玛丽娜(Juan Marina)自 4 月 14 日开始就再没有收到过来自西班牙国内的任何消息,这时候也浑然不知美国与西班牙业已开战的消息。面对美军的突然到来,整个阿加尼亚未采取任何防御措施,其外港的军事堡垒已经破损不堪,且无人驻守。格拉斯命令"查尔

---

① James M. McCaffrey, *Inside the Spanish-American War: A History Based on Frist-Person Accounts*, *Jefferson*, North Carolina: McFarland & Company, Inc., 2009, p. 130.

斯顿号"向那座无人驻守的军事堡垒发射几轮炮弹,以便测量舰炮的火力射程。即使听到了炮声,驻守在关岛的西班牙人依然没有意识到战争的来临,他们来到"查尔斯顿号"向美国人道歉,请求美国人原谅自己没有及时地举行仪式以欢迎美国舰队的到来。格拉斯则告知他们美西两国已经开战。经过一天的对峙,胡安·玛丽娜来到海滩向美国人宣布投降。① 在西班牙人未放一枪的情况下,关岛成为美国在太平洋海域所获得的第一块殖民地,格拉斯则成为美国驻关岛的首任总督。6月22日,舰队继续向马尼拉进发,格拉斯任命出生于西班牙巴塞罗那的美国籍公民弗朗西斯科·马丁内斯·波图沙(Francisco Martínez Portusach)为关岛继任总督,他也是在美军到达前关岛的唯一一名美国人。跟随舰队一同离开关岛的还有所有投降的西班牙人,包括五名军官、56名士兵和几名文职官员。6月28日,运输舰队到达吕宋岛东北海岸的恩加诺角(Cape Engano),与已在此地等待了十天的"巴尔的摩号"会合。经过一个多月的旅程,6月30日,第一批远征军分遣队与杜威的主力舰队会合。抵达菲律宾后,第一批远征军立刻在甲米地构筑兵营,而"查尔斯顿号"则参与了杜威对马尼拉城的封锁。

就在"查尔斯顿号"等舰船与杜威舰队会合的前两天,即6月28日,在"波士顿号"的掩护下,弗朗西斯·格林(Francis V. Greene)率领包括158名军官和3 404名士兵在内大约3 500人的第二批远征军分遣队,分乘着运输舰"中国号"(China)、"参议员号"(Senator)、"科隆号"(Colon)、"西兰岛号"(Zealandia),向菲

---

① Leslie W. Walker, "Guam's Seizer by the United States in 1898," *Pacific Historical Review*, Vol. 14, No. 1, 1945, pp. 1-12; Trask David F., *The War with Spain in 1898*, University of Nebraska Press, 1996; Herbert Wrigley Wilson, *The Downfall of Spain: Naval History of the Spanish-American War*, London: Sampson Low, Marston and Company, 1900.

律宾进发。第二批远征军于 7 月 17 日到达菲律宾。八天之后,第三批远征军抵达菲律宾,亚瑟·麦克阿瑟三世(Arthur MacArthur III)带来了 198 名军官和 4 642 名士兵。至此,三批远征军终于在马尼拉围城战打响之前,将共计 10 946 名官兵送达马尼拉附近。①

第三节 杜威与菲律宾起义军之间的关系

在马尼拉湾封锁期间,杜威所需要面对的另一个问题就是如何与菲律宾民族起义部队打交道,后者也构成了杜威舰队的另一个威胁。虽然起义军的领导人阿奎纳多正是乘坐着杜威为他安排的小船回到了菲律宾,但是菲律宾局势的发展远远超出了杜威的预期。菲律宾人选择建立自己的民族国家,其起义军力量在迅速发展,杜威认为这是马尼拉湾海战之后,"最急切需要解决",也是"最为复杂"的事情。② 菲律宾民族起义"使得美西战争向着局势更为复杂化的方向发展,也大大延长了美西战争的持续时间"③。

早在 1897 年,美国就曾与菲律宾民族起义部队的领导人有过第一次接触。美国驻香港领事威尔德曼在香港会见了被驱逐至此的菲律宾领导人之一的费利佩·阿贡西诺(Felipe Agoncillo),后者提议美国同菲律宾结盟,共同对抗西班牙。威尔德曼在 1897 年 11 月 1 日发

---

① Graham A. Cosmas, *An Army for Empire: The United States Army in the Spanish-American War*, Missouri: Texas A&M University Press, 1994, 转引自 Spencer C. Tucker (ed.), *The Encyclopedia of the Spanish-American and Philippine-American Wars: A Political, Social and Military History*, Santa Barbara: ABC-CLIO, Inc., 2009, p. 495。

② George Dewey, *Autobiography of George Dewey: Admiral of the United States Navy*, Columbia: Pantianos Classics, 1913, p. 121.

③ Holger H. Herwig, *Politics of Frustration: The United States in German Naval Planning, 1889–1941*, New York: Little, Brown and Company, 1976, p. 28.

回国内的电报中提到了这次谈话内容：阿贡西诺认为，美西两国的关系此时已经因为古巴问题而恶化，两国关系必然会继续恶化下去，并最终走向战争，因此他提议美国提供武器给菲律宾游击队，并且给予其外交承认，而菲律宾人愿意将菲律宾两个省交予美国，并将马尼拉的海关税收提供给美国作为担保。① 但是，阿贡西诺的谈判条件立刻遭到了美国的拒绝。第三助理国务卿托马斯·克里德勒（Thomas F. Cridler）告诉威尔德曼，美国不会缔结此类条约，也不可能向菲律宾人提供所要求的武器弹药。克里德勒还对威尔德曼擅自会见阿贡西诺的行为提出了批评，并责成他不得与菲律宾人再进行会谈，如果菲方提出会谈的话，应当"礼貌地拒绝，并告知对方将就提出的相关议题，同国务院做进一步的沟通"。

1898年4月24日至26日，美国驻新加坡领事斯宾塞·普拉特与阿奎纳多进行了数次交谈。普拉特在提交给国务院的报告中提及，阿奎纳多此时已加入英国国籍，他在菲律宾作为一名商人和种植园主已经长达15年之久，普拉特本人在此之前就曾从阿奎纳多处获得了有关西班牙在菲律宾群岛各地的防御工事、燃煤储量等价值非凡的情报，并将这些信息提供给了杜威。② 但是，普拉特与阿奎纳多的数次谈论并未留下任何文字记录，双方在具体细节方面存在争执。阿奎纳多一直坚称在与普拉特的交谈中，后者明确提出美国将在推翻西班牙殖民政府之后对菲律宾的独立予以承认；③ 但是普拉特则在向国会的

---

① Spencer C. Tucker（ed.），*The Encyclopedia of the Spanish-American and Philippine-American Wars: A Political, Social and Military History*，Santa Barbara：ABC-CLIO, Inc., 2009, p. 699.

② John R. M. Taylor（ed.），*The Philippine Insurrection Against the United States: A Compilation of Documents*，Vol. 3, Pasay City：Eugenio Lopez Foundation, 1971, p. 475.

③ John R. M. Taylor（ed.），*The Philippine Insurrection Against the United States: A Compilation of Documents*，Vol. 3, Pasay City：Eugenio Lopez Foundation, 1971, pp. 4–17.

报告中作证说，已告知过对方，自己无权代表政府做出该承诺。双方第一次谈论结束后，普拉特向身在香港的杜威发去了一封电报，电报声称阿奎纳多现在身在新加坡，如果有需要，其可前往香港与杜威会面。随后香港传来答复，说杜威愿意见面，让他尽快前来。然而，等到阿奎纳多抵达香港时，杜威舰队已经离开了。

在香港，美国驻香港总领事威尔德曼与阿奎纳多又举行了会谈。在1898年5月初的会谈中，威尔德曼劝说阿奎纳多尽快返回菲律宾。阿奎纳多最初对这一提议予以拒绝，声称他必须首先与美国达成书面协议，否则，他担心身在菲律宾的杜威将迫使自己做出不利于菲律宾人的政治让步。但是阿奎纳多的同行者们认为，此时需要立即组织菲律宾人向西班牙殖民政府发起进攻，因此力劝阿奎纳多尽快回到国内。阿奎纳多最终接受威尔德曼的劝说，搭乘美国的通信船"麦卡洛克号"于5月16日抵达菲律宾。在随后的报道中，威尔德曼与阿奎纳多达成了相关协议。威尔德曼认为，出于作战的需要，阿奎纳多回到国内后应立即着手组织起一个独裁政府，在战争胜利后，独裁政府应当再实现向民主的转型，建立起类似于美国的民主政府形式。同普拉特一样，威尔德曼向阿奎纳多做出了保证，美国政府将会对菲律宾人的独立愿望抱持同情态度。

等到"麦卡洛克号"第一次回港时，阿奎纳多立即与其取得了联系，希望"麦卡洛克号"能带他去甲米地。由于"麦卡洛克号"未接到任何指令，因此拒绝接见他。不过，"麦卡洛克号"返回到锚地于马尼拉港附近水域的舰队后，向杜威报告说阿奎纳多和另外几个菲律宾游击队领导者急切地希望返回菲律宾。马尼拉湾海战结束后，"麦卡洛克号"返回香港，向美国国内发回了杜威已经在马尼拉湾获胜的消息，并从香港搜寻所需要的物资。随同"麦卡洛克号"一同到达香港的还有杜威的秘书考德威尔少尉,他与阿奎纳多进行了接洽。考德威尔告诉阿奎纳多,杜威同意了其搭乘"麦卡洛克号"返回菲律宾的请求。等到"麦卡洛克号"从香港启程返回马尼拉时,船上搭载了 14 名乘客,他们是菲律宾解放运动的领导人阿奎纳多以及其他 13 位菲律宾起义者的领导者。

杜威考虑到阿奎纳多曾经在西班牙殖民政府统治下的甲米地兵工厂里做过抄写员,熟悉所在地的环境,因此将他安顿在甲米地兵工厂附近,以便于他能和菲律宾方面的人进行谈判,从而支持、配合美军在菲律宾的行动。为了让菲律宾起义军能够尽可能多地牵制住西班牙人的力量,缓解自己的威胁,杜威将从西班牙人手中缴获的毛瑟步枪等武器弹药提供给阿奎纳多的起义者,包括了 1 999 支步枪、20 万发子弹和其他民间武器。① 威尔德曼更是违背了克里德勒曾向他下达的指令,与阿奎纳多进行了武器交易。阿奎纳多向威尔德曼直接支付资金,由威尔德曼运用这笔资金为菲律宾起义军队购置武器,而威尔德曼本人则从中获得一定比例的服务费。1898 年 5 月 27 日,一批包括 2 282 支雷明顿步枪和 175 550 发弹药的武器装备从厦门运到菲律宾,并被交给阿奎纳多的军队手中。为此威尔德曼获得了大约 50 000 墨西哥比索的酬劳。而据另一篇报道,威尔德曼除此之外还安排了一次价值 67 000 墨西哥比索的军火运输,然而这批武器并没有交到菲律宾人手中,因此这批武器和资金的去向都不为人所知。②

在杜威舰队及其远征军进入菲律宾后,威尔德曼持续地向华盛顿

---

① John R. M. Taylor (ed.), *The Philippine Insurrection Against the United States: A Compilation of Documents*, Pasay City: Eugenio Lopez Foundation, 1971, p. 7.

② Spencer C. Tucker (ed.), *The Encyclopedia of the Spanish-American and Philippine-American Wars: A Political, Social and Military History*, Santa Barbara: ABC-CLIO, Inc., 2009, p. 699.

发送一些消息。1898年6月，威尔德曼向国内报告说，大多数菲律宾人对于菲律宾成为美国的殖民地持欢迎态度。然而7月，他在和阿奎纳多的交谈中提出，美国并不想要任何殖民地。8月上旬，威尔德曼在向国会作证时指出，他没有代表美国向阿奎纳多做过任何有约束力的政治承诺，他只是将阿奎纳多作为一种"必要的恶"来对待。①

对于杜威、威尔德曼对自己的支持，阿奎纳多也投桃报李，于1898年5月24日发表了《告菲律宾人民书》，号召广大的菲律宾人与美国军队合作，并让其军队应按照文明战争的规则行动，以换取包括美国在内的西方社会认可。

  菲律宾同胞们：

    伟大的北美国家，是天才的自由民主设计的摇篮，他们也深受殖民者的奴役和专制压迫，因而他们目前也是我们人民的朋友。现在，北美朋友们必然会有助于我们的事业成功，因为美国无疑对我们的主权毫无兴趣，他们意识到我们已经有足够的文明程度和能力来管理这片饱受殖民和苦难的土地。为了确保美国人民对于我们的看法不受抑损，因此，我们有必要摒弃一些我们身上的陋习，这些行为包括掠夺、偷窃和有害人身或财产安全的各种犯罪，这么做的目的是确保我们在进行革命事业过程中，不会在国际上与人交恶。

    我因此颁布以下几条规则：

    第一条：包括中国人在内的所有外国人的生命和财富都应得

---

① Spencer C. Tucker (ed.), *The Encyclopedia of the Spanish-American and Philippine-American Wars: A Political, Social and Military History*, Santa Barbara：ABC-CLIO, Inc., 2009, p. 699.

第六章 马尼拉湾海战结束后的局势

到尊重。对于西班牙人的生命和财富,除去那些直接或间接地有助于其对我们发动战争的部分以外,也应受到我们尊重。

第二条:那些放下武器的敌人也必须受到我们的尊重。

第三条:所有医院、救护车等医疗设备都必须受到尊重,所有的人力和货品除非对我们的事业有害,均应受到尊重。

第四条:凡是违背以上诸条者都应受到裁决审判,如果其行为引起杀戮、盗窃和奸淫者均应处以死刑。

1898年5月24日颁布于甲米地。

埃米利奥·阿奎纳多[1]

尽管如此,美军官兵们与阿奎纳多及其菲律宾民族起义军之间的关系却在不断恶化。负责保卫海军基地的海军陆战队军官向杜威抱怨说,自从阿奎纳多到达甲米地的军火库之后,经常有几十名当地人穿越他们所管辖的防线,这些人身份不明,不知是敌是友。另外,当阿奎纳多第二次拜访杜威时,他身着军官制服,手持一根象征特权的金色手杖,而这种手杖在西班牙殖民时代为陆军中校的象征,其身后还跟随着一大群随从。在美军普通士兵的眼中,阿奎纳多就是一个新的独裁者,其形象与西班牙总督并无二致。

不久,杜威安排阿奎纳多搬离了军火库,允许他住在甲米地的卡维特镇(Cavite Town)上。对杜威来说,由于他目前兵力有限,因此仍须小心翼翼地维持与阿奎纳多的关系,但又与他们保持一定距离;另外,他也希望能够利用菲律宾民族起义武装,帮他扫清自甲米地半岛至马尼拉城的障碍。但是在这一期间,菲律宾人的力量在迅速增

---

[1] George Dewey, *Autobiography of George Dewey: Admiral of the United States Navy*, Columbia: Pantianos Classics, 1913, p. 155.

加,他们从陆地上向西班牙人发动进攻。菲律宾力量的增长完全不在杜威的预料之内,阿奎纳多的菲律宾武装虽然有助于牵制西班牙的军事力量,但是对杜威来说,其力量的迅速增长已给他带来威胁。

在随后的战斗中,菲律宾起义军使得西班牙人节节败退。5月底,甲米地半岛的西班牙军队已经被彻底清除,菲律宾起义军逐渐包围马尼拉城。首先摆在杜威面前的就是菲律宾人起义所造成的西方各国侨民的难民危机。随着西班牙殖民政府的摇摇欲坠,各国驻菲领事馆都向杜威呼吁,允许其各国难民离开马尼拉边境,前往杜威实际控制的甲米地地区来寻求美军的庇护。为了安置这些难民,杜威起初准备让他们居住在卡维特镇。由于考虑到未来美国远征军到达菲律宾之后,需要为他们提供住所,所以整个卡维特镇的设施都将被征用,因此杜威雇用了停泊在马尼拉湾的一些舰船来安置难民。根据他的建议,各国领事馆租用了一些轮船来装载难民,船上安插各国国旗,其安全由杜威安置在马尼拉附近的军队负责。最初安置各国侨民的难民船为十艘,后来随着难民数量的增加,又增加了三艘难民船。随着其他列强的船只驶入马尼拉湾,杜威又同各国军舰协商,将这些难民船重新安置,分别交给英国、法国、德国等国的军舰来管辖并保障其安全。另外,他也同意西班牙当局的要求,将马尼拉湾海战中的西班牙伤员转移到马尼拉海湾里的一艘医护船上,而这艘医护船则交由中立的英国舰队司令爱德华·奇切斯特(Edward Chichester)指挥。

5月中旬,关于菲律宾起义部队步步胜利的消息已经传到了华盛顿。此时正在忙于征调杜威所要求的远征军的美国政府,担忧这批陆军到达菲律宾之后,会被卷入与当地人的战争之中,于是向杜威发出电报,要求其不得与阿奎纳多政权有合作。"在一切事情上,你必须最充分地行使你的自由裁量权,并且根据你所知而不被我们所知的情况来决定政策。我们对你充分信任。但是为了确保你的成功和安全，最明智的做法就是尽可能不要与叛乱分子或者岛上的任何派别结成政治联盟，因为这有可能导致你日后承担起维持他们事业的责任。"① 杜威收到该电报后，向国内回电，明确表示将不会同菲律宾人进行合作："从一开始我们就遵照海军部的指令精神行事，并确保不与叛乱分子或任何派别达成联盟。我方舰队可以随时削弱对马尼拉的防御能力，但是除非美国陆军能够到达，否则都不能真正解决问题。"② 但是这很难打消美国领导人对于菲律宾民族政府的担忧，他们担心这将会促使菲律宾人建立起一个独裁政府，而大大威胁西方人的安全和利益，因此担心杜威将在某种程度上与菲律宾人进行事实上的合作。一个月之后，海军部显然愈加不放心，因而朗又发了一封电报给杜威："需要全面报告你与阿奎纳多之间的任何会面、关系或合作、军事行动或其他方面的有关情况，确保就该情况随时向海军部报告。"③

杜威在回信中详细汇报了他和阿奎纳多等菲律宾领导人的交往情况，并借此表达自己的立场，强调自己不会和菲律宾民族起义武装有任何合作关系，以打消华盛顿的担忧。

5月19日，在我的许可下，"南山号"搭载菲律宾叛军领袖阿奎纳多和他的13名手下抵达菲律宾。当阿奎纳多自己选择将甲米地作为其驻扎地之后，他被安置在甲米地兵工厂外围，在我

---

① George Dewey, *Autobiography of George Dewey: Admiral of the United States Navy*, Columbia: Pantianos Classics, 1913, p. 154.

② George Dewey, *Autobiography of George Dewey: Admiral of the United States Navy*, Columbia: Pantianos Classics, 1913, p. 154.

③ George Dewey, *Autobiography of George Dewey: Admiral of the United States Navy*, Columbia: Pantianos Classics, 1913, p. 154.

们军队的保护下,他开始组建自己的军队。之后我曾经和他有过几次会谈,主要为私人性质的交谈。我一直避免用我手下的军队以任何方式去协助他,而且有几次我明确拒绝了对方想让我军协助的请求。我告诉他,在美国陆军到达之前,舰队不能采取任何行动。同时,我让他明白我将叛军看成我们的友军,因为我们有着共同的敌人。他正在和叛军的其他领导协商,致力于建立一个公民政府。阿奎纳多的这些行为与舰队都无关系,但是他一直告诉我他们的进展,并向我征询意见,这一点是很好的。我允许其水兵、武器和弹药从我舰队驻守的封锁线处过境,在他们需要的时候,也允许他们从甲米地的兵工厂里拿走西班牙人存留在这里的武器和弹药。我也经常建议他,作战要遵奉人道主义规则,他也经常能听取我的建议。我和他的关系很好,但是我并不信任他。美国没有任何义务做出任何承诺来帮助他们这些叛军,而据我所知,他也没有承诺会帮助我们。我相信他希望在没有我方协助的情况下攻占马尼拉,但是他又怀疑他们自己的能力——他们没有足够的武器。我对古巴人和菲律宾人都很熟悉,在我看来,后者的智力和自治能力都远远高于古巴人。①

在实际的行动中,杜威也和阿奎纳多曾有过合作。例如,6月初,菲律宾总督奥古斯丁向杜威提出了一个请求。先前由于担心美舰会炮轰马尼拉城,奥古斯丁和其他西班牙高官将自己的家人送至马尼拉城西北部的潘帕嘉省(Pampanga)避难,但潘帕嘉省很快就被菲律宾游击队重重包围,因此奥古斯丁请求杜威出面斡旋,令菲律宾起

---

① George Dewey, *Autobiography of George Dewey: Admiral of the United States Navy*, Columbia: Pantianos Classics, 1913, pp. 154-155.

第六章 马尼拉湾海战结束后的局势

义部队让出一条安全通道,确保这些眷属能够返回马尼拉。杜威派人与阿奎纳多取得联系,阿奎纳多予以了回复,虽然其言辞中不乏揶揄之意,但依然答应了杜威的要求。

> 关于您提出的希望将滞留在潘帕嘉省的西班牙人家眷,特别是奥古斯丁的家眷送回到马尼拉,我非常愿意满足您的要求。但是我必须让您明白,我方并没有占领您所说的潘帕嘉省,而只是将其包围起来,因此我觉得我可能无法确保您所说的自由通行。尽管如此,我给我的下属下达了中止令,一旦他们捕获您所提到的这些家眷,我们不仅会依照文明国家之间的惯例来对待,而且还会把他们当作自己的朋友来对待,将其安全无虞地送往马尼拉,家眷、随身物资以及行动计划都会得到我方的尊重。①

6月12日,阿奎纳多宣布菲律宾第一共和国成立。从夏天开始,菲律宾群岛的绝大部分地区都已经摆脱了西班牙人的统治,只有马尼拉城附近还掌握在西班牙人的手上。菲律宾共和国的军队开始包围马尼拉,大约12 000名菲律宾共和国士兵将马尼拉城围起来,断绝通往城内的所有物资供应,迫使西班牙人因弹尽粮绝而投降。此时的马尼拉城内,食物已经出现了短缺,基本只剩下少量的马肉和水牛肉。菲律宾人自知在火力上不如马尼拉城的西班牙守军,因此一到夜幕降临,就趁着夜色向马尼拉城发动袭扰战术。双方在马尼拉城外形成对峙,但都没有能力打破僵局。

杜威及美国政府均不希望马尼拉城落入阿奎纳多的手中,于是杜

---

① Nathan Sargent, *Admiral Dewey and the Manila Campaign*, Washington D. C.: Naval Historical Foundation, 1947, p. 58.

威尽其最大努力,试图减缓菲律宾人的进攻速度,确保美国远征军能够抢在菲律宾人前面进入马尼拉。5月3日,杜威舰队上的海军陆战队已经在甲米地登陆并占领了该地的军火库,但是因人数有限,根本不足以进一步向马尼拉城发动军事进攻。因此,杜威率领舰队对马尼拉湾所进行的封锁战略,除了通过阻断马尼拉城与外界的联系,以迫使西班牙人尽早投降外,也逐渐有了新的战略动机:"其目标在于阻断菲律宾第一共和国在各岛屿之间的通信和经济往来,从而减缓共和国军队的进攻速度。"① 杜威这一战略有效地扼制了菲律宾起义部队的发展,该政策也一直延续到了1900—1902年的美菲战争。为了确保封锁的有效性,美军自1898年夏增调了25艘250吨至900吨的小型炮艇巡弋于马尼拉湾,这些炮艇配有火炮和机枪,由一些初级军官指挥。这些炮艇分别驻扎在三宝颜市(Zamboanga)、宿务市(Cebu)、伊洛伊洛市(Iloilo)和维甘市(Vigan),他们通过封锁关闭了岛屿之间或岛屿与外界之间的航运通道,使得菲律宾共和国的军队难以获得武器和资金的支持。首先,美国的炮舰断绝了各岛之间的水运交通,将菲律宾军队在各岛的战斗彼此隔离开来;其次,这种阻绝战略使得菲律宾军队无法获得先进武器,而只能依靠旧式步枪来与美军作战;最后,杜威的封锁也加强了菲律宾岛内的食物危机,仅仅封锁一个月后,吕宋岛南部就开始出现大面积的食物短缺。除此之外,亚洲分舰队的两栖作战也配合、帮助美国的地面部队实现对各岛屿菲律宾军队的清剿战斗。

朗在1899年的年度报告中指出,按照国防部的指令,封锁将会

---

① Spencer C. Tucker (ed.), *The Encyclopedia of the Spanish-American and Philippine-American Wars: A Political, Social and Military History*, Santa Barbara: ABC-CLIO, Inc., 2009, p. 488.

持续。1899年6月20日,海军少将约翰·沃森(John C. Watson)接替了杜威,成为新一任亚洲分舰队司令。沃森依然贯彻杜威这一战略,实施对马尼拉湾的封锁,断绝一切非法的航运行为——舰只凡是悬挂有菲律宾共和国的国旗或与菲律宾政府所掌控地区的港口进行贸易都算作非法的航运行为,整个菲律宾地区只开放美军控制下的马尼拉市、伊洛伊洛市和宿务市三个地区的港口。此外,火柴、大米、油、酒和鱼等生活必需品都被列为违禁品,禁止其他船只运输,这使得菲律宾军队难以得到这些生活物资,影响了菲律宾政府的正常运转,从而策应了美国陆军对菲律宾军队的围剿,迫使共和国领导人最终不得不向美军投降。

第四节 关于卡马拉舰队的传闻

除了这些实际的麻烦以外,传闻中一支从西班牙本土调配而来的舰队也一直萦绕在杜威和美国海军部的周围,成为杜威的一个潜在威胁。在这之前,就曾有传言说原本驻守在佛得角的西班牙本土舰队有可能驰援菲律宾。1898年5月12日,美国政府就发现西班牙本土舰队在海军少将帕斯夸尔·塞维拉-托佩特(Pascual Cerveray-Topete)的率领下,离开了其驻地佛得角群岛。海军部研判,其舰队有两种可能方案:第一种是炮击美国东海岸的沿线城市,或者加强西印度群岛的防御力量;第二种是前往东方,驰援菲律宾。

于是,海军部向杜威发去电报,一是敦促杜威加强自我防御,二是询问是否需要为他调配一批水雷,布置在海湾入口,以应付实力更强的对手。不久,美国政府又收到一条未经证实的情报,据说"查理五世号"、"佩拉约号"、"阿方索十二世号"(Alfonso XII)和一些运输舰已经离开西班牙而向菲律宾驶来。来自西班牙方面的情报显示，舰队预计7月中旬抵达菲律宾，其中"查理五世号""佩拉约号"是两艘装甲巡洋舰：前者吨位9 000吨，载有两门280毫米口径火炮；后者吨位9 800吨，载有两门320毫米口径火炮和两门280毫米口径火炮，其吨位和火力都远在"奥林匹亚号"之上。海军部担心，如果这支舰队在马尼拉湾将杜威的舰队击溃，那么当即将启程的美国远征军最终抵达菲律宾时，它就能够轻易地摧毁美国运输舰，其后果将不堪设想。5月20日，海军部将该情况电告杜威，让杜威做好迎敌准备。杜威回电中表示，目前依然有很多危险，但是其舰队将会全力迎战可能比自己更为强大的敌人。

形势未发生变化，严格的封锁依旧在执行中。马尼拉局势极度紧张，各国侨民担心西班牙士兵的斗志会突然崩溃。我方对待这些外国侨民已经有所安排，如果有必要的话，我们将把他们转移到甲米地。叛军领导人阿奎纳多乘坐"麦卡洛克号"到达菲律宾之后，就在甲米地附近组织其军队，并可能对我们提供有价值的援助。鉴于马尼拉湾入口的深度和宽度，我认为安置水雷并不可行。如果一支实力优于我们的舰队要攻击我们的话，那么舰队将会奋力而战。一艘美国籍帆船"萨拉纳克号"（Saranac）在菲律宾的伊洛伊洛岛被西班牙人俘获。一旦"查尔斯顿号"携带弹药补给与我舰队会合，我提议收复周边这些小的岛屿，并且清除驻扎在这些岛屿的小型炮艇。不知道"查尔斯顿号"什么时候能够到达，如果可能的话，我请求将"本宁顿号"（Bennington）和"约克敦号"（Yorktown）调配给亚洲分舰队，因为它们将会比"费城号"（Philadelphia）更适合我们。"北京号"

能运送过来多少兵员？预计什么时候到达？我希望舰队能够送来可供 2 000 人三个月的给养以及其他物资。①

实际上，西班牙政府在 5 月 12 日获知蒙托霍舰队失败的消息后，便命令塞维拉上将即刻返回本土。由于通信不便，塞维拉直到即将到达古巴海域时，才收到此电文，随即率领舰队返回西班牙本土。然而美国海军部依然放心不下，内部出现了加强亚洲分舰队的提议。海军部在 5 月 27 日和 30 日两次电告杜威，将会从大西洋舰队中抽调部分舰只去支援他。朗最终选择了彼时正在加勒比海负责监视西班牙的"蒙特利号"（Monterey）和"莫纳多克号"（Monadnock）前往菲律宾支援。

在回电中，杜威向海军部提出了攻击西班牙本土以减轻多线防御压力的建议，如此可以迫使西班牙舰队返航。然而，菲律宾的形势让杜威对其舰队安全十分担忧，他恳请海军部尽快派出两艘军舰奔赴马尼拉湾，缓解其兵力不足的困境。

> 叛军持续对西班牙人持敌意态度，并开始包围马尼拉。他们抓获了 2 500 多名西班牙人，不过叛军依人道主义态度来对待这些俘虏。我向他们建议，要等到太平洋对岸的美国陆军登陆之后，再向马尼拉城发动攻击。在我的许可下，目前有 12 艘满载难民的商船停泊在马尼拉湾，并由中立国的海军来确保其安全。舰队官兵的身体状况目前良好。德国舰队总司令今日到达马尼拉湾。目前马尼拉湾驻有三艘德国军舰、两艘英国军舰、一艘

---

① Nathan Sargent, *Admiral Dewey and the Manila Campaign*, Washington D. C.：Naval Historical Foundation, 1947, p. 63.

法国军舰、一艘日本军舰,另外一艘德国军舰将不日抵达。我请求提前派出"莫纳多克号"和"蒙特利号"。依据我的判断,如果西班牙本土沿岸受到威胁的话,那么敌人舰队将被迫返回国内。①

6月18日,有关卡马拉舰队即将奔赴菲律宾的消息终于得到了美国海军部的确认。就在6月15日,西班牙决定调派一支舰队驰援菲律宾。这支舰队由西班牙海军上将曼努埃尔·德·拉·卡马拉(Manuel de la Cámaray)率领,原本包括一艘装甲巡洋舰、三艘辅助巡洋舰、一艘通信船。该舰队原本被计划用来攻击美国大西洋沿岸城市,而此时西班牙海军大臣拉蒙·奥尼翁·维拉隆(Ramón Auñóny Villalón)则决定,将舰队调派到菲律宾海域。奥尼翁之所以做出这一决定,是希望加强西班牙驻菲律宾的军事力量,进而维护其殖民统治,同时能够避免同美国的主力舰队在加勒比海域附近遭遇,因为那很有可能将会是西班牙的"一场一败涂地、令人心痛的惨败"②。

6月16日,卡马拉舰队从西班牙西南部港口城市加迪斯(Cádiz)启程出发,这时的它力量得到了进一步壮大。整个舰队包括西班牙仅有的一艘战列舰"佩拉约号",一艘装甲巡洋舰"查理五世号",由商船改装而来的无防护巡洋舰"爱国者号"(Patriota)和"飞驰号"(Rápido),两艘运输舰"布宜诺斯艾利斯号"(Buenos Aires)和"帕奈岛号"(共载有4 000名士兵)以及四艘运煤船(共载有20 000吨燃

---

① Nathan Sargent, *Admiral Dewey and the Manila Campaign*, Washington D. C.: Naval Historical Foundation, 1947, p. 64.

② Spencer C. Tucker (ed.), *The Encyclopedia of the Spanish-American and Philippine-American Wars: A Political, Social and Military History*, Santa Barbara: ABC-CLIO, Inc., 2009, p. 85.

煤)。舰队抵达苏伊士运河后,还将与三艘准备回国的鱼雷艇驱逐舰"无畏号"(Audaz)、"冥后号"(Proserpina)和"大胆号"(Osado)会合,到那时这支舰队总舰船数量将达到13艘。其中,"佩拉约号"的排水量达到9 000吨,"查理五世号"的排水量达到9 200吨,仅这两艘军舰的排水量就达到18 200吨,而杜威舰队的总吨位才19 098吨。从火炮上看,卡马拉舰队装备有两门12.6英寸口径和四门11英寸口径火炮,而杜威舰队最大口径的火炮只有8英寸。因此不论是从吨位还是火炮口径来看,卡马拉舰队的实力远远超过了杜威舰队。海军部截获到这一情报之后,迅速电告杜威,命其做好迎战准备。

  据美国驻直布罗陀领事的报告,一支包括两艘装甲巡洋舰、六艘由商船改装而来的巡洋舰、四艘驱逐舰在内的西班牙舰队,离开了休达港,向东驶去。如果他们途经苏伊士、埃及的话,我们将会继续电告于你。6月11日,"蒙纳多克号"将护送一艘运煤船从圣迭戈港出发,向菲律宾驶来。6月20日,"蒙特里号"将护送一艘运煤船出发。你是否在香港部署有船只而获悉到西班牙舰队已经通过苏伊士运河的消息?据悉,美国陆军的第二批远征军分遣队约3 500人于6月15日已乘坐四艘轮船从旧金山启航。陆军方面估计,远征军的持续航速为每小时十节,由于将在火奴鲁鲁停留两天,因此是否能维持这一速度航行值得怀疑。①

  同时,美国政府开始调派其驻扎在欧洲和埃及的特工来报告卡马

---

① Nathan Sargent, *Admiral Dewey and the Manila Campaign*, Washington D. C.: Naval Historical Foundation, 1947, p. 64.

拉舰队行踪。情报显示：6月22日，卡马拉舰队通过突尼斯的邦角半岛（Cape Bon），继续向东行驶。6月27日，媒体报道了卡马拉舰队到达埃及塞得港（Port Said）的消息。于是朗再次发电报告知杜威：

> 卡马拉舰队于6月26日驶出塞得港，我们派驻在当地的情报人员的汇总信息显示，其舰队下辖舰只包括："佩拉约号"、"查理五世号"、"无畏号"、"大胆号"、"冥后号"、"爱国者号"（舰炮12门）、"飞驰号"（舰炮12门）、"布宜诺斯艾利斯号"（舰炮10门）、"帕奈岛号"（舰炮3门）以及3艘非武装运输舰"科隆号"（Colon）、"科瓦东加号"（Covadonga）、"圣弗朗西斯科号"（San Francisco）……据驻巴黎的海军武官西姆斯（William S. Sims）中尉于6月25日所发来的电报，卡塔赫纳的特工报告显示，其中一艘运输舰负责运送武器弹药，而"布宜诺斯艾利斯号"和"帕奈岛号"各载有一个步兵团，"圣弗朗西斯科号"则载有一个海军陆战队营。辅助舰只还载有燃煤20 000吨。除"飞驰号""爱国者号"和"布宜诺斯艾利斯号"以外，其余运输舰都未载有舰炮。驻美机构已经（向埃及的英国殖民政府）提起抗议，反对为卡马拉舰队供应燃煤，以便尽可能地耽延其行程。自埃及到菲律宾的沿途各国，海军部已提请国务院告知驻所在国的所有美国外交官员，尽可能地拖延卡马拉舰队的航程时间。"飞驰号""爱国者号"分别为原"诺曼尼亚号"（Normannia）和"哥伦比亚号"（Columbia），情报显示，两舰各有4门6.2英寸火炮、4门4.8英寸火炮、2门3.25英寸火炮和4门37毫米旋转火炮。我们还掌握其他情报，但是其真实性还有待

第六章 马尼拉湾海战结束后的局势

核实。我们目前还未能掌握"布宜诺斯艾利斯号"的情况。据说,卡马拉不是一个很有效率的人,但这一点并不妨碍他是一位优秀的军官。①

为了缓解杜威的压力,海军部部长朗于 6 月 18 日宣布组建东方舰队(Eastern Squadron),舰队司令由准将约翰·沃森担任,所属舰只从部署在古巴海域的海军少将威廉·桑普森(William T. Sampson)的北大西洋舰队(North Atlantic Squadron)中抽调。最初,朗宣布从北大西洋舰队中抽调出战列舰"爱荷华号"(Iowa)、"俄勒冈号"(Oregon)和其他几艘附属舰只。随后,朗又为东方舰队增加了几艘主力舰只,包括装甲巡洋舰"布鲁克林号"(Brooklyn)以及另外三艘巡洋舰"迪克西号"(Dixie)、"洋基号"(Yankee)、"约塞米蒂号"(Yosemite)。朗希望将东方舰队派驻在西班牙海域,从而迫使西班牙将卡马拉舰队撤回来。为了配合东方舰队行动,朗还派遣海军专员西姆斯在巴黎散发有关东部舰队即将赶赴西班牙海域的消息,希望借此加大西班牙政府的压力。另外,美国也寄希望于通过这一系列的行动,让西方列强认识到,只要有战略需要,美国可以派遣其海军力量赶赴欧洲海域,并给德国政府以警告,借此尽可能地给迪特里希施加压力,从而策应杜威在菲律宾与西班牙的军事对峙。

然而实际上,此时的桑普森在封锁古巴海域的行动中也显得捉襟见肘,从北大西洋舰队中调走任何一艘舰只都将令他的军事行动难以为继,因此他也尽可能地采取拖延战术来对抗朗的调令。等到 6 月中旬,桑普森加强了对古巴的封锁行动,并且把封锁海域扩大到波多黎

---

① Nathan Sargent, *Admiral Dewey and the Manila Campaign*, Washington D. C.: Naval Historical Foundation, 1947, pp. 64-65.

各，另外还策应着美国陆军第五军的军事行动，积极准备即将于6月22日开始在代基里（Daiquiri）海滩展开的登陆行动。意识到桑普森所承担的军事任务后，6月21日，美国海军部重新调整了在北大西洋的海军部署，调派出更多舰只来加强北大西洋舰队，这就很难再从北大西洋舰队中调出舰只来组建东方舰队。当卡马拉的舰队进入地中海时，西班牙又从智利新购了一艘装甲巡洋舰以增强自己的海军实力，而此时的美国却苦于加勒比海的战事和应对塞维拉的舰队，难以分兵两处，因此东方舰队迟迟无法组建起来。

此时杜威再次提起了他于6月12日给出的建议，即派出一支舰队前往西班牙沿海，从而给西班牙施加压力，以迫使卡马拉舰队撤回到西班牙海域。然而这封电报耽误了近半个月，直到6月27日，才辗转转到美国海军部的手上。

> 自从我6月17日的电报发出之后，情势未有任何变化。在马尼拉港口停泊着五艘德国军舰、三艘英国军舰、一艘法国军舰和一艘日本军舰。叛军日益逼近马尼拉城。美国的运输舰和"查尔斯顿号"至今尚未抵达。"巴尔的摩号"已经开赴恩加诺角以待与他们会合。我已接到相关讯息，自加迪斯港驶出的舰队已经于周五（6月17日）上午通过直布罗陀向东驶来。"蒙特利号"和"蒙纳多克号"能否按期到达我处？据我判断，如果西班牙的海岸受到威胁的话，敌人的舰队就可能被迫返港。①

---

① Nathan Sargent, *Admiral Dewey and the Manila Campaign*, Washington D. C.: Naval Historical Foundation, 1947, p. 66.

第六章 马尼拉湾海战结束后的局势

朗在6月29日的回电中告诉杜威，第三批远征军分遣队两天前已经启程出发。更为重要的是，朗还说，就在海军部收到杜威电报的当天，就决定充分采纳他的意见，决定将由沃森少将带领一支舰队远赴西班牙沿海。

第一批远征军分遣队和"查尔斯顿号"于5月21日从旧金山出发，途经火奴鲁鲁和关岛。整个路程其航速应是10节。"蒙特利号"于6月11日从加州圣迭戈港出发，途经火奴鲁鲁和关岛，整个航行航速为10节。"蒙纳多克号"于6月25日从旧金山出发，驶向火奴鲁鲁，到达后将径直驶向菲律宾，预估海上航速为6节或者更多。第三分遣队于6月27日自旧金山出发，直驶菲律宾。沃森少将即将率领"爱荷华号""俄勒冈号""洋基号""迪克西号"和另外满载可能所需的各种物资的四艘运煤船赶赴西班牙海岸，并让西班牙人获悉这一消息。①

杜威构想的这一战略很快奏效。6月29日沃森舰队即将攻击西班牙沿海的消息被媒体广泛报道出来。同日，美国驻英国大使约翰·海伊在给美国国务卿威廉·戴（William Day）的电报中明确了卡马拉舰队被迫返回西班牙的消息："英国政府已经决定除非有紧急情况，卡马拉舰队在24小时之内必须离开塞得港，只要其燃煤量能够确保其舰队航行至加迪斯，就不允许舰队在港口内购买、装运燃煤。目前

---

① Nathan Sargent, *Admiral Dewey and the Manila Campaign*, Washington D. C.: Naval Historical Foundation, 1947, p. 66.

所收到的情报大概如此。"① 但是约翰·海伊在给国务院的这封电报中表明,卡马拉舰队之所以被迫撤回,并不完全在于西班牙政府听信了美国故意放出相关情报,更重要的是由于卡马拉舰队的能源供应出现了问题,而这一切和英国政府不无关系。当卡马拉舰队抵达埃及的塞得港时,实际受英国控制的埃及政府宣布严守中立,禁止向卡马拉舰队销售燃煤。美国驻开罗的代理总领事埃塞尔伯特·瓦茨(Ethelbert Watts)在并未获知埃及这项决定的情况下已采取行动,尽可能地确保苏伊士运河沿岸的所有煤矿都不被卡马拉舰队所获得。6月29日,卡马拉获悉自己在埃及领域内无法获得任何燃煤,不得不即日离开塞得港。7月5日,卡马拉经过两天的航行,顺利通过苏伊士运河,到达红海。然而就在两天前,7月3日,圣地亚哥海战爆发,西班牙已经开始面临美国海军可能横越大西洋而进攻西班牙本土的威胁。7月7日,马德里电令卡马拉开足马力返航,以防美国对西班牙的攻击。7月8日,卡马拉舰队再次驶回苏伊士运河。7月11日,卡马拉离开塞得港。7月23日,舰队抵达西班牙的卡塔赫纳(Cartagena),并经此返回其母港加迪斯。至此,杜威所面对的这个潜在威胁最终也只是虚惊一场。

在警惕卡马拉舰队的这段时间里,杜威倍感压力。他所收到的各种情报显示,杜威舰队的实力远不如卡马拉舰队,如果双方最后被迫在马尼拉湾实行舰队决战,那么结果很有可能对杜威不利。"他(杜威)确信不管'蒙特利号'选择哪条航线,卡马拉都会在它之前到达马尼拉湾,因此认为不能指望'蒙特利号'能提供什么帮助。他不想像蒙托霍那样,在马尼拉湾静待对手的到来,而应该主动出击。

---

① Nathan Sargent, *Admiral Dewey and the Manila Campaign*, Washington D. C.: Naval Historical Foundation, 1947, p. 65.

一旦西班牙舰队靠近,他就会带领他的全部兵力离开马尼拉湾。舰队将占据菲律宾群岛南部的某处,当西班牙人由于运输能力有限,燃煤短缺,无法图谋继续进攻时,他就可以大胆出击,进攻西班牙人的侧翼。"① 面对可能的强敌,杜威还是感到了压力,其能做的就是贯彻马汉的军事战略思想:一方面确保自己的舰队能够集中;另一方面能不断袭扰西班牙舰队的侧翼,以促使其既无法实现舰队的决战,又可能为了保护侧翼而导致舰队兵力分散。但是就杜威而言,如果与卡马拉舰队作战失败,这将让杜威再次回到进攻蒙托霍时的困境——退无可退。

虽然卡马拉舰队最终只是虚惊一场,"美国政府在欧洲和埃及等地的外交官的努力以及杜威所采取的各种备战措施,也都随着卡马拉舰队的撤回而变得白忙活一场"②,但是杜威和朗等海军部官员对安全的担忧始终没有消散。海军部并没有立刻停止加强杜威舰队的努力。即使卡马拉舰队返回了西班牙,但考虑到杜威所面临的威胁,朗依然主张组建东方舰队。7月10日,桑普森向朗发出电报,表示战列舰"俄勒冈号"、"马萨诸塞号"(Massachusetts),巡洋舰"纽瓦克号"(Newark)、"迪克西号"、"洋基号"、"约塞米蒂号"以及其他几艘供应船只和运煤船将于近日离开北大西洋舰队,加入东方舰队之中。然而,朗却对此并不满意,并对东方舰队的作用进行了重新定义。他向桑普森发出指示,要求除留下一部分船只继续驻留在古巴海域外,其余的所有装甲舰船全部组建为两支舰队,均受桑普森统辖:一支舰队径直取道苏伊士运河开赴菲律宾,以加强杜威舰队的实力;另一支舰队则开赴西班牙海域,寻求同卡马拉舰队进行决战。然而,

---

① Nathan Sargent, *Admiral Dewey and the Manila Campaign*, Washington D. C.: Naval Historical Foundation, 1947, p. 67.

② Nathan Sargent, *Admiral Dewey and the Manila Campaign*, Washington D. C.: Naval Historical Foundation, 1947, p. 64.

桑普森以组建这支舰队尚需时日为借口，一直按兵不动。随着美国陆军开始登陆菲律宾，杜威所面对的威胁开始缓解，这支东方舰队的组建最终还是不了了之。

马尼拉湾海战的大胜并没有因此消除杜威所面临的威胁，相比马尼拉湾海战以前，其威胁更为多元化。杜威不仅需要面对西班牙在马尼拉城附近的守军以及岸防火炮对其舰队所造成的威胁，还面临美军同菲律宾起义部队逐渐加大的分歧、与德国舰队在马尼拉海面上的对峙和虚实难辨的有关卡马拉舰队的情报等复杂情况。为了确保自身舰队的安全，杜威需要一支地面部队用以占领马尼拉城，也需要新的补给和兵员，而这就亟须美国本土的第八军尽快抵达菲律宾。

出于对名誉的渴望，杜威并不愿意采取较为保守的战略，以"存在舰队"的方式来牵制对手，而是选择积极的进攻战略，渴望消灭对手有生力量。幸运的是，杜威的经验和对手所犯下的种种错误成全了他。然而，随着军事行动的进行，对安全的追求成为杜威的主要目标。美军在菲律宾的安全还取决于各关切国的态度。

马尼拉湾海战胜利后，如何确保舰队的安全就是杜威的主要行为动因。然而杜威并没有为占领马尼拉城做好任何准备，这不仅仅源于其自身军力有限，而且由于没有陆军力量随舰到达马尼拉湾，因此难以应付马尼拉城附近的岸防工事和日益逼近该城的菲律宾军队，即使是德国人和卡马拉舰队也让杜威觉得难以应付。考虑到自己正面临更为严峻的威胁，杜威请求国内派出第八军和"查尔斯顿号""蒙特利号"等舰船驰援自己。为了确保杜威的安全，美国政府很快响应了这一请求。就麦金莱和朗来说，他们的决策并非出于扩张的目的，而依然是为了消除对杜威舰队所可能构成的威胁。

第七章
美德海军在马尼拉湾的对峙

1898年3月16日,德国外交大臣冯·比洛向准将蒂尔皮茨询问,在美西冲突中,德国能否得到好处。蒂尔皮茨认为这场战争来得太早了,德国海军还远没有足够的力量在这场冲突中起到决定性作用,但他依然建议应该派遣一支德国舰队赶赴马尼拉,以显示出德国在这一地区的利益。蒂尔皮茨也建议比洛,海军办公室应该对美国的"沙文主义"进行仔细研究,美国必然会兼并古巴,因此催促比洛尽快采取行动,购买加勒比地区的库拉索岛和圣托马斯岛,这是德国阻止美国的最后机会——按照目前的状况,如果美国完成了巴拿马运河的修建,那么将会导致德国的工业产品永久失去南美洲的市场份额。在亚洲,蒂尔皮茨也提醒德国除了巩固已经占领的青岛以外,也应在吴淞口和广东建立新的殖民地,为德国商品进入长江流域创造条件。[1] 接下来的日子里,蒂尔皮茨不停地通过比洛向德皇谏言,认为尽管目前西班牙的海军实力略优于美国,但是美国在人口和财政方面存在巨大优势,因此随着时间的流逝,美国必然获得最终的胜利。1898年4月20日,蒂尔皮茨准将向德国帝国海军总司令部总司令克诺尔上将提交了一份备忘录,讨论美西战争将会给德国带来机遇,德

---

[1] Admiral von Tirpitz, *Erinnerungen*, Leipzig, 1920, p. 141.

国有可能因此而得以扩张领土。

然而出乎蒂尔皮茨、比洛等意料的是,杜威很快获得了马尼拉湾海战的胜利,未让美国人在菲律宾深陷与西班牙人的战争泥潭之中。不过很快,菲律宾岛上的局势让比洛舒了一口气,菲律宾国内起义军的军事行动使得美西战争局势复杂化,战争持续时间延长,菲律宾的命运出现了新的变数。德国驻马尼拉的领事克鲁格认为这给德国带来了机会。5月12日,克鲁格建议柏林派出一位亲王前来菲律宾。然而比洛否决了这一建议,甚至不同意德国军舰参与保护菲律宾。比洛认为德国没有足够的力量来确保自己的要求得以实现,然而德国目前所持的中立立场可以为德国在菲律宾问题上争取时间,防止德国在做好充分战争准备前就直面与美国的战争。威廉二世获知此事之后,尽管并不同意派遣一位亲王到太平洋上去做君王,①但还是在1898年5月18日要求迪特里希亲率舰队赶赴马尼拉。威廉二世交给迪特里希的任务就是弄到马尼拉局势的第一手资料②,但是由于距离遥远,这一命令直到6月2日才到达迪特里希处。

第一节 "艾琳号"事件

封锁初期,为了减少国际压力,针对马尼拉港停泊的各国军舰,

---

① Foreign Office, Auswärtigs Amt, Bonn, West Germany, Spanische Besitzungen in Asien No. 1, Vol. 6. Bülow to London Embassy, May 8, 1898, 转引自 Holger H. Herwig, *Politics of Frustration: The United States in German Naval Planning, 1889-1941*, New York: Little, Brown and Company, 1976, p. 29。

② Foreign Office, Auswärtigs Amt, Bonn, West Germany, No. 1 Geheim (secret). Allgemine Angelegenheiten der Philippinen, Vol. 1. Krüger to Foreign Office, May 12, 1898; Imperial Audience Notes, May 14, 1898; Bülow to Krüger, and Bülow to Hatzfeld (London), May 18, 1898, 转引自 Holger H. Herwig, *Politics of Frustration: The United States in German Naval Planning, 1889-1941*, New York: Little, Brown and Company, 1976, p. 29。

第七章　美德海军在马尼拉湾的对峙

杜威允许其他各国军舰可以不受任何阻碍地穿越美军的封锁线。在穿越封锁线时，美军也不会登舰以确认舰船身份，他们被允许停泊在马尼拉城外，并登陆与其滞留在马尼拉的本国侨民和西班牙官员进行接触。在杜威的许可下，这些舰只甚至可以携带邮件，确保滞菲侨民与其国内通信畅通。绝大多数国家都按照国际惯例，在服从杜威舰队封锁要求的前提下，享有了特定权利。在杜威封锁期间最先来到马尼拉湾的各国军舰包括英国两艘巡洋舰"不朽号"和"林奈号"（Linnet），由"不朽号"舰长爱德华·奇切斯特担任舰队指挥，法国巡洋舰"布鲁瓦号"（Bruix），日本巡洋舰"伊苏岛号"（Itsukushima），德国巡洋舰"艾琳号"和"科莫兰号"（见表7-1）。

表7-1　抵达马尼拉湾的各国军舰及其到达时间

舰艇名	所属国家	到达日期
"林奈号"	英国	5月2日
"布鲁瓦号"	法国	5月5日
"艾琳号"	德国	5月6日
"不朽号"	英国	5月7日
"伊苏岛号"	日本	5月9日
"科莫兰号"	德国	5月10日

从日本长崎驶来的德国巡洋舰"艾琳号"于5月6日进入马尼拉港。美国人认为，"艾琳号"船长应该在驶向马尼拉的途中就已经从先于它到达的英国军舰获知马尼拉湾已经在美国人的掌控之中。当它准备穿越美军封锁线，进入马尼拉城附近的马里韦莱斯港（Mariveles）时，美舰示意"艾琳号"需要停船接受检查。然而，"艾琳号"并没有听从美舰的指令，径直越过封锁线。美国缉私船"麦

卡洛克号"予以拦截。"麦卡洛克号"靠近"艾琳号"之后,再次要求"艾琳号"停船接受美军检查,但"艾琳号"并未理睬美军的警告。"麦卡洛克号"随即向"艾琳号"的舰艏开火,炮弹从舰船上方飞过,"艾琳号"最终被迫停船并接受了美国官员的登船检查。

美军强行登临"艾琳号"事件一开始并没有引发两国海军的冲突,当天正午刚过,"艾琳号"又驶出马尼拉港。当"艾琳号"路过美国舰队下锚地的时候,"艾琳号"向杜威的旗舰鸣礼炮 11 响,并吹奏美国国歌。5 月 7 日,出于海军惯例,"艾琳号"的值班军官奥古斯特·奥本海默(August Obenheimer)登上美军的"奥林匹亚号",拜访杜威。杜威告诉奥本海默,他所得到的指令就是打败菲律宾的西班牙军队,但是由于他缺少足够的兵力,因此无力占据马尼拉。奥本海默根据这次会面,得出了"美国人并无吞并菲律宾的计划"[①]。到达马尼拉后,奥本海默开始采取行动,帮助依旧滞留在马尼拉的德国人撤离菲律宾。尽管如此,美德之间还是爆发了冲突。5 月 6 日,当"艾琳号"经过甲米地的时候,船上的乐队原本演奏的是美国国歌。然而,"艾琳号"上的一名西班牙领航员吹奏起《西班牙加冕进行曲》。随后,这位领航员将这个事件告诉给西班牙的《商报》(*El Commercio*),后者报道了德国军舰进入马尼拉的消息,认为这体现了德国人对于西班牙处境的同情。菲律宾岛内的西班牙人对这一消息喜出望外,认为德国将会与他们并肩战斗来对抗美国。英国领事罗森·沃克迅速将这一情绪告知给了杜威。对于"艾琳号"的到来,早已疑虑重重的杜威开始表达出反德的情绪,他甚至开始为未来可能与德

[①] Obenheimer to Diederichs, May 8, 1898, Reichsmarine 3/4263, *Bundesarchiv-Militärarchiv*(Federal Military Archives), Freiburg, Federal Republic of Germany, 转引自 Terrell D. Gottschall, *By Order of the Kaiser: Otto von Diederichs and the Rise of the Imperial German Navy, 1865–1902*, Annapolis: Naval Institute Press, 2003, p. 185。

国人进行的战争做准备,认为这场战争将有助于实现美国的荣耀。"无论如何,与西班牙之间的战争始终是不体面的。现在,法国人也来到了马尼拉湾,如果和他们之间打上一仗,就可以挽回我们的颜面。如果对手是德国人,那么是最好的,希望有人能把他们劝过来。"① 早在3月那次"逃跑水手士兵"事件发生后,杜威和迪特里希可能就意识到,"似乎只要美国和德国船只相遇,就注定会发生许多不愉快的事情"②。

不久,美德舰队之间再次发生冲突。德军战舰"科莫兰号"在未经提醒的情况下,夜晚时分逼近杜威舰队,美国舰队开炮警告德国,但"科莫兰号"未予理会。5月9日凌晨3点,"科莫兰号"进入马尼拉港口,在美军看来,午夜时分抵达一个被封锁的港口本身就是"非同寻常的事情",因此一艘汽艇迅速靠近"科莫兰号",并发射信号,要求登船检查,然而"科莫兰号"却没有停船,于是美军朝"科莫兰号"的舰首放了一炮,迫使后者停船并接受了美军的登船检查。

6月初,美德之间的矛盾又因为德国的北德意志航运公司(North German Lloyd)的班轮"达姆施塔特号"(Darmstadt)再次暴露出来。6月6日,"达姆施塔特号"突然出现在了马尼拉湾海面,班轮上载有超过1 400名德国水兵。杜威没有提前收到任何提醒,此刻也没有任何人解释这艘船突然出现在马尼拉海域的原因。杜威知道,德意志帝国海军一直在开展水兵两栖作战的能力训练,以应付夺岛战争。杜威因此向奥本海默质询这支部队来的目的是什么,奥本海默回答说,

---

① Alfred Vagts, "Hopes and Fears of an American-German War, 1870–1915," *Political Science Quarterly*, Vol. 54, No. 4, 1939, pp. 514–535.

② Nathan Sargent, *Admiral Dewey and the Manila Campaign*, Washington D. C.: Naval Historical Foundation, 1947, pp. 11–12.

这艘班轮到达的是没有恶意的,德国海军按照惯例,每两年会对驻海外的舰队官兵进行一次轮换,涉及的人数是一艘军舰上的全体船员和一半的军官,然后租用北德意志航运公司或汉堡—美洲航运公司(Humburg-American Line)的轮船将轮换人员运送到转运地点。"达姆施塔特号"所搭乘的1400名士兵是5月初自德国基尔港登船,前往青岛,加入德国巡洋舰分舰队的"轮换海员"。

"艾琳号"和"达姆施塔特号"深深加重了杜威对于德国人的疑虑。"艾琳号"到达马尼拉之后,奥本海默、布鲁萨迪斯(Brussatis)与西班牙总督奥古斯丁、西班牙亚洲分舰队司令蒙托霍正式会面,奥本海默随后向国内汇报了这次会晤:"奥古斯丁反复向我表达了感谢,感谢在这段西班牙人还在苦苦支撑的黑暗的、艰难的日子里,德国海军和滞留在马尼拉的德国人对他的支持。"奥本海默则表示愿意为西班牙人提供舰上的医疗设备来帮助他们。① 对于这次会晤,杜威认为这意味着德国人和西班牙人将携手对抗自己的舰队。随着新闻报道,这种疑虑还在加深。据马尼拉本地的报纸报道,海因里希亲王决定调派七艘德国军舰来缓解马尼拉的紧张局势,在与"艾琳号"和"科莫兰号"会合之后,将与西班牙一起对杜威发动攻击。一家香港媒体报道,在几位德国下级军官视察马尼拉防御工事时,菲律宾起义军原本已经发现了他们,却并没有对他们射击,似乎德国人与起义军也达成了默契。另一家马尼拉媒体甚至报道说,奥本海默在马尼拉公开发表了一场演讲,说德国将会加入西班牙一方,共同对抗美国人。②

---

① Obenheimer to Diederichs, May 12, 1898, Reichsmarine 3/4263, *Bundesarchiv-Militärarchiv* (*Federal Military Archives*), Freiburg, Federal Republic of Germany, 转引自 Terrell D. Gottschall, *By Order of the Kaiser: Otto von Diederichs and the Rise of the Imperial German Navy, 1865-1902*, Annapolis: Naval Institute Press, 2003, p. 187。

② Karl-Heinz Wionzek, *Germany, the Philippines, and the Spanish-American War: Four Accounts by Officers of the Imperial German Navy*, National Historical Institute, 2000, pp. 39-46.

"达姆施塔特号"船长在途经新加坡时,曾向美国书信一封,信上详细写明了自己的航线和目的地,以及迪特里希通知他将1 400名轮换水手交由"艾琳号"和"科莫兰号"进行转运一事。这封信由美国驻新加坡领事转交给了杜威,杜威在自传中也曾提到这封书信,并且表示自己已经同意船只靠岸,但是他依然觉得这次行为非同寻常,认为"这支兵力人数和自己麾下船员大致相当的军队在马尼拉湾下锚了整整四周"①。这种紧张情绪随着迪特里希的到达而加剧了。

第二节 迪特里希与杜威的初次会晤

尽管杜威击败了蒙托霍,但是美国对于菲律宾的政策依然模糊不清,与此同时德国对在菲律宾夺得一处基地的兴趣愈来愈浓。威廉二世担心如果美国完全占领菲律宾,那么德国这一计划就彻底泡汤了,德国外交大臣比洛也积极支持德国应该进入菲律宾。帝国海军部部长蒂尔皮茨则持反对态度,担心德国在外国的冒险行动将会令其"存在舰队"的发展进度受阻。由于身边大臣的态度不一致,威廉二世要求迪特里希带领更多的舰队赶往菲律宾,能更正确和清晰地了解目前菲律宾的战争态势。

1898年6月2日,克诺尔进一步发出指示,要求迪特里希"就西班牙人在菲律宾的处境形成个人的见解,舰队要保护德国的利益"②。

---

① George Dewey, *Autobiography of George Dewey: Admiral of the United States Navy*, Columbia: Pantianos Classics, 1913, p. 126.
② Knorr to Diederichs, June 2, 1898, Reichsmarine 38/43, *Bundesarchiv-Militärarchiv* (*Federal Military Archives*), Freiburg, Federal Republic of Germany, 转引自 Terrell D. Gottschall, *By Order of the Kaiser: Otto von Diederichs and the Rise of the Imperial German Navy, 1865 - 1902*, Annapolis: Naval Institute Press, 2003, p. 190。

接到命令之后，迪特里希立刻开始调动舰队，然而此时"凯撒号"的检修工作尚未完成，因此他只能选择"女皇奥古斯塔号"作为自己的旗舰，由长崎出发，驶往菲律宾，同时要求"凯撒号"和"威廉公主号"一俟检修完成，立刻追赶上来。"达姆施塔特号"在马尼拉湾只停留很短的时间。6月9日，将舰船的士兵完全转移到"艾琳号"和"科莫兰号"后，"达姆施塔特号"就奔赴青岛与第二分舰队会合。按照原命令，"达姆施塔特号"随后将到达长崎，为"凯撒号"和"威廉公主号"进行兵员的换防，再赶往马尼拉，实现"女皇奥古斯塔号"上的兵员换防。迪特里希修改了原计划，他将包括自己的副官保罗·冯·海因策（Paul von Hintze）在内的"女皇奥古斯塔号"上的部分船员直接留在了长崎，确保"凯撒号"上人员的充沛，而让"达姆施塔特号"从青岛直接赶往马尼拉湾入海口附近的马里韦莱斯海湾来实现"女皇奥古斯塔号"上的兵员换防工作，这样就能确保自己在马尼拉湾内的舰队数量达到五艘，包括"凯撒号""女皇奥古斯塔号""威廉公主号""艾琳号"和"科莫兰号"。

迪特里希认为自己很快就能完成这项任务。1898年5月19日，迪特里希在给妻子的信中约定，自己会在妻子45岁生日（6月27日）之前回到她的身边。此外，迪特里希对美国也绝没有任何偏见，他对自己1893年的美国之旅感到非常满意。在1898年6月之前，迪特里希和杜威虽然未曾谋面，但是曾有过书信联系。迪特里希与美国亚洲分舰队的上一任司令麦克奈尔也有着良好的私人关系。迪特里希甚至希望美军能在短时间占领马尼拉，这会使得他在马尼拉湾所执行的任务变得更为简单。让他没有预料到的是，德国舰队在马尼拉的出现激怒了杜威，并导致美德两国之间爆发了严重的危机。①

迪特里希乘坐着"女皇奥古斯塔号"从长崎出发,于1898年6月12日上午到达马尼拉湾湾口的科雷希多岛。在这里,迪特里希说自己并没有看到任何封锁的迹象:"据我们目之所及,这里没有任何船只把守在马尼拉湾的入口。"② 在进入马尼拉湾的过程中,没有一艘美国军舰靠近,更没有阻止其航行。因此迪特里希怀疑美军是否实现了有效的封锁。"女皇奥古斯塔号"进入马尼拉湾没有受到任何阻力。从甲米地经过时,"女皇奥古斯塔号"向停泊于此的杜威舰队致意,最终停靠在马尼拉城外的碇泊处。

在迪特里希到达马尼拉湾之后,美德双方按照惯例实现了互访。由于迪特里希此时为中将,刚被擢升为少将的杜威军衔依然低于迪特里希,因此在迪特里希到达马尼拉湾当天,杜威就乘坐"康科德号"前往德国军舰的停泊地,登上"女皇奥古斯塔号"并主动拜访了迪特里希。6月13日下午,后者也登上"奥林匹亚号"对杜威进行了回访。

两人第一轮的会晤就已经为随后的不和埋下了种子。在这一轮会晤中,杜威告诉迪特里希,美国的援军在近段时间将会到达,并与菲律宾起义军一起对马尼拉城发动攻击。杜威也承认,美国还没有决定是否会占领菲律宾,但是不会放弃因战争而取得的战利品。此外,杜威询问德国为何要在马尼拉集结一支如此庞大的军队,对德军在此集结的规模表达了不满,并认为德国在菲律宾的利益优先不足以成为三

---

① Karl-Heinz Wionzek, *Germany, the Philippines, and the Spanish-American War: Four Accounts by Officers of the Imperial German Navy*, National Historical Institute, 2000, pp. 1-36.

② Diederichs to Knorr, June 25, 1898, Reichsmarine 3/4263, *Bundesarchiv-Militärarchiv* (*Federal Military Archives*), Freiburg, Federal Republic of Germany, 转引自 Terrell D. Gottschall, *By Order of the Kaiser: Otto von Diederichs and the Rise of the Imperial German Navy, 1865-1902*, Annapolis: Naval Institute Press, 2003, p. 191.

艘战舰和1 400名军人来到马尼拉湾的理由。迪特里希说自己只是奉命来对菲律宾的局势做出评判,德国在菲律宾并没有广泛的经济利益:"我来此地,乃奉吾皇之命。"事后,杜威将迪特里希的这一态度解释为"傲慢与好斗"①,后者承认当时确有此表述,但是并非故意与杜威对抗。相反,在迪特里希的记述中,"(杜威)将军尽管已逾花甲,但是神采奕奕、精力充沛,且很有礼貌,给人一种冷静且自信的印象"②。对迪特里希而言,这场会晤让他产生了两个错觉:第一,针对美国对于菲律宾模棱两可的态度,迪特里希认为这有可能给德国一个在菲律宾获得立足点的机会;第二,在两人的第一次会谈中,杜威并没有提及对马尼拉的封锁,因此迪特里希认为美国并不存在有效的封锁,这一观点使得他认为双方随后就马尼拉湾的封锁与反封锁的争执并无意义。

6月13日,"女皇奥古斯塔号"停靠在马尼拉城外的港口,迪特里希正式拜访了菲律宾总督奥古斯丁,奥古斯丁希望德国能够出面帮助西班牙,他意欲发电报告知马德里,如果得不到"外力的帮助",那么自己必定无法守住菲律宾。迪特里希则劝阻奥古斯丁,不要抱有幻想,德国将保持中立,并没有介入美西战争的打算。然而这场会晤在杜威看来,似乎印证了他早期的怀疑,认为奥古斯丁与迪特里希正密谋联手对抗自己。会晤期间,迪特里希还与马尼拉城内的德国侨民进行了接触。德国侨民认为结束西班牙在菲律宾的殖民统治有利于菲律宾的发展,因为西班牙政权长时间所采取的政治压制政策和对外国

---

① George Dewey, *Autobiography of George Dewey: Admiral of the United States Navy*, Columbia: Pantianos Classics, 1913, p. 126.
② Otto von Diederichs, "Darstellung der Vorgänger vor Manila von Mai bis August 1898," *Marine Rundshau*, Vol. 25, 1914, pp. 253-254, 转引自 Terrell D. Gottschall, *By Order of the Kaiser: Otto von Diederichs and the Rise of the Imperial German Navy, 1865 - 1902*, Annapolis: Naval Institute Press, 2003, p. 192。

商人所采取的贸易歧视抑制了殖民地的经济发展。他们甚至认为菲律宾人自己建立的政府可能更为高效，德国人可能会在菲律宾人的政府中扮演更为重要的角色。

第三节　德国海军在马尼拉湾的集结与行动

1898 年 6 月 18 日，从长崎港出发的"凯撒号"抵达马尼拉，穿越杜威舰队的封锁线时，遭到杜威舰队的拦截，"凯撒号"未能与迪特里希当天会合。6 月 19 日，"凯撒号"舰长斯图本劳赫（Stubenrauch）登上"奥林匹亚号"拜访杜威，杜威抱怨他们擅闯了美军的封锁线。斯图本劳赫解释说，此非自己本意，是其西班牙裔领航员没有告知他美军对马尼拉的封锁，而他和瞭望员也并未看到海面上的封锁标示。①

随后，德国军舰"威廉公主号"和携带着燃煤的"特立尼达号"（Trinidad）分别于 6 月 29 日和 6 月 30 日先后到达马尼拉湾。至此，德国第一分舰队完成了在马尼拉湾的集结。杜威舰队中主力舰只有六艘，包括重型巡洋舰"奥林匹亚号"、轻型巡洋舰"巴尔的摩号"、轻型巡洋舰"波士顿号"和"罗利号"、巡逻艇"康科德号"和"海燕号"。除此之外，还包括缉私船"麦卡洛克"号以及从西班牙人手中缴获的巡逻艇"卡亚俄号""莱特岛号"等。迪特里希则集结了旗舰"凯撒号"、重型巡洋舰"女皇奥古斯塔号"、中型

---

① *Olympia Logbook*, June 18 and 19, 1898, National Archives and Records Administration, Record Group 24; Kaiser logbook June 18 and 19, Bundesarchiv-Militärarchiv（Federal Military Archives）Freiburg Federal Republic of Germany, Reichsmarine 92/67，转引自 Terrell D. Gottschall, *By Order of the Kaiser: Otto von Diederichs and the Rise of the Imperial German Navy, 1865-1902*, Annapolis：Naval Institute Press, 2003, p. 194.

巡洋舰"艾琳号"和"威廉公主号"、轻型巡洋舰"科莫兰号"。杜威舰队尽管享有着数量上的优势，然而在吨位、火力方面，则是迪特里希舰队占据上风。杜威相信，如果迪特里希真的决定与自己作战的话，那么后者还可以立即征调海因里希麾下的第二分舰队前来增援，第二分舰队中还包括重型巡洋舰"德意志号"（Deutschland）（军舰吨位8 800吨，8门260毫米火炮）、轻型巡洋舰"吉菲昂号"（军舰吨位4 200吨，10门105毫米火炮）、护卫舰"阿科纳号"（军舰吨位2 600吨，10门150毫米火炮）。德国主要作战舰只情况见表7-2。

表7-2　德国主要作战舰只情况

舰船	吨位	主炮数量/尺寸
"凯撒号"	8 800吨	8门260毫米
"女皇奥古斯塔号"	6 200吨	12门150毫米
"艾琳号"	5 000吨	4门150毫米 8门105毫米
"威廉公主号"	5 000吨	4门150毫米 8门105毫米
"科莫兰号"	1 800吨	8门105毫米
总吨位	26 800吨	52门

在此期间，双方之间的不信任感继续增强。杜威认为，德国人仗着自己的实力更强，并不承认杜威舰队对马尼拉的封锁，更不会让德国的舰船被迫停船以接受美军的检查。迪特里希对外宣布说，此举是为了确保德国在菲律宾的移民和投资安全，确保可能出现的撤侨行动能够成功，或者是确保德军未来登陆菲律宾时的物资供应线的安全。

杜威则认为德国的这些举动是希望在西班牙人投降之后，能迅速介入菲律宾的事务之中，并希望在未来美国同西班牙的和谈中获取一席之地，从而分割占领菲律宾部分领土，或者能够让德国成为菲律宾的保护国。

对于德国军官开始定期上岸，频繁走访西班牙的军队驻地和前哨基地，以及视察马尼拉周边地区，杜威持批评态度，并认为这些德军军官正在与西班牙官员密谋事宜。除此之外，德国情报部门也在抓紧搜集各种信息。德国的军舰对马拉邦（Malabon）沿岸和帕西格河口附近进行了一系列探测活动，甚至让美国人未曾料到的是，属于德国情报部门的冯·洛温斯坦亲王（Prince von Lowenstein）在菲律宾群岛逗留了很长时间，搜集了大量相关情报。[①] 很快，德国人开始在马尼拉湾游弋，并不时地靠近美舰。德国军舰上的水手在未经美军的允许下，擅自占领了帕西格河上的一处灯塔并盘踞了数日，然后又在位于马尼拉湾入海口的马里韦莱斯港登陆，占领了人去楼空的检疫站，最后甚至占据了马里韦莱斯港——它与科雷希多岛仅隔着博卡奇卡海峡，战略位置比较重要，因而也成为德国舰队的集结地。德国人在港口建立起检疫锚地，而迪特里希也占据了岛上一处西班牙官员遗留下的别墅作为自己的公馆，[②] 摆出将长期据守于马尼拉湾的姿态。对此，迪特里希解释说，之所以会占据马里韦莱斯的一处宅院，是因为在6月26日至27日期间，"凯撒号"的水手们需要从"龙岩山号"（Drachenfels）转运来燃煤，以补充燃料；随舰医生也建议迪特里希上岸居住，因为煤渣会对他肺部造成伤害。迪特里希听从了医生的建

[①] Nathan Sargent, *Admiral Dewey and the Manila Campaign*, Washington D.C.: Naval Historical Foundation, 1947, p. 69.

[②] George Dewey, *Autobiography of George Dewey: Admiral of the United States Navy*, Columbia: Pantianos Classics, 1913, p. 129.

议,舰上的一位中国厨师则为他找到了检疫站的医疗室,以作为迪特里希的临时住所。迪特里希还辩解说,包括英国在内的其他中立国都将马里韦莱斯作为舰船装运燃料的驻扎地。①

然而,迪特里希对菲律宾的兴趣似乎在逐渐消退,他越来越反对德国在菲律宾问题上冲在前面。他断定,如果得不到其他国家的援助,那么到了6月底,西班牙必然会失去菲律宾,尽管麦金莱政府此刻针对未来菲律宾的前途还犹豫不决,但是美国定将侵吞菲律宾。针对克鲁格先前说菲律宾人会欢迎德国成为保护国的说法,杜威嗤之以鼻。他在和菲律宾起义军的几次交谈中发现,菲律宾人希望建立的是以当地人为主导的民族主义政府。只有在自治政府崩溃且向美国求助时,美国才有机会介入其中。然而迪特里希也提到,一项调查显示,当地外籍人士更多需要英国在当地的经济存在,而非德国或美国对当地享有主权。②

迪特里希表示,他并不希望将马尼拉变成另一个青岛,相反,他认为其职责就是确保德国在青岛的利益,这令他迫不及待地想把舰队调回到中国的海岸线。他所接到命令是在菲律宾陷落之前,留守在马尼拉海域,他因此向妻子抱怨说,美国援兵到来的时间太慢了,这可能会让他不得不在马尼拉继续待上两三个月,因而其访问印尼巴达维亚(今雅加达)和返回青岛的计划将会推迟。他又高兴地告诉妻子,7月初一支 2 500 人的美国军队将会抵达马尼拉,他希望这支军队能够占领马尼拉,这样他就可以离开菲律

---

① Otto von Diederichs, "Darstellung der Vorgänger vor Manila von Mai bis August 1898," *Marine Rundshau*, Vol. 25, 1914, pp. 266-267, 转引自 Terrell D. Gottschall, *By Order of the Kaiser: Otto von Diederichs and the Rise of the Imperial German Navy, 1865 - 1902*, Annapolis: Naval Institute Press, 2003, p. 197。

② Terrell D. Gottschall, *By Order of the Kaiser: Otto von Diederichs and the Rise of the Imperial German Navy, 1865-1902*, Annapolis: Naval Institute Press, 2003, p. 198。

第七章　美德海军在马尼拉湾的对峙　　　　　　　　　　213

宾海域了。①

然而，迪特里希的解释并没有打消杜威的疑虑，缓解美德两国之间的紧张，美德海军对峙的消息很快就在两国国内传开了。杜威担心的"德国麻烦"并没有随着局势变化而消退，相反，"艾琳号"事件使局势进一步恶化了，6月的危机最终演变成了7月的对峙。

第四节　"如果德国人想要战争"

迪特里希尽管对德国能在菲律宾站稳脚跟这一想法已不抱太大希望，但是仍然派遣出自己的舰船在列岛中巡弋，希望能为德国寻获一处用于海军舰艇停泊的驻地。他让"科莫兰号"往南航行，前往米沙鄢（Visayan）群岛的宿务和伊洛伊洛两地侦察；"艾琳号"则向北行驶，前往林加延（Lingayen）海湾的港口达古潘（Dagupan），去搜寻两名失踪的德国工程师。

与此同时，杜威让"巴尔的摩号"前去与安德森准将的第一远征军会合，并负责护送"查尔斯顿号"和三艘运输舰到达菲律宾。为了确保安全，6月25日，"巴尔的摩号"就提前前往会合地点。同时，杜威让自己的船旗副官布伦比（Brumby）乘坐"麦卡洛克号"前往科雷希多岛巡逻，并在此等待远征军进入马尼拉湾。6月27日，"麦克洛克号"刚刚截停了英国的"侏儒号"（Pygmy），就发现又有一艘舰船自北向马尼拉湾驶来，经过辨认，很快就确认那是从达古潘

---

① Diederichs to Henni von Diederichs, June 29 and July 4, 1898, Nachlass (paper) 255/5, Bundesarchiv-Militärarchiv (Federal Military Archives), Freiburg, Federal Republic of Germany, 转引自 Terrell D. Gottschall, *By Order of the Kaiser: Otto von Diederichs and the Rise of the Imperial German Navy, 1865–1902*, Annapolis：Naval Institute Press, 2003, p.199。

返航的"艾琳号"。奥本海默的"艾琳号"并没有找到两名失踪的工程师,船上只搭载了从菲律宾起义军控制区域逃出的14名菲律宾人,他们均是非战斗人员,包括四名妇女和十名孩童。

"麦卡洛克号"立刻打出国际通用的信号"B-N-D",意为"停船,我有一些事情需要和你联系,我们将靠近你们"(Halt. I have something to communicate. Close.)。其实两艘军舰之间已经非常熟络——"艾琳号"在菲律宾水域已经待了六周,而布伦比也曾数次访问"艾琳号"。然而这次显然是公事公办,布伦比登上"艾琳号"后,要求对方告知身份。奥本海默表示欢迎布伦比登临舰船,然后询问他为什么在此处巡航,并要求过往军舰停船以登船检查。布伦比首先拒绝告知对方自己为何来此,但是随后又回答说,他奉命在此等候"巴尔的摩号"和远征军的护航舰队。奥本海默对此严正抗议,认为在这种情况下,"麦卡洛克号"无权打出"B-N-D"信号或是拦截"艾琳号"。随后,布伦比返回到"麦卡洛克号"上,继续在科雷希多岛巡逻,而"艾琳号"则驶入了马尼拉湾。

这场事件并未造成严重的冲突,因此奥本海默也没有向迪特里希做出相关汇报。几天之后,迪特里希再次派出"艾琳号"北上航行60海里,前往苏比克湾。苏比克湾湾口的格兰德岛上有军事壁垒,可以确保锚地以及奥隆阿波港口的安全,这一良好的地理位置引起了迪特里希的注意。然而,7月1日,领事克鲁格向迪特里希通报说,菲律宾起义军新近占领了奥隆阿波市,克鲁格担心这会危及附近德国侨民的安全,因此建议迪特里希迅速对苏比克湾内进行侦察。克鲁格还告诉迪特里希,日本军舰"松岛号"(Matsushima)几天之前已经进入了苏比克湾,协助西班牙对奥隆阿波的西班牙裔平民和驻军进行撤离,他们将几百人的西班牙正规军和菲律宾士兵运送到了格兰德

第七章　美德海军在马尼拉湾的对峙

岛,随后,奥隆阿波市的随军家属和文职官员也乘坐民用船只转移到了岛上。起义军目前包围了格兰德岛,切断了岛上的食物供给,因此奥古斯丁总督找到克鲁格,请求德国军舰能够为岛上送去补给。然而奥古斯丁的请求遭到了迪特里希的拒绝,但是7月5日黎明,他依然命令"艾琳号"启程出发前往苏比克湾,执行侦察任务。迪特里希给"艾琳号"分配了三项任务:第一,在起义军进攻的路上,搜寻并撤离德侨;第二,在苏比克湾内,搜寻一些未来可供舰队躲避台风的下锚地;第三,最首要的任务还是探寻苏比克湾,评估其军事价值。迪特里希虽然拒绝了奥古斯丁的要求,但是还是同意奥本海默可展开人道主义行动:"不论何地,只要有妇孺身陷危险,就允许他们上船,并将他们护送到马尼拉。"① 令迪特里希未曾料到的是,正是这个决定,让美德两国在马尼拉湾陷入了一场对峙。

接近正午时分,"艾琳号"抵达了苏比克湾。奥本海默立即发现了一艘悬挂着西班牙国旗的蒸汽轮船,它也是守卫在格兰德岛附近的唯一舰船。船上指挥官告诉奥本海默,菲律宾人起义军对奥隆阿波市的进攻使得西班牙驻军已经开始从要塞向格兰德岛撤离,起义军下令,西班牙人必须投降。这时,"艾琳号"突然发现起义军的舰船"菲律宾公司号"(Companie de Filipinas)从奥隆阿波的方向驶来。在这艘西班牙人的舰船上,菲律宾水手发动了叛乱,杀死了西班牙裔长官,控制了该船。"菲律宾公司号"停泊在格兰德岛附近后,与"艾琳号"取得了联系。舰船上的菲律宾起义军告诉奥本海默,他们只是希望格兰德上的西班牙军队向他们投降,但是如果遭到拒绝的话,

---

① Diederichs to Obenheimer, July 3, 1898, Reichsmarine 38/43, *Bundesarchiv-Militärarchiv* (*Federal Military Archives*), Freiburg, Federal Republic of Germany, 转引自 Terrell D. Gottschall, *By Order of the Kaiser: Otto von Diederichs and the Rise of the Imperial German Navy, 1865-1902*, Annapolis: Naval Institute Press, 2003, p. 201.

那么他们会对西班牙军队发动炮击。奥本海默告诉起义军，他们的行为将被视为海盗行为。随后，起义军被迫撤离了格兰德岛。对于这场干涉，德国人认为其"拯救了格兰德上的西班牙驻军"；而英国舰队司令奇切斯特则记录说，奥本海默告诉起义军，德国是西班牙的朋友，因此不允许岛上的西班牙人受到骚扰，如果叛乱分子坚持登陆，那么"艾琳号"将对他们进行炮击，这一表态阻止了起义军对格兰德岛的进攻。奥本海默登上格兰德岛之后，岛上的西班牙军官告知他岛上缺粮断水，但是奥本海默拒绝提供任何军事援助，不过他也同意等到完成任务返航时，会带走的岛上的非战斗人员和伤员。

随后，"艾琳号"抵达奥隆阿波。奥隆阿波已被起义军占领，但起义军依然为奥本海默举行了欢迎仪式。奥本海默对当地的码头进行了调查，探究此处作为海军基地的潜在价值。7月6日，"艾琳号"又短暂地到访了苏比克镇，在此并没有发现任何德国侨民，于是奥本海默决定返航。当日傍晚，"艾琳号"再次到达格兰德岛，准备搭载七名妇女、二十一名儿童、一名重伤员和一名天主教牧师后，向马尼拉返航。

双方军舰的航海日志对此次事件仅仅做了简要记录，奥本海默提交的报告中写道："当我们从（苏比克）海湾离开时，遇到了两艘美国军舰'罗利号'和'康科德号'，它们保持着战备状态。很快美舰就驶进了海湾，我们与它们脱离了接触。"[①]"罗利号"对于此事的航海记录也极其简单："上午6点45分，我们路过一艘从苏比克湾驶出

---

① Diederichs to Obenheimer, July 7, 1898, Reichsmarine 38/43, *Bundesarchiv-Militärarchiv*（*Federal Military Archives*）, Freiburg, Federal Republic of Germany，转引自 Terrell D. Gottschall, *By Order of the Kaiser: Otto von Diederichs and the Rise of the Imperial German Navy, 1865-1902*, Annapolis：Naval Institute Press, 2003, p. 205。

第七章　美德海军在马尼拉湾的对峙　　217

的德国军舰。"① "罗利号"舰长提交的报告中则如此写道:"上午7时,刚抵达海湾,就遇见一艘德国军舰自海湾驶出,它从我们一侧驶过,径直向马尼拉湾驶去。"

尽管奥本海默认为这次行动以和平为目的,也没有任何意外发生,但事情的发展远超出他的想象。就在双方军舰相遇之前,7月5日,对德国人感到不放心的杜威将其将帅旗挂在"麦卡洛克号"上,乘坐该舰到马里韦莱斯港口,环绕着停泊在港内的德国军舰进行近距离观察。在整个巡视过程中,杜威并未和德国人通气。7月6日,"菲律宾公司号"抵达甲米地,向阿奎纳多汇报了格兰德岛发生的事情。阿奎纳多又将此事告知给了杜威。杜威认为,德国人的这一行为显示,他们将成为西班牙殖民政府的直接保护者。杜威为了表明自己反对德国人干涉的态度,于7月6日午夜派出了由科格伦(J. B. Coghlan)上校率领的轻型巡洋舰"罗利号"和炮舰"康科德号",前往苏比克湾调查"艾琳号"干涉美军菲律宾盟友的事件。7月7日早上6点半,就在美国军舰抵达苏比克湾时,"艾琳号"正准备从格兰德岛出发,而美舰的突然出现让德国人大惊失色。两艘美舰迅速在"艾琳号"附近摆出了战斗队形,"罗利号"威胁要炮击格兰德岛。随后"艾琳号"从战场上撤离了,没有德国军舰庇佑的西班牙人很快便向美军投降,美国占领了格兰德岛。两艘美舰在返回到甲米地之前,将投降的包括16名军官和563名士兵在内的西班牙人全部交由菲律宾游击队看管。

为了表达对德国人的抗议,7月8日,杜威指派布鲁斯伯格

---

① Raleigh logbook, July 7, 1898, Record Group 24, National Archives and Records Administration, 转引自 Terrell D. Gottschall, *By Order of the Kaiser: Otto von Diederichs and the Rise of the Imperial German Navy, 1865-1902*, Annapolis: Naval Institute Press, 2003, p. 205。

(Brunsberg)中尉登上德舰,觐见迪特里希,提请他注意德国船只的一些未经国际法或海军惯例授权的行为。布鲁斯伯格向迪特里希递交了一封杜威的信。在信中,杜威指出:"目前美国与西班牙之间已经处在战争状态之中,正在执行封锁政策的舰队出于国际礼节,允许一支中立国的军舰舰队进入被封锁的港口。中立国应遵循封锁舰队的要求,行事符合中立国身份。我明确确认中立国的军舰不具备行使或要求行使探视权的意图,我所声称的探视权指的是与所封锁港口内的所有船只进行接触和联系的权利,因为它们都处于我军的封锁线以内。若中立国纠缠船只,那么我方有责任警告进出港口的军事人员。之所以这样做,并不是因为封锁的缘故,而是因为纠缠船只行为将会干扰我方的进攻。"① 迪特里希认为杜威对马尼拉的封锁并没有完全实现,但也强调自己并不试图干涉杜威的行动,并承诺将会限制其船只在夜间的活动——此前提是坚持自己有偶尔在天黑后自由行动的权利。布鲁斯伯格在他的报告中说:"我深信迪特里希的真诚和人品的正直。"

7月9日,迪特里希将他的船旗副官保罗·冯·辛兹(Paul von Hintze)送到了"奥林匹亚号"上。辛兹觐见了杜威,递交了迪特里希写给杜威的信,信中主要就"麦卡洛克号"试图拦截并登上"艾琳号"而提出了抗议。迪特里希向杜威解释到,德舰的一些行为是在他不知情的情况下进行的,并表示舰队的这些行动并没有政治目的:"只要我方国旗的荣耀未受到威胁,我们自然也不会做出激怒封锁一方的事情。"杜威读完迪特里希的信之后,态度和缓了许多,将"艾琳号"被截停的事件归咎于"麦卡洛克号"指挥官的经验不足:

---

① George Dewey, *Autobiography of George Dewey: Admiral of the United States Navy*, Columbia: Pantianos Classics, 1913, p. 130.

第七章　美德海军在马尼拉湾的对峙

"你看,'麦卡洛克号'并非军舰,它只是一艘缉私船,因此舰长有可能错打了信号。"辛兹对杜威说,"艾琳号"5月初就到了菲律宾,"麦卡洛克号"应该能认出它的船旗或轮廓,前者完全可以用旗语或信号灯与"艾琳号"交流,因而没有权利截停和登船检查。这句话显然让杜威有所愤怒,杜威回答说,美军有资格登上任何船只,无论是军舰还是商船,"都需要进行登船调查以确定每一艘船只的身份"。杜威更提高了声调,显得非常生气:"为什么不?不管是谁,我方都要截停住每一艘战船,如果它们不停下,我方就会对它开火,阁下知道这意味着什么吗?那我告诉你,如果德国人想要战争,你们渴望战争,也在走向战争,只要你们确有心于此,我们会奉陪到底。很好,我们已做好了准备。"① 随后,杜威始终重复着这句话:"如果德国人想要战争的话。"辛兹只得悻悻退了出去。回到舰船后,辛兹在提交的报告中将杜威的愤怒总结为源自对德国人企图的不信任、对德国下一步行动传闻的担忧,以及德国在菲律宾群岛行为给美国带来的压力。② 迪特里希对这场事件也有评论:"对于那些在极度兴奋和完全失去控制的情况下所做的狂妄言论,我不屑一顾……对他所发出的威胁,我更是嗤之以鼻。我认为,考虑到美国还是一个年轻的国家,缺乏时间和物质条件来教导其子民礼仪,让他们举止良好,因此狂妄和

---

① Nathan Sargent, *Admiral Dewey and the Manila Campaign*, Washington D. C.: Naval Historical Foundation, 1947, pp. 67–73.
② Diederichs to Knorr, July 14, 1898, Reichsmarine 2/1855, *Bundesarchiv-Militärarchiv* (*Federal Military Archives*), Freiburg, Federal Republic of Germany, 转引自 Terrell D. Gottschall, *By Order of the Kaiser: Otto von Diederichs and the Rise of the Imperial German Navy, 1865–1902*, Annapolis: Naval Institute Press, 2003, pp. 207–208。

威胁这两种行为都是情有可原的了。"①

双方船旗副官的互访虽然没有解决迪特里希和杜威之间日益加剧的紧张关系，但是使得双方开始频繁来信，就封锁程序各自进行解释。7月11日，在杜威写给迪特里希的信中，杜威强调，"麦卡洛克号"没有第一时间辨认出"艾琳号"，是因为"艾琳号"的船头一直朝向"麦卡洛克号"，直到最后一刻才转向使两艘舰船处于平行的位置。尽管"麦卡洛克号"派出一艘小船去截停"艾琳号"，在打出"B-N-D"后，"艾琳号"依然高速接近，说明它并不想停下来。"艾琳号"的出现，甚至让美国人吃了一惊，因为他们原以为它依然停泊在马里韦莱斯海湾内，没想到会出现在这里。杜威认为，敌舰也会悬挂中立国旗帜来欺诈对手，因此登上一艘悬挂中立国旗帜的军舰来确认它的身份是正常的，这是实行封锁的一方的权利。② 当日，迪特里希就回信予以答复，他认为"麦卡洛克号"是否认出"艾琳号"并不是这一事件的重点，重点在于国际海洋法规定，只有对于那些被怀疑携带战争违禁品的中立商船，执行封锁的船只才有权利拦截并登船检查，而对于悬挂中立国国旗的军舰，则没有这样的权利。③ 7月12日上午，杜威再次致信迪特里希，否认了曾提到登临舰船的权利，

---

① Diederichs to Knorr, July 14, 1898, Reichsmarine 2/1855, *Bundesarchiv-Militärarchiv* (*Federal Military Archives*), Freiburg, Federal Republic of Germany, 转引自 Terrell D. Gottschall, *By Order of the Kaiser: Otto von Diederichs and the Rise of the Imperial German Navy, 1865–1902*, Annapolis：Naval Institute Press, 2003, pp. 208。

② Dewey to Diederichs, July 12, 1898, Reichsmarine 38/43, *Bundesarchiv-Militärarchiv* (*Federal Military Archives*), Freiburg, Federal Republic of Germany, 转引自 Terrell D. Gottschall, *By Order of the Kaiser: Otto von Diederichs and the Rise of the Imperial German Navy, 1865–1902*, Annapolis：Naval Institute Press, 2003, p. 208。

③ Diederichs to Dewey, July 11, 1898, Letters, Dewey Papers, Library of Congress, Washington D. C., 转引自 Terrell D. Gottschall, *By Order of the Kaiser: Otto von Diederichs and the Rise of the Imperial German Navy, 1865–1902*, Annapolis：Naval Institute Press, 2003, p. 209。

但是他认为美国有权利要求任何一艘试图穿越封锁线的舰船与美军主动联系。如果封锁国的舰队允许中立国的军舰进入一个被封锁的港口，那只是处于国际礼节，而并非中立国的权利。①

在收到杜威的第二封信之后，迪特里希并没有立即回信，而是向马尼拉湾的其他中立国舰队征询意见。法国舰队司令菲利普·布德尔（Philipe de la Bedolliéré）上将认为，一艘军舰特有的轮廓和标志足以让它的身份可被辨认，即使挂着虚假的军旗，也不足以掩饰它的身份。日本舰队司令野村（Nomura）上将则列举中日甲午海战，证明封锁舰队要求与过往舰船通信，只是为了确认身份，而并不具备登临检查权。奥匈帝国"弗伦兹贝格号"（Frundsberg）舰长齐格勒（Ziegler）上校正打算立即离开马尼拉，动身前往日本横滨港。他认为，这种分歧仅仅是学术性的。与其他人不同，英国舰队司令奇切斯特上校明确反对迪特里希的观点。7月12日，奇切斯特到访"凯撒号"，向迪特里希表明，认为国际法确实赋予了登临确认权，但是上船搜查是不可接受的。奇切斯特甚至强调，如果换作是他，有船只不遵从命令来验证身份的话，他也会"开炮射击"②。在实际行动中，奇切斯特也告诫其手下所有舰长，他们进入港口时应首先向杜威舰队报告，征得其同意后才能靠岸停泊。英国人的这一态度让法国、俄国、日本等国表示愿意遵守美国的封锁政策。在听取完各国舰队的意见后，迪特里希再给杜威回信，迪特里希在信中承认了杜威有权利要求试图进入马尼拉港的舰船必须与之通信。

---

　① Dewey to Diederichs, July 12, 1898, Reichsmarine 38/43, *Bundesarchiv-Militärarchiv* (*Federal Military Archives*), Freiburg, Federal Republic of Germany, 转引自 Terrell D. Gottschall, *By Order of the Kaiser: Otto von Diederichs and the Rise of the Imperial German Navy, 1865–1902*, Annapolis：Naval Institute Press, 2003, p. 209。

　② Terrell D. Gottschall, *By Order of the Kaiser: Otto von Diederichs and the Rise of the Imperial German Navy, 1865–1902*, Annapolis：Naval Institute Press, 2003, p. 209.

杜威和迪特里希的这场对峙,究其实质是双方就海军封锁制度和军舰登临检查权持有不同的观点。登临检查是一国海军舰艇根据登临权在公海上对任意外国船舶(享有完全豁免权的船只除外)进行登临检查的海上行动。理论上说,在没有军舰护航的情况下,任何一艘船只都有可能成为登临检查的对象,因为根据登临权的规定,只要一国海军舰艇怀疑公海上的船只存在嫌疑,就可以对其进行登临检查。迪特里希尽管在后面的讨论中承认了杜威对马尼拉形成了有效封锁,但是拒不接受杜威舰队享有军舰登临检查权。在听到辛兹汇报完杜威大发雷霆地说"如果德国人想挑起战争"时,迪特里希对此并不在意,只将杜威的突然发怒归结为"美国人缺乏教养"。迪特里希在写给海军部的信件中表达了他对美国人态度的不满,其中最尖刻的一份信件是1898年8月28日发出的。他在信中指出:"很显然,美国的士兵或军官要与欧洲同行们平起平坐的话,还需要长时间的训练……就目前而言,我们欧洲依照传统,能贯彻坚定不移的军队部署,必然能战胜美国人犹豫不决的集体战术。"①

不过杜威则认为自己的这一态度起到了效果,他在回忆录中如此记述这次争执的结局:"迪特里希中将派来了一位干练并机智的年轻军官向我递上了申诉备忘录,我听完之后,利用这次机会把我的态度坦率而坚定地用口头的方式传递给他的上级,他很成功地做到了这一点,迪特里希理解了我的观点。自此,我和其他国家的指挥官就关于封锁及其应遵守的相关礼节的基本概念达成了一致,(我方的封锁)再未受其干扰。正如我向总统所解释的那样,战争结束后,双

---

① Bundesarchiv-Militärarchiv, Freiburg, West Germany (Federal Military Archive), F4324 Reichs-Marine Amt. Krieg zwischen Spanien und Americka, Vol. 3, Diederichs to Berlin, Augest 28, 1898, 转引自 Holger H. Herwig, *Politics of Frustration: The United States in German Naval Planning, 1889-1941*, New York: Little, Brown and Company, 1976, pp. 31-32.

方关于国际法的一些分歧已经得到了有利于增加双方友好的调整,并未使总统的忧虑增多。"①

双方之间的这场对峙,也成为"第一次世界大战之前,对美德关系最具破坏性的一次独立事件"②。在这场较量中,杜威虽然意识到德国很多次破坏了美国对马尼拉的封锁,但是也"意识到成功地进行这场战争(美西战争)是多么必要"。美国不应该与德国发生冲突,杜威虽然不允许德国人公开无视他的权威,但在很多情况下,他不得不对德国的行为选择睁一只眼闭一只眼。③ 对于德国人来说,他们也在这些一连串的海上竞争中意识到了自己海权力量的薄弱。10月29日,威廉二世告知比洛,德国的不幸就源自缺少足够的海权,"20年后",当我们的舰队做好了准备时,"我们将采取完全不同的策略"。④

---

① George Dewey, *Autobiography of George Dewey: Admiral of the United States Navy*, Columbia: Pantianos Classics, 1913, p. 131.

② Holger H. Herwig, *"Luxury" Fleet: The Imperial German Navy, 1888-1918*, London: Taylor & Francis Group, LLC, 1980, p. 100; Holger H. Herwig, *Politics of Frustration: The United States in German Naval Planning, 1889-1941*, New York: Little, Brown and Company, 1976, p. 30.

③ Nathan Sargent, *Admiral Dewey and the Manila Campaign*, Washington D. C.: Naval Historical Foundation, 1947, p. 75.

④ Nathan Sargent, *Admiral Dewey and the Manila Campaign*, Washington D. C.: Naval Historical Foundation, 1947, p. 101.

第八章
美军占领马尼拉城与巴黎和谈

美国第八军的陆续到达,大大缓解了杜威的威胁。如何借助不断到达的美军士兵稳定当地局势,确保舰队在马尼拉湾的安全,成为杜威和梅里特下一步的军事目标。然而,军事行动的进一步扩大,使得美国和菲律宾起义军在进攻西班牙人时所达成的合作逐渐破裂。美国政府的当务之急,是以签订条约的方式将战争中所攫取到的优势稳固下来,并得到其他列强的认可。在此期间,随着马尼拉战事的进行,美国已经逐渐卷入菲律宾的事务中,麦金莱政府内部及美国民众就美国在菲律宾的利益需求展开了讨论。美国利益范围界定的过程与美国在菲律宾的行动是互构的,其利益也随着行为的展开而逐渐清晰。

第一节 美国远征军的陆续到达

当美国第八军陆续到达菲律宾时,此时驻守在马尼拉城的西班牙陆军人数大约为13 000人,马尼拉城周边的防御工事主要面向的是内陆地区,面朝海岸这边的防御相对较弱。美军乐于见到菲律宾游击队不断对西班牙人进行袭扰,令西班牙人的防御重心始终被牢牢地固定在内陆地区。西班牙人也曾试图争取菲律宾人的支持,当美西战争

第八章 美军占领马尼拉城与巴黎和谈

爆发时,菲律宾总督奥古斯丁在1898年4月组建了一个协商议会,吸纳了菲律宾的一些著名人士,想以此换取菲律宾人对他的支持,其中包括后来菲律宾军政领导人之一的潘塔莱翁·加西亚(Pantaleon T. García)①。然而,协商议会并不能修补西班牙殖民当局与菲律宾人之间的矛盾,该议会最终以分裂而告终。

7月17日,弗朗西斯·格林带领的第二批远征军分遣队到达菲律宾海域,与杜威的舰队在甲多角(Cape Bojeador)会合。同一天,一位由美国政府派来的信使乘坐着日本巡洋舰"筱山号"(Naniwakan)抵达马尼拉湾。信使向杜威舰队和远征军传达了一个胜利消息:桑普森上将在圣地亚哥摧毁了西班牙人的舰队。

7月18日,第二批远征军在帕拉那克(Paranaque)登陆。相比于第一批远征军分遣队的登陆地点——卡维拉半岛,帕拉那克更加靠近马尼拉。为了确保登陆顺利,杜威调用所俘虏的原蒙托霍舰队中的"飞速号"和"伊莎贝拉号"(Isabel)用于来回运送登陆部队,而炮艇"卡亚俄号"则被安排用来保护登陆部队。帕拉那克虽然已经处于西班牙人的岸防火炮射程之内,可是西班牙人在整个美军登陆过程中依然恪守着与杜威达成的协议,并未向美军开火。另外,菲律宾游击队持续两个月的游击作战,已经基本上破坏了马尼拉城外围的主要防御工事。第二批部队登陆用了三天时间,在整个登陆期间,美军并没有受到西班牙岸防炮火的攻击,第二批远征军分遣队3 500多人的弹药、补给全部安全登陆,远征军开始在这一地区安营扎寨,并且尽

---

① 潘塔莱翁·加西亚(1856—1936),菲律宾民族解放运动领导人。在1896年8月菲律宾反对西班牙的民族解放运动开始时,加西亚就开始追随阿奎纳多参与到革命之中,在民族解放军中,他被授予准将军衔。1898年4月,加西亚被奥古斯丁选为协商议会中的成员之一。5月,加西亚离开议会。阿奎纳多返回菲律宾后,加西亚再次投身于解放运动之中,在马尼拉附近开展针对西班牙的战斗。7月,加西亚试图同马尼拉的守军进行谈判,但遭到拒绝。

快让自己适应菲律宾的热带植被和湿热、暴雨的季节。7月25日，刚刚于5月晋升为准将的亚瑟·麦克阿瑟三世所率领的4800人组成的第三批远征军分遣队到达菲律宾，第八军团司令韦斯利·梅里特少将同期到达。至此，第八军的主力已全部抵达菲律宾。

梅里特抵达菲律宾之后，开始和杜威商定进攻马尼拉的战略。起初，二人一致认为，目前不应采取任何可能激化与西班牙人的冲突或导致双方全面交战的军事行动，直到第八军和杜威的舰队能够做好足够的准备进行海陆军联合作战。对于杜威来说，他现在并不渴望同西班牙的马尼拉驻军展开交火，一是担心如果他的舰队对马尼拉进行炮击的话，有可能给德国舰队介入干预的机会，目前德国舰队在马尼拉湾的实力依然让他有所忌惮，他希望等到与朗答应调配给他的"蒙特利号"等军舰会合之后再开始炮击；二是战争进入7月下旬之后，已经荣升为少将军衔的杜威确信西班牙将会提出和谈，并最终投降。他先后会见了西班牙驻菲律宾的前后两任总督奥古斯丁和费尔明·若登内兹（Fermín Jáudenes y）①，几次谈判之后，杜威确信西班牙人最终很有可能向美军投降，进而实现对马尼拉城的和平占领。

梅里特认为如果进攻的话，应该沿着海岸线向马尼拉城进发，但是这意味着必须穿越菲律宾军队所控制的地区。梅里特同杜威一样，也收到国内的相关指令，禁止与菲律宾游击队有任何实质性的合作。为了穿过菲律宾人的包围圈，进入马尼拉城附近，他指派格林同菲律宾游击队展开谈判。很快，格林不负使命，通过谈判，让菲律宾游击队为美军让出一部分用来包围马尼拉的战壕防线。格林率领其麾下的美军占领这段战壕，然后借口其地理位置不好，又将战壕向前推进

---

① 费尔明·若登内兹，第116任菲律宾总督，任职时间为1898年7月24日至1898年8月13日。

100 码，以至于离阿巴德要塞仅有 1 000 码，这已经处于阿巴德要塞的攻击范围之内。美军一开始构筑新的战壕工事时，西班牙人并没有发动攻击。西班牙人可能突然意识到美军新工事对他们所造成的威胁，于是 7 月 31 日晚，阿巴德要塞上的炮火突然向美军的战壕工事开火，整个开火时间持续了两个小时，造成美军十人阵亡，30 人受伤。自此，格林的军队在阿巴德要塞与西班牙军队形成对峙局面，每天的交火让他的部队遭受着不断攀升的伤亡人数。为了给西班牙施加压力，迫使他们尽早投降，格林开始不断敦促杜威的舰队炮击西班牙驻地。梅里特也支持格林的这一建议，但是杜威却一直不愿意采取炮击政策，因为担心这样将会失去与西班牙人和谈的机会。此时杜威仍然相信依照目前的形势，有可能通过和谈达成和平占领马尼拉的协议，他甚至向梅里特建议让陆军从战壕中撤出来，如果和谈无法进行的话，那么再决定发动地面进攻。不过杜威也明白，他必须要积极配合格林的陆军军事行动，他们约定了配合行动的信号：如果格林遭到西班牙的攻击，需要得到舰炮支援时，格林的部队将在海滩上点燃蓝色火焰，杜威舰队则开始炮击西班牙人的阵地。

一方面，为了做好配合格林对马尼拉城可能发动的进攻，杜威让"波士顿号"停泊在格林部队附近的海面上并做好炮击准备；但是另一方面，杜威再三向"波士顿号"强调，如非绝对必要，尽可能避免开火。接下来的一周里，阿巴德要塞又至少在三个夜晚炮击了美军战壕，但是梅里特和格林都听从了杜威的意见而予以克制，提出除非西班牙人冲出来进攻，否则美军都不会还击。这一举动使得杜威希望通过和谈逼迫西班牙人投降的大门没有被关闭，更让杜威宽心的是，"蒙特利号"终于在 8 月 4 日抵达马尼拉湾，与亚洲分舰队会合，使杜威麾下的力量得到了增强。

第二节　美军对马尼拉城的围攻

对于马尼拉城的守军来说，状况已经变得越来越糟糕。由于其在吕宋岛的全部交通都因为菲律宾游击队对马尼拉城的包围而中断，马尼拉城所需的物资只能全部依靠海上运输来供给，然而杜威严格的海上封锁政策已经完全阻隔了马尼拉城同外岛的海上联系，使得马尼拉城与外界的物资供应渠道已经完全被切断。早在5月间，菲律宾总督奥古斯丁就通过英国领事罗森·沃克向杜威表示了愿意投降的想法，然而杜威断然拒绝了接受他的投降，因为那时的杜威还没有力量占领马尼拉城，担心如果接受西班牙人的投降，将有可能最终让马尼拉城落入菲律宾人手中，而菲律宾人占领马尼拉之后，就有可能在城内对西方人采取复仇和掠夺政策。7月，由于英国领事罗森·沃克身患重病或不久于人世，奥古斯丁转而请求比利时驻马尼拉领事爱德华·安德烈（Edouard C. André）作为中间人，再次向杜威表达了投降意愿，但是这一次梅里特却对西班牙人的投降诚意抱持怀疑，依然拒绝了西班牙人的投降。

7月底，奥古斯丁被西班牙政府撤除了总督职务，原因在于他写信给西班牙政府，表达了他对马尼拉目前严峻局势的担忧，对其防御现状感到绝望。他认为，目前西班牙驻马尼拉的军队已经趋于崩溃，物资供应严重短缺。随着马尼拉城附近登陆的美军数量迅速增加，此时又获知原本前来支援的卡马拉舰队已返回了西班牙，奥古斯丁顿时陷入了彻底的绝望中，于是宣布自己拒绝对目前的状况承担任何责任。此外，西班牙议会也接到一则情报，说奥古斯丁曾和菲律宾游击队的领导人取得联系，因而奥古斯丁有可能在不放一枪的情况下，向

第八章 美军占领马尼拉城与巴黎和谈

菲律宾人或美国人投降。至此,西班牙政府决定将奥古斯丁就地免职,其职务转交给其副手费尔明·若登内兹。接任职务的若登内兹同时接到了从国内发来的命令,让他坚守马尼拉城,不得投降或从马尼拉城撤出,因为即将开始的巴黎和谈将受战争结局的影响,包括菲律宾在内的各个战场的胜负状况将决定谈判双方在和谈中的地位。即便西班牙希望若登内兹能够保住马尼拉城,但是后者却依然延续着前任的政策,保持同安德烈的协谈。在谈判中,若登内兹指出西班牙政府要求自己不得主动向美军投降,因此只有遭到美军的攻击后,才能选择"被迫投降"。双方达成协议,若登内兹承诺马尼拉的岸防火炮舰队不会对杜威舰队开火,杜威则保证当美军向马尼拉城发动进攻时,其舰队不会向马尼拉城内开火。双方秘密约定,一旦美军发起进攻,西班牙军将会放弃马尼拉城的外围防御工事,退回到马尼拉城内,美军则不再猛烈攻击马尼拉城。若西班牙军选择投降,美军的"奥林匹亚号"将会在双方约定时间升起一面信号旗,信号旗上将显示国际代码"D. W. H. B",意即要求西班牙人立即"投降";而西班牙人则会在马尼拉城城墙上的某个特定位置升起一面白旗作为响应。虽然双方还没有就投降的条件达成协议,但是杜威和梅里特明确告知若登内兹,西班牙人投降之后是否能得到美军的宽大政策,很大程度上取决于西班牙人是否只进行短暂的抵抗。整个谈判一直持续到美军发动进攻的前一天,西班牙人虽然意识到他们现在除了投降别无他路,但是为了免于西班牙政府的苛责,依然决定不能不加抵抗就直接向美军投降。

1898年8月7日,梅里特和杜威联合向若登内兹下达了通牒,要求西班牙在48小时内投降,否则美军将会发起进攻:"自你方收到本函之时算起的48小时之后,美国陆海军将可能在任何时间对马尼拉城防工事发动进攻，如有必要，进攻时间也可能将会提前。我们发出本通牒的最后目的，是希望您能有机会将所有的非战斗人员从马尼拉城撤出。"① 面对梅里特和杜威的通牒，若登内兹当天就给了回复："我很荣幸地通知阁下，我方已于今天中午 12 点半收到了贵方的最后通牒，时间为 48 小时后或稍早，如果二位将军对我军发动攻击，就意味着向我方这座设有城防工事的城市发起进攻。您将公告传达给我，意即希望能够确保城市内非战斗人员的安全。我向您的崇高行为表示感谢，您的行为体现出您内心中的人道主义信念。但是环顾四周，我方已被菲律宾起义军包围，除了马尼拉的城墙外，已经没有其他地方可以收容与日俱增的伤员、病人、妇女和儿童。"② 若登内兹向杜威和梅里特强调，其迫于无奈，已将城内伤病号和妇孺安置在城墙上。显而易见，此举意在阻止美军炮轰马尼拉城。

若登内兹之所以这么做，是希望借此延缓美军对马尼拉城发动攻击的时间。看到若登内兹如此回答，杜威和梅里特在第二封通牒中语气已经发生了不小的变化："一旦出于战争需要，我们必须得摧毁伤员、妇孺所聚集的城墙上的那段工事的话，那么待在城墙上的他们所将遭受的苦难自然无法避免。然而我们亦希望能将我们对阁下的怜惜顺利地传递给您，您在损失了整支海军舰队又再无救援希望的情况下，还能如此意志坚定并顽强抵抗，让人深表同情。因此，在不影响阁下所表现出的崇高荣誉感和责任感的前提下，我们认为，除了城市各个陆地方向包围的兵员数量在不断增加外，横亘在您面前的还有一支强大的舰队，您已没有获得任何增援的希望。如果我方开始发动攻

---

① George Dewey, *Autobiography of George Dewey: Admiral of the United States Navy*, Columbia: Pantianos Classics, 1913, p. 157.

② George Dewey, *Autobiography of George Dewey: Admiral of the United States Navy*, Columbia: Pantianos Classics, 1913, pp. 157-158.

击，出于人性各个方面的考虑，您都不应该让您的城市遭到恐怖的轰炸。根据我方的要求，马尼拉市和您麾下的所有士兵必须向我方投降。"① 收到这封措辞已显强硬的通牒之后，若登内兹随即召开会议来讨论相关对策，与会人员最后举行投票，参会的 14 人中有七人投票同意立即和谈，七人表示反对。最终若登内兹决定继续采取拖延政策。他向美军提出由于自己尚未得到西班牙政府的授权，因此希望能够允许其使用香港的海底电缆与马德里进行联系，之后再做答复。8 月 8 日，若登内兹再次向杜威和梅里特发出了一封信函，详细说明这一要求，以求换得更长的时间。"我已收到阁下发来的信息，鉴于我和您所共同坚守的人道主义信念，您希望我带领所有部队向您投降。为此，我已经召集防御委员会的所有成员举行了会议。然而，会上所达成的决议是我们无法同意您提出的建议，对于您所说的我们城市目前所处的特殊处境，我完全赞同，因此我希望阁下能够宽宥给我一些必要的时间，让我能够通过香港与我国政府取得联系，向他们征询该如何定夺。"②

若登内兹的这一提议遭到了杜威和梅里特的拒绝。8 月 10 日，在给若登内兹的回函中，梅里特和杜威答复道："就您提出希望我们再为您延长最后期限的请求，我们谨以此函件通知阁下，我们对您上述要求的答复是，拒绝延长给您的最后期限。"③ 尽管西班牙人拒绝了投降，但是自 8 月 7 日收到美军的第一次通牒后，美西双方实际上就停止了相互炮击，西班牙军也未再在夜晚发动炮击。

---

① George Dewey, *Autobiography of George Dewey: Admiral of the United States Navy*, Columbia：Pantianos Classics, 1913, p. 158.
② George Dewey, *Autobiography of George Dewey: Admiral of the United States Navy*, Columbia：Pantianos Classics, 1913, pp. 158–159.
③ George Dewey, *Autobiography of George Dewey: Admiral of the United States Navy*, Columbia：Pantianos Classics, 1913, p. 159.

杜威仍未放弃和谈的努力，他通过比利时驻马尼拉领事安德烈与若登内兹取得联系，并通过这一私人渠道，再次请若登内兹考虑他提出的有关西班牙军向美军投降的建议。若登内兹这次并没有断然拒绝杜威的要求，他同意考虑杜威的提议，但是坚持必须要保卫这座城市以捍卫西班牙人的荣誉。若登内兹之所以转变态度，除了意识到自己已经难以抵御美军的进攻外，更重要的是菲律宾军队已经来到马尼拉城附近，若登内兹担心如果最终他不得不向菲律宾人投降的话，那么菲律宾军队出于对殖民政府的憎恶，可能会对城内的西班牙居民实施残忍报复。如果殖民政府选择向美国人投降，就可以与之一道将阿奎纳多军队拒之城外，确保西班牙官员的生命和财产安全。

8月9日，美军开始准备向马尼拉发动攻击。他们通知依然滞留在马尼拉城附近的其他国家的战斗人员和难民迅疾离开战场。此时，德国和法国的军舰停泊到了马尼拉城以北的位置，而英国和日本的船只则停泊在甲米地港口。为了确保最后的马尼拉城攻防战不会受到德国人的干涉，杜威派遣"康科德号"和"海燕号"至距帕西格河河口防波堤1英里左右的地方，这里离德国军舰下锚处不远，便于监视德军的动向。

8月10日上午，所有战前准备都已基本就绪，杜威舰队准备向马尼拉港口进发。然而，梅里特将军突然登上"奥林匹亚号"告知杜威，其所带领的第八军尚未准备完毕。因此，美军发动进攻的时间被推迟了。8月12日，美军宣布将在次日发动对马尼拉的攻击。当夜，天空飘起阵雨，空气闷热难耐。13日凌晨，天气开始转晴，闷热天气得以部分消散。上午8点45分，甲米地内的杜威舰队启程向马尼拉进发，各舰进入预定战位："查尔斯顿号""波士顿号"和"巴尔的摩号"停泊在卢内塔（Luneta）炮台附近；"蒙特利号"的战位

第八章　美军占领马尼拉城与巴黎和谈　　　233

则用来对准马尼拉市区内的炮台；"奥林匹亚号""罗利号""海燕号""卡亚俄号"和"麦卡洛克号"则对准阿巴德要塞，它们所在的位置极为重要，不仅能压制住这个要塞的炮火，而且能够对西班牙的整条防线实现纵向射击。与美舰同时启程的还有英国舰队司令奇切斯特所率领的两艘英国军舰"不朽号"和"伊菲格尼亚号"（Iphigenia），它们停泊在美舰和德舰之间，确保了杜威舰队左翼的安全。在各舰分别进入作战位置之后，上午9点35分，各舰的辅助舰炮对准各自的目标开始炮击，整个炮击时间持续了大约一个小时，其间西班牙人没有任何还击。在舰炮的掩护下，美国第八军从两条战线同时由南向北对马尼拉发动了进攻，格林所带领的第二旅和麦克阿瑟三世所带领的部队分别从两个方向逼近马尼拉城。虽然西班牙的抵抗比梅里特最初所设想的要顽强得多，但是依然在美军的进攻下节节败退。

10点32分，"奥林匹亚号"发出了停止炮击的信号。随即，塔潘中尉带领的"卡亚俄号"和见习军官怀特（White）带领的"巴塞罗号"两艘小艇冲到海滩附近，用机枪向海滩的西班牙人战壕进行火力压制，掩护陆军穿过战壕。10点35分，阿巴德要塞上方的西班牙旗帜降下，美国国旗升起。至此，美军打通了通往马尼拉的一道最关键防线。

在这场攻击中，美舰上的39门主炮均未向西班牙岸防工事开炮，而西班牙方面也没向美舰开火，双方遵守了彼此先前达成的基本协议。梅里特希望美西的这笔交易不会被菲律宾人所觉察，进而意识到其利益已经被美国人出卖。他甚至没有将这一协议告诉给负责前线作战的格林和麦克阿瑟三世两人，担心如果知道这一消息被泄露出去，将会使随后的战争显得并不真实，从而影响计划的实施。

11点，"奥林匹亚号"上挂起了"D. W. H. B"的信号旗。11点

20分，马尼拉城西南处一段城墙上也飘起了白旗。杜威的副官布伦比上尉、梅里特的参谋查尔斯·惠蒂尔（Charles A. Whittier）中校分别代表两位将军，和比利时领事安德烈一同登岸，最终与西班牙总督若登内兹和蒙托霍进行了会面协商，双方很快达成了关于西班牙人向美军投降的初步条款。

今天双方就驻守菲律宾的西班牙军队向美军投降的事宜达成初步协议，其具体细节将由双方联合组成的委员会负责制定。

投降条件如下：

1. 美国军队将会占领马尼拉城及其周边防御工事，至于马尼拉城的前途则交由未来两国之间通过达成和平协定来商讨决定。

2. 由于缺少运输船只以及叛军对马尼拉城的围困，驻守于菲律宾的西班牙官兵无法从陆路或海路撤离此地。因此，双方同意，所有的西班牙战斗部队都在保留战争荣誉的前提下向美军投降。军官们可以保留他们的佩剑、佩枪、马匹和家具设施，所有西班牙部队驻留在双方一致同意的地点。

3. 所有投降的人都将享有自由，他们在其居留地上所享有的权利均应受到尊重。

4. 西班牙军队应遵照他们长官的命令待在军营内，不得外出。

5. 美国负责管理菲律宾的机构和军队应该尊重居住在马尼拉城区及郊区的居民的居住权利和财产权利。

6. 银行、信贷所，以及出于教育目的或以人类和文明本身为目的而设立的所有机构、设施都应被保全，除非美国行政当局因为情势变化而需要调整政策。

7. 如果资金充裕的话，那么滞留在菲律宾的西班牙陆军、海军军事人员的生活费用将由西班牙财政部拨付。如果资金难以维持的话，那么其生活费用将由美国依据他们的军衔，对照战俘的待遇予以发放。

8. 遣返西班牙官兵及其家属所需的费用，将由美国和愿意返回西班牙的军官共同承担。

9. 菲律宾本地居民所组成的兵团就地解散。

10. 美国行政机构应该尽其所能，确保马尼拉居民的生命和财产安全。

第7条应被解释为包括口粮和生活必需品。美国负责决定生活必需品的具体种类。

应以组织为单位向美国当局提交完整的归国人员名单，并提供名单上所列人员的公共财产和物品的完整清单。

把军队送回西班牙的问题及其费用由美国政府决定。

美国人将建立起管理菲律宾的行政机构，等到西班牙人离开菲律宾而返回国内时，由行政机构酌情将武器分发给归国的士兵，军官们归国时也有权保留臂章以维护其荣誉。

费尔明·若登内兹　　　　　　韦斯利·梅里特

美国少将[①]

下午2点20分，副官布伦比返回到"奥林匹亚号"，向杜威报告敌人已投降了。即使如此，在未签订正式协议之前，杜威依然要求舰队来回巡弋并保持战备，以防局势出现变动。第八军则开始由卢内塔

[①] George Dewey, *Autobiography of George Dewey: Admiral of the United States Navy*, Columbia: Pantianos Classics, 1913, pp. 159-160.

炮台方向进城，与此同时还需要担负起防止菲律宾军队向马尼拉城靠近的任务。

为了让马尼拉城上空飘起美国国旗，杜威再次将布伦比送上岸。布伦比这次携带上整个舰队所能找到的最大的一面美国国旗，在几个信号兵的陪同下抵达马尼拉城。当天，杜威派遣"佐菲亚号"启程前往香港，将美军已经占领马尼拉城的消息传给国内："今日，在我国陆海军发起一次联合进攻之后，菲律宾群岛的马尼拉城向我军投降。一支分舰队炮击了位于马尼拉城南部的马拉塔要塞，将要塞内的西班牙守军击退，与此同时，我国的陆军也立刻向马尼拉城南部推进。大约下午5点，马尼拉城宣布投降。布伦比上尉升起了美国国旗。战后有大约7 000人的战俘。整个舰队零伤亡，也没有一艘舰船受损。8月7日，梅里特和我正式要求西班牙军队向我方投降，西班牙总督没有对此予以拒绝。直到此时，'莫纳多克号'依然尚未抵达（马尼拉湾）。"①

8月14日，西班牙的菲律宾殖民政府向美国人投降，双方达成"投降协定"。美国的远征军司令韦斯利·梅里特和西班牙的菲律宾总督若登内兹代表美西双方签订了该协定。

> 以下签字人，已经被任命为组成双方的联合委员会。美国菲律宾远征军司令韦斯利·梅里特少将和行使驻守菲律宾的西班牙军队司令职权的费尔明·若登内兹总督阁下前一日已达成相关协议，委员会将根据协议精神，进一步明确马尼拉城、郊区及其城防工事的具体细节和西班牙驻军的安置情况。双方达成的具体协

---

① Nathan Sargent, *Admiral Dewey and the Manila Campaign*, Washington D. C.: Naval Historical Foundation, 1947, p. 89.

议如下：

1. 西班牙军队中，欧洲裔和菲律宾裔官兵均在保留战争荣誉的前提下向美军投降。西班牙军队让出马尼拉城及其城防工事，将手中武器上缴并存放于美国当局指定的地方。西班牙军队遵照军官的指令，驻留在受美国当局控制的地区，直至两个交战国最终缔结和平条约。投降书中所涉及的所有人员的自由受到保护，其军官留于自己的家中，只要他们遵守西班牙政府为其制定的条例和现行法律，他们的权利就应得到尊重。

2. 军官可保留其副手、马匹和私人财产。

3. 所有公共马匹和各种类型的公共财产都应移交给美国当局所任命的工作人员手中。

4. 从即日算起，西班牙应在10日之内向美国当局递交人员清单以及所有公共财产和储备的清单，以上清单一式两份。

5. 所有关于遣返西班牙官兵及其眷属的问题及其遣返可能产生的费用，均应提交给华府，西班牙裔家庭可在他们觉得方便的任何时候离开马尼拉。

6. 在美西两国缔结正式和约之前，所有投降的西班牙军官，尽管其身份为战俘，但是美国政府将依据其军衔高低，为他们配给口粮和提供必要的援助。西班牙人的所有资金储备和其他公共资金应该移交给美国当局。

7. 美国军队以其信仰和荣誉做担保，马尼拉城连同它的居民、教堂和礼拜场、教育机构以及其他未能言尽的私人财产，都将受到美军特别的保障。

弗朗西斯·格林，美国陆军准将

本杰明·兰伯顿，美国海军上尉

查尔斯·惠蒂尔,中校,监察主任

E. H. 克劳德(E. H. Crowder),中校,军事法官

尼古拉斯·德·拉·佩纳(Nicolas de la Pena),审计长

卡洛斯·雷耶斯(Carlos Reyes),上校,工程师

何塞·迈拉·奥拉昆·费林(José Maria Olaquen Felín),上校,委员[①]

  为了顾及西班牙人的尊严,双方在表述"投降协定"时,有意地选择了"有条件投降"(capitulation/capitulación)一词,而非"无条件投降"(surrender/rendición)一词,因为按照西班牙的国内法律,士兵如果向敌人"无条件投降"的话,那么他们一回到国内就会被送上军事法庭。在达成了令彼此都满意的协定之后,美西又组织了"一场甚是体面却颇具喜剧色彩的马尼拉投降仪式"[②]。

  8月14日,美国向停泊在马尼拉湾的各国海军宣告了马尼拉城已被美国占领的消息。唯有英国舰队司令奇切斯特承认美国在菲律宾已经取得了主权,英国舰队鸣炮21响以示庆贺。两天之后,杜威终于进入了马尼拉城。8月18日,杜威向麦金莱总统发去了电报,详细汇报了战争的过程以及取得的战绩。[③] 8月22日,杜威收到了麦金莱总统发给他的贺电:"请你以及你下属的海军军官、水手和海军陆战队员们收下我对你们的感谢和祝贺,我谨代表美国国民向你们所展

[①] George Dewey, *Autobiography of George Dewey: Admiral of the United States Navy*, Columbia: Pantianos Classics, 1913, pp.160-161.

[②] 〔美〕詹姆斯·M. 莫里斯:《美国军队及其战争》,符金宇译,世界图书出版公司2013年版,第150页。

[③] George Dewey, *Autobiography of George Dewey: Admiral of the United States Navy*, Columbia: Pantianos Classics, 1913, pp.161-162.

第八章　美军占领马尼拉城与巴黎和谈

现出的英勇而表示感谢。"①

实际上，发生在马尼拉的这场战争原本可以避免。由于海底电缆被切断，美西军队都和外界失去了联系，以至于没有人知道就在美国向马尼拉政府发出最后通牒的几个小时之前，美西政府已经在巴黎达成了停火协定。8月12日，美国海军部助理部长查尔斯·赫伯特·艾伦（Charles Herbert Allen）给杜威连发了两封电报，告知杜威这一消息："总统签署了和平议定书，暂停一切敌对和封锁行动。"② 在第二封电报中，艾伦却告知杜威，为了确保美国在即将召开的巴黎和谈中取得更大的话语权，建议他一定要确保马尼拉处在美军的掌握之中："总统今天签署的议定书规定，在缔结一项和平条约之前，美国将占领和控制马尼拉市、马尼拉湾和马尼拉港，而这一行动将决定该条约有关如何控制、处置和管理菲律宾的相关条文。此举关系全局，格外重要。"③ 直到此时，麦金莱政府依然没有打算将马尼拉置于美国的版图之内，而只是将占领马尼拉作为未来和谈讨价还价时的筹码，以换取美国在古巴问题上更大的话语优势。

但是直到8月16日，有关美西两国已达成和平协议的消息才传到菲律宾。若登内兹与梅里特、杜威签订的投降协定规定西班牙士兵需要上缴武器，并作为战俘向美军投降，另外还规定在美西两国最终签订和平条约之前，西班牙士兵需要在美军的监督下留在自己原属的兵营之内，而对于西班牙军官，也允许他们依然保留原有的住房、副

---

① Nathan Sargent, *Admiral Dewey and the Manila Campaign*, Washington D. C.: Naval Historical Foundation, 1947, p. 89.
② Nathan Sargent, *Admiral Dewey and the Manila Campaign*, Washington D. C.: Naval Historical Foundation, 1947, pp. 67-73.
③ Nathan Sargent, *Admiral Dewey and the Manila Campaign*, Washington D. C.: Naval Historical Foundation, 1947, p. 88.

官、马匹以及所有的私人财产,美国军队只会收缴所有的公共财产和大约 100 万美元的西班牙殖民政府基金。尽管马尼拉城处于美国军队的控制之下,但是西班牙军人的家眷只要自己愿意,可以随时离开菲律宾而不受限制。然而,当美西两国在巴黎签订了停火协定的消息传到菲律宾之后,若登内兹就投降条款中的部分协定内容提出了抗议。若登内兹认为,巴黎停火协定在 8 月 13 日美西军队于马尼拉城交火之前就已经签订,因此自己与梅里特、杜威签订的投降协定没有任何意义,美军对马尼拉城的占领也失去了法理意义。对此抗议,梅里特予以了否定,他坚持要按照投降协定所规定的内容来处理西班牙战俘和公共财产。西班牙人虽然依然表示抗议,但是目前美军已经实际占领了马尼拉,只能遵照执行。最终 13 000 名西班牙人向美军投降,马尼拉城中的 22 000 件各类轻型武器、一亿发子弹和 70 门大炮落入美军的手中。

第三节　迪特里希离开马尼拉湾

在这段时间里,德国海军中将迪特里希小心翼翼地避免与美国舰船再次出现正面对峙。他对麾下舰长下达要求,可以按照惯例进行礼节性互访,如果夜色使得对方无法辨认舰船轮廓或悬挂的国旗的话,则可以允许对方登临船只。但是不允许对方白天行使登临权来确定身份。他总结说:"如果对方使用武力,那就刀枪相见吧。"[1] 与此同

---

[1] Diederichs to Stubenrauch, July 11, 1898, Reichsmarine 38/44, *Bundesarchiv-Militärarchiv* (*Federal Military Archives*), Freiburg, Federal Republic of Germany, 转引自 Terrell D. Gottschall, *By Order of the Kaiser: Otto von Diederichs and the Rise of the Imperial German Navy, 1865-1902*, Annapolis: Naval Institute Press, 2003, p. 210。

时，杜威也在采取相应措施来避免双方再一次出现对峙。他要求各舰长如须行使登临权时，一定要谨慎，只须询问舰名、船长姓名和上一个到访的港口。① 杜威曾与"罗利号"舰长讨论过对"凯撒号"发动进攻的可能，他们担心这艘德舰配备的260毫米舰炮，缘于其射程和火力都远超杜威舰队。杜威面对最大的麻烦还不止如此，他们需要考虑他们的火力如何能够击穿"凯撒号"厚重的甲板，而非指望能够击毁舰上的火炮。②

杜威和迪特里希之间的互通信件，似乎缓解了两支舰队之间的紧张关系。在此期间，杜威还将新近运到的一些冷冻羊肉作为礼物送给迪特里希。迪特里希也把刚从香港运达的一头小牛作为礼物回赠给杜威。双方在信中还互相表达了谢意，杜威告诉迪特里希："我刚收到您送来的礼物，无比合意，谢谢您。能换个口味，我愿能尽情欢愉。"③ 迪特里希在信中则表示："一只死羊和一头活牛就是供在我们友谊的祭坛上的祭品。"④ 杜威在给香港的领事鲁恩斯韦尔·魏德曼（Rounsevelle Wildman）的信中说道："德国在马尼拉的行为越来越得体，现在，我不认为他们企图干涉的想法已经几乎没有了，就静观日

---

① Memorandum for Commanding Officer, USS Baltimore, Flag Secretary. Dewey Papers, Library of Congress, Washington D. C., 转引自 Terrell D. Gottschall, *By Order of the Kaiser: Otto von Diederichs and the Rise of the Imperial German Navy, 1865 – 1902*, Annapolis: Naval Institute Press, 2003, p. 210。

② Oscar King Davis, *Released for Publication*, Boston: Houghton Mifflin Company, 1925, pp. 12 – 13。

③ Dewey to Diederichs, July 12, 1898, Reichsmarine 256/8, *Bundesarchiv-Militärarchiv* (Federal Military Archives), Freiburg, Federal Republic of Germany, 转引自 Terrell D. Gottschall, *By Order of the Kaiser: Otto von Diederichs and the Rise of the Imperial German Navy, 1865 – 1902*, Annapolis: Naval Institute Press, 2003, p. 210。

④ Otto von Diederichs, "Darstellung der Vorgänger vor Manila von Mai bis August 1898," *Marine Rundshau*, Vol. 25, 1914, p. 267, 转引自 Terrell D. Gottschall, *By Order of the Kaiser: Otto von Diederichs and the Rise of the Imperial German Navy, 1865 – 1902*, Annapolis: Naval Institute Press, 2003, p. 210。

后做何行动。"①

在发给德国帝国海军总司令部总司令克诺尔上将的报告中，迪特里希评估了一下德美两支舰队在马尼拉湾紧张对峙的原因，他不可避免地淡化了自己舰队的行动所带来的影响，而是认为这种紧张源自美国自美西战争以来对德国的不信任。他认为自己带领着五支舰队出现在马尼拉湾，更是强化了杜威所持有的偏见，使其加深了对德国人企图的怀疑。此外，他也抱怨了英美媒体，正是由于他们对东亚这场事件的大肆抨击、对决策的横加干扰、对民族情绪的煽动蛊惑，才加重了这场危机。②迪特里希在发出的另一份报告中预测了菲律宾局势。他认为美国必然会宣布占领菲律宾，这将会对德国国家利益造成损害。他认为菲律宾游击队将会把他们未来命运的赌注押在美国人身上，但这只是权宜之计。他预测一旦美国在菲律宾建立起了殖民统治，那么美国与菲律宾之间的战争不可避免。

8月21日，迪特里希启程离开马尼拉，至此，他在马尼拉湾已待了三个月的时间。其舰队开始按原定计划执行各自的任务，"科莫兰号"和"女皇奥古斯塔号"离开菲律宾，与"德意志号""吉菲昂号""艾琳号"返回到中国水域进行巡航。"凯撒号"前往东印度群岛，仅留下"威廉公主号"继续留在菲律宾水域，以保护德国在此的利益。10月，"阿科纳号"轮换"威廉公主号"。11月，"艾琳号"换防，随后又由"女皇奥古斯塔号"在马尼拉执行保护任务。直至次

---

① Terrell D. Gottschall, *By Order of the Kaiser: Otto von Diederichs and the Rise of the Imperial German Navy, 1865-1902*, Annapolis: Naval Institute Press, 2003, p. 211.

② Dewey to Knorr, August 9, 1898, Reichsmarine 38/44, *Bundesarchiv-Militärarchiv* (*Federal Military Archives*), Freiburg, Federal Republic of Germany, 转引自 Terrell D. Gottschall, *By Order of the Kaiser: Otto von Diederichs and the Rise of the Imperial German Navy, 1865-1902*, Annapolis: Naval Institute Press, 2003, p. 211。

年 3 月，美国宣布了对菲律宾的主权，德国军舰才从马尼拉湾撤出。

马尼拉陷落之后，德军舰艇在马尼拉湾已再无意义。迪特里希终于可以开始自己轻松的访问之旅，他需要代表德国奔赴东印度群岛，参加荷兰威廉明娜女王的加冕礼，这段旅行已被推迟多日。经过近十天的轻松航行，迪特里希于 8 月 30 日终于到达巴达维亚（今雅加达）。到达荷属东印度之后，迪特里希用了好几天的时间，希望在这里为德国找到一处港口，作为德国海军未来的加煤站。10 月底，"凯撒号"返回到香港，迪特里希在香港逗留了一段时间，甚至还正式宴请了对峙期间帮助杜威的英国海军上校奇切斯特。1899 年 4 月 22 日，迪特里希回到德国。不久，他被任命为德国海军部参谋长，开始研讨与美国海军开战的可能性，并且敦促德国海军需要开始制定在美国东海岸进行陆海军联合军事行动的计划。

第四节　美军与菲律宾军队关系的进一步恶化

在美国陆军到达菲律宾之前，杜威鼓励阿奎纳多和他的革命部队同西班牙进行战斗。6 月 1 日，阿奎纳多最为信任的伙伴，年仅 23 岁的格雷戈里奥·德尔·皮拉尔（Gregorio del Pilar）将军，率领军队在马尼拉以北的布拉坎（Bulacan）登陆，不费吹灰之力就消灭了此地的西班牙军队，进而开始向马尼拉方向进军。同月，阿奎纳多宣布组建菲律宾新共和国，而这支菲律宾军队也随之成为菲律宾共和国的正规军。但是，这支所谓的"正规军"不仅缺少武器，而且也没有严明的组织纪律。于是，阿奎纳多参照欧洲人的军事建制来组建这支军队，军队人数也渐渐达到了 5 万。[1]

---

[1] Jerry Keenan, *Encyclopedia of the Spanish-American and Philippine-American Wars*, Santa Barbara: ABC-CLIO, Inc., 2001, p. 15.

6月中旬以前,到达菲律宾的美军人数有限,实力并不足以单独打败西班牙人。菲律宾军队与美军还有着共同的目标——打败西班牙人,这成为双方能够站在一起的基础。随着西班牙的节节败退,在进入马尼拉城的问题上,美国人对菲律宾人的歧视越来越明显地表现出来。6月下旬,在远征军到达菲律宾后,美国人同菲律宾人的摩擦逐渐增多。对于如何处理菲律宾人的问题,美国人并没有明确的政策,也没有考虑一旦西班牙人被击败之后,美国人在菲律宾将扮演什么角色。"在这个政治挂毯上交织着美国军队对菲律宾人民的种族偏见,许多士兵认为菲律宾人民是低人一等的。除了含糊不清的政治指示外,这种态度上的问题对未来美国同菲律宾人的关系而言将不是好兆头。"[1] 双方所表现出的最明显分歧是,阿奎纳多希望得到美国对菲律宾共和国的承认,以及全力支援菲律宾共和国打败西班牙。美国政府则不愿承认任何形式的菲律宾政府,梅里特拒绝和阿奎纳多有任何形式的会谈。8月30日,由于身体原因,梅里特被麦金莱召回国内,第八军交由埃尔韦尔·奥蒂斯少将指挥。梅里特将作为巴黎和谈委员会的代表,参与到同西班牙人的谈判中。作为谈判代表的梅里特向麦金莱建议,不能允许菲律宾共和国的部队进入马尼拉城,因为这样会导致在未来的巴黎和谈时,菲律宾人也将有权利作为谈判的一方而参与到和谈之中。

另外,当美军逐渐向马尼拉推进时,菲律宾开始进入雨季,双方在马尼拉的火炮和步枪都不得不面对频繁失效而须更换的问题。负责进攻马尼拉的格林不仅仅面临着持续增加的伤亡人数,也开始面临着

---

[1] Spencer C. Tucker (ed.), *The Encyclopedia of the Spanish-American and Philippine-American Wars: A Political, Social and Military History*, Santa Barbara: ABC-CLIO, Inc., 2009, p. 373.

新的危机。菲律宾人对美国人的到来已不复最初的欣喜,转而因美国开展的军事行动而开始怀疑其来到菲律宾的动机。菲律宾人也逐渐感受到美国人对他们的态度越来越敌对。阿奎纳多便如此记录下杜威态度的变化:杜威曾经向阿奎纳多表示,他喜欢阿奎纳多的诚挚,认为美菲两国人民"就应该以同盟者的态度来对待彼此",美国人也以自己的名誉担保,"将会承认菲律宾人未来的独立地位";然而,随着到达菲律宾的美军士兵数量不断增加,双方的分歧也日益增多,如美军进攻马尼拉城时,菲律宾人注意到马尼拉城墙上的西班牙守军"从未向美军开枪",又如美国人要求菲律宾军队必须撤到马尼拉郊区而不得进入市区。阿奎纳多认为,杜威的这种态度的变化就是受到了"帝国主义分子的怂恿"。①

在对马尼拉城的围攻问题上,双方之间的矛盾开始暴露出来。在麦克阿瑟三世向马尼拉城进发的时候,菲律宾共和国也希望参与到占领马尼拉的军事行动之中。麦克阿瑟三世认为,正是菲律宾人的行为,造成自己部队的行军比原计划要困难得多。除了需要应对西班牙人的阻击所带来的日益增加的兵员伤亡外,他所面临的最大挑战是要确保菲律宾起义部队不会随着美军一同向马尼拉进发——离马尼拉越近,麦克阿瑟三世的部队与菲律宾打交道的次数就越多,因此他需要不停地提醒他部下,要确保菲律宾军队不会靠近马尼拉。在美军和西班牙军8月22日所达成的协议中,双方虽然没有做出任何明确承诺,但是他们约定,如果西班牙人投降的话,要确保菲律宾共和国的军队被阻挡在马尼拉城之外。在马尼拉城的西班牙人向美军投降之后,美国要求菲律宾军队必须从马尼拉周边撤离,以防两军交火。虽然阿奎

---

① John R. M. Taylor (ed.), *The Philippine Insurrection Against the United States: A Compilation of Documents*, Pasay City, Philippines: Eugenio Lopez Foundation, 1971, pp. 4-17.

纳多勉强同意了美国人的要求，他解释自己之所以让步，原因在于为了让马尼拉城的居民看见菲律宾军队所取得的战绩，以及看见菲律宾同美国的"亲密同盟关系"①，但是双方仍不时有零星的摩擦发生。

这一情况，使杜威不得不面临着新的威胁。麦金莱政府原本希望停战和约签订之后就将杜威调回国内，但是杜威在8月20日发给海军部的电报中，婉拒了这一调令："我相信现在没有必要把我调回华盛顿，在目前危急状况下，让我离开此地，我将会悔恨终生。"② 麦金莱和海军部同意，暂时不把杜威调回国内。在杜威看来，即使西班牙人被击败之后，马尼拉依旧没有实现绝对的安全，不安全的因素依然存在，只有美国在菲律宾建立起民治政府，才能让菲律宾人明确其未来的方向，也才能确保其安全。正如杜威在1899年1月7日发给海军部的电报所言："尽管总统宣布了这个消息，然而目前菲律宾群岛的局势仍然极不稳定。还留在菲律宾的西班牙人仍在散布一些消息，说是西班牙人很快要回到这里，当地居民被这些消息所误导，他们既显得兴奋又害怕。所以，现在应该将这些西班牙人尽快遣返回西班牙，并请总统尽快派遣一个小型的民治委员会来协调这个社会中的分歧，这个委员会应该由擅长外交和政治的人员组成。"③ 朗在12日的回电中告知杜威，麦金莱总统已经同意调派三位官员前往菲律宾，同杜威和奥蒂斯一起，共同组成五人的菲律宾管理委员会。然而，不久之后，美国人同菲律宾当地人的矛盾最终激化，并爆发了战争。1900年2月4日，美国的一名哨兵打死了马尼拉市郊德尔蒙特兵营内

---

① John R. M. Taylor (ed.), *The Philippine Insurrection Against the United States: A Compilation of Documents*, Pasay City, Philippines: Eugenio Lopez Foundation, 1971, pp. 4-17.

② Nathan Sargent, *Admiral Dewey and the Manila Campaign*, Washington D. C.: Naval Historical Foundation, 1947, p. 90.

③ Nathan Sargent, *Admiral Dewey and the Manila Campaign*, Washington D. C.: Naval Historical Foundation, 1947, p. 91.

的一名菲律宾士兵,为时两年多的美菲战争全面爆发。

但是,对于身处菲律宾的美国人来说,造成威胁的还不仅仅是菲律宾人,美国沿途占领的岛国同样给美军的补给线带来了威胁。即使是美国人不放一枪就轻松获得的关岛,也没有因为美国的占领而很快稳固下来:就在格拉斯带领舰队离开关岛的几天之后,曾在西班牙殖民政府任职过的菲律宾人何塞·西斯托(José Sisto)就放逐了波图沙,成为新一任总督,但是很快当地人查莫罗人(Chamorro)又将西斯托推翻,直到 1899 年 1 月,美国海军重新抵达关岛,打败查莫罗人,西斯托才重新成为关岛总督。

第五节 美国国内在巴黎和谈前夕的分歧

针对如何处理菲律宾,美国国内并没有因为亚洲分舰队和第八军在菲律宾的胜利而取得共识。对于这个遥远的岛国,美国还没有完全做好殖民的准备。即使是代表美国政府前往巴黎与西班牙人谈判的和平委员会,也依然就菲律宾问题存在着分歧。

1898 年 9 月 16 日,在和平委员会即将启程前往巴黎与西班牙人谈判前夕,麦金莱总统给予他们谈判的相关指示,指明美国政府认为双方达成和平协议所需的五项条件。其中第五条是,美国占领马尼拉市及其所属海湾和港口,等待和平条约缔结后,进而决定对于菲律宾的控制、处置和治理。麦金莱总统在指示中明确,美国直到"此时并没有完全或者部分殖民菲律宾的原始想法",但是美国在菲律宾的军事力量及其军事行动的成功,"给我们带来了不能忽视的义务"。在占据菲律宾的这段时间,美国"偶然获知"菲律宾给美国所提供的商业机会难以让美国政治家们无动于衷,"我们只是利用一切合法手段扩大美国贸易"。如果美国不能完全占有吕宋岛和享有其他权利的话,"美国是无法接受这种议和条件的"。尽管如此,麦金莱总统提出,美国并不要求西班牙将菲律宾的其他港口割让给美国,只是要求属于美国公民的船只和商品享有和西班牙船只一样的权利,即可以自由进入菲律宾的其他任何港口,并且能够与西班牙籍船只享受在港口和海关收费、贸易和商业费率等方面的同等权利,而对于西班牙来说,其商船和所属商品在割让给美国的港口中,也能享受与美国一样的权利。麦金莱总统明确提出,对马尼拉的占有是建立在自由主义基础上的:"在为自己打开商业大门的同时,我们也已准备好向其他人敞开大门。这种商业机会自然而然,也不可避免地减少了对土地占有的依赖,而是更为强调充分的商业基础,以及各国之间广泛且平等的特权。"①

当美国政府还在犹豫时,英国首相索尔兹伯里(Salisbury)则表示,英国积极支持美国人占领整个菲律宾,他甚至写信给麦金莱总统说,如果美国不能占领菲律宾群岛的话,他将会失望的。② 在英国人看来,在美国走向帝国的道路上对美持友好的态度,既有利于破解英国在欧陆的被孤立局面,又可以缓解英国的担忧——英国担心西班牙帝国崩溃后,其在东西半球留下多个权力真空会迅速被德国势力填充。英国人认为,由美国人来占据这些地方要远远强于让德国人去占据它们,这样凭借着美英之间的关系,也可以减轻英国在这些地区的

---

① Instructions to the Peace Commissioners, Papers Relating to the Foreign Relations of the United States, with the Annual Message of the President Transmitted to Congress December 5, 1898, Document 776, Office of the Historian, https://history.state.gov/historicaldocuments/frus1898/d776. [2019-12-24]

② Spencer C. Tucker (ed.), *The Encyclopedia of the Spanish-American and Philippine-American Wars: A Political, Social and Military History*, Santa Barbara: ABC-CLIO, Inc., 2009, p. 256.

第八章 美军占领马尼拉城与巴黎和谈

压力。当时著名的英国印裔诗人拉迪亚德·吉卜林（Rudyard Kipling）也在敦促美国人，希望美国人能够承担起白人所肩负的帝国主义重担，拿下菲律宾。① 尽管得到英国人的支持，然而对于是否占领马尼拉或者整个菲律宾群岛，美国内部依然存在着极大的争议。在美国国内，一群反帝国主义者反对占领菲律宾，认为这将改变美国的立国之本。不仅国内就如何处置菲律宾存在着巨大争议，而且在和平委员会内部，这种分歧也持续存在着。

麦金莱总统在给和平委员会的指示中，关于马尼拉的处置意见是模棱两可且自相矛盾的，并没有形成明确的立场，这也使得远赴巴黎的和平委员会代表团就美国对菲律宾问题所持的立场发生了分歧。1898年10月25日，美国和平委员会团长、前国务卿威廉·戴伊（William R. Day）自巴黎发给美国国务卿约翰·海伊的电报中，就详尽叙述了委员会中五位主要成员就是否占领整个菲律宾群岛的分歧意见。②

支持美国占领整个菲律宾群岛的一方包括和平委员会中的参议员库什曼·戴维斯（Cushman K. Davis）、参议员威廉·弗莱（William P. Frye）、美国驻法公使怀特洛·里德（Whitelaw Reid）三人，其中里德正是最早提出美国应当占领菲律宾的美国政府官员。他们认为，如果只占领部分地区而造成菲律宾群岛被各国分割占领，那么"对于海军、政治和商业都将是一场错误"。从商业上来说，如果分割占

---

① Spencer C. Tucker（ed.）, *The Encyclopedia of the Spanish-American and Philippine-American Wars: A Political, Social and Military History*, Santa Barbara: ABC-CLIO, Inc., 2009, p. 334.

② Peace Commissions to Mr. Hay, Papers Relating to the Foreign Relations of the United States, with the Annual Message of the President Transmitted to Congress December 5, 1898, Office of the Historian, https: //history.state.gov/historicaldocuments/frus1898/d813. [2020-1-17]

领，不同列强将会在菲律宾群岛之间形成竞争。马尼拉的地理条件决定了它必然成为整个群岛进出口贸易的中心，这也是它的价值所在。马尼拉的大部分商业收入都是来自伊洛伊洛、宿务和南方的其他地区，如果这些地区被交给与美国不友好的竞争者，那么就会大大降低马尼拉对于美国的价值。除了这种赤裸裸的利益需求外，三人还强调美国对马尼拉所担负的道义责任也"适用于其他群岛"，他们相信，"欧洲各国舆论都希望我们占有整个菲律宾，因此在不可能恢复西班牙在菲律宾各群岛的主权的前提下，除了占领也就没有其他更好的解决方案了"。即使考虑到成本的因素，三人认为西班牙仅仅占领首都马尼拉就实现了对整个群岛的管理和防御，而此时西班牙的亚洲分舰队被摧毁，西班牙驻菲律宾的军队投降，菲律宾群岛作为一个整体展现在美国人的面前，美国已经不需要再去征服每一个岛屿，只要占领马尼拉，就能实现对菲律宾的整体占领。另外，欧洲列强对马里亚纳群岛和加罗林群岛的殖民，都可以仅仅依靠占领一个首都就完成对整个群岛的管理，而菲律宾群岛的岛屿间的距离比上述群岛的岛屿间的距离更短，因此占领的成本会更低。此外，还可以由当地人组建数量充足、值得信赖的军队，这也可以进一步降低占领成本。如果只占领吕宋岛，其他岛屿交还给西班牙，那么"如果西班牙把其他的领土出售给对我们不友好的竞争对手的话，分割占领必定会造成法治涣散，混乱就有可能发生"。如果西班牙在和谈中坚持要与美国分割占领菲律宾群岛，戴维斯三人则建议美国和平委员会应提出这样的分割占领方案："从马斯巴特以南和班乃以北的圣贝纳迪诺海峡到婆罗洲东北角的一条线路，一直向西延伸，包括吕宋岛、民都洛岛和巴拉望岛都属于美国。这将控制南中国海，并将占据从婆罗洲到香港的整条线路上的优质停靠港口。"但是戴维斯等人并不特别满意于这种分割占领菲律宾的方法，因为"它会抛弃米沙鄢群岛，这里包括了菲律宾内盛产最好的糖、大麻和烟草的岛屿。它们为马尼拉贸易做出了很大贡献，且居住在那些岛屿上的人都易于管理"。

作为和平委员会团长的约翰·戴伊刚刚辞去美国国务卿一职，他对殖民菲律宾持中间立场。戴伊认为，美国在美西战争中的立场应该是"毫无私念的"，这不仅仅能够凸显美国的道德观，而且放弃对整个菲律宾群岛的占领，有助于让美国"有充分的自由，使得我们免于考虑征服之后所带来的重建规划"。在戴伊看来，对领土的占领，就意味着美军将卷入同菲律宾岛内"叛乱分子"的战争，战争结束后，这个岛屿的居民并不适合自治，而缺少殖民经验的美国对于如何处理遥远东方的殖民地居民一无所知，这将让美国背负高昂的殖民成本。戴伊提出，应在吕宋岛以南的圣贝纳迪诺海峡和圣贝纳迪诺岛之间划出一条线，美国占据菲律宾群岛的北部和西部，其实际占据的领土就包括吕宋岛、棉兰老岛、巴拉旺和周围一些岛屿，这样就足以控制通往南中国海的入口和一些重要岛屿。同时，为了确保美国在菲律宾的殖民利益，应当同西班牙达成协定，禁止将菲律宾某一处岛屿置于其他国家的控制之下，从而确保各岛之间贸易和人员往来自由。

在委员会五位主要成员之中，参议员乔治·格雷（George Gray）是唯一明确反对占领和殖民菲律宾的人。格雷的观点是，如果美国吞并或部分吞并菲律宾群岛，则意味着改变了美国长时间以来的政策，并会让美国从此走上美国精英们一直反对的传统欧洲国家的政策。这一政策将会扩大美国军队的规模，运用大量的资金来修建军用设施，从而增加国民税收负担。格雷认为，在完成了战争之初所期望的击败西班牙人的任务之后，美国就应当退回到自己的西半球，以此表现出美国抛弃了"欧洲从中世纪时代遗留下来的自私和庸俗的贪婪",向世界各国传达出美国所具有的宽宏大量、温和及先进的文明。

和平委员会内部的这场争论直至美国政府下定决心占领菲律宾而宣告结束。1898 年 10 月,西班牙谈判代表曾希望说服美国人,以某些条件换取美方同意让西班牙继续保留菲律宾。和平委员会一些成员和继任的国务卿约翰·海伊对此提议都曾表现出了兴趣。麦金莱总统则持以反对,他发出一道简洁电报,告知和平委员会成员:"我们必须忠于国会决议的精神和遵照其指令办事。"此后,约翰·海伊的态度也发生了变化。10 月 26 日,约翰·海伊在发给和平委员会的电报中提到,麦金莱总统目前所得到的信息使他确信,如果仅将吕宋岛割让给美国,其余岛屿仍受西班牙统治或被其他列强所占据的话,那么"不论是从政治、商业还是人道主义的立场来看,这都是极不合理的。要么必须拿下整个菲律宾,要么一块也不要,而后者完全不可接受,因此必须要求前者"①。麦金莱总统也提到自己的想法:"对我们来说,将这些岛屿变回西班牙所有是一种懦弱和愚蠢的行为,再次给予后者权力来压制当地人……如果要求英国采取和照顾他们对我们来说也同样是可鄙行为,这会产生更大的争议,我们绝不允许三个欺凌日本、剥夺日本战胜中国成果的国家对我们玩同样的游戏。只有一个合乎逻辑的方法可以追求。如果我们要履行作为一个国家的义务,那么西班牙已经表明自己不适合统治其殖民地,而那些由于战争而被占据的殖民地,应该处于我们的共和制度下,由我们向他们传授基督教文明,从而让他们发展到最好的状态。"②

---

① Mr. Hay to Mr. Day, October 26, 1898, Papers Relating to the Foreign Relations of the United States, with the Annual Message of the President Transmitted to Congress December 5, 1898, Office of the Historian, https://history.state.gov/historicaldocuments/frus1898/d814. [2020-1-17]

② Ernest R. May, *Imperial Democracy: The Emergence of America as a Great Power*, New York: Harcourt, Brace & World, 1961 pp. 252-253.

第八章 美军占领马尼拉城与巴黎和谈

这一点并没有受到谈判对手的过多阻碍，出席巴黎和谈的西班牙和谈代表团主要成员包括尤金尼奥·蒙特罗·里奥斯（Eugenio Montero Ríos）、布埃纳文图拉·德·阿巴尔祖扎（Buenaventura de Abarzuza）、何塞·加尼卡（José Garnica）、文塞斯拉·拉米雷斯·德维拉-乌鲁蒂亚（Wenceslao Ramirez de Villa-Urrutia）和拉斐尔·塞罗（Rafael Cerero），代表团团长为蒙特罗。代表团内所有成员均不支持维持西班牙的殖民帝国，蒙特罗并不反对放弃西班牙在古巴、波多黎各、关岛和菲律宾的主权，他认为只要美国同意承担这些殖民地所亏欠的债务，那么就可以放弃这些殖民地。当西班牙政府看起来不会接受美国占据菲律宾这一主张时，弗莱提议，可以支付西班牙 2 000 万美元作为补偿。这一提议虽然招致了国内的批评，但是却有利于抚慰西班牙的敌对情绪，也促使马德里政府同意了相关提议。①

1898 年 12 月 10 日，双方签订了《巴黎和约》，菲律宾的主权归属问题也随之得到解决。和约规定，西班牙将菲律宾群岛的各岛屿让予美国，在条约互换批准书后三个月内，美国付给西班牙 2 000 万美元。然而，《巴黎和约》的签订并没有因此终结美国国内有关是否应当吞并菲律宾的争论。和约签订的第 12 天，即 1898 年 12 月 21 日，麦金莱总统正式宣布吞并菲律宾群岛。面对来自国内的反帝国主义的压力，麦金莱总统早在 7 月 7 日国会讨论夏威夷问题时，就提出了"善意并吞"（Benevolent Assimilation），以此显示出与传统欧洲殖民帝国的区别。针对菲律宾问题，"善意并吞"更是用来赢得国会和媒体支持的法宝。在麦金莱总统的数次阐释中，美国的"善意并吞"

---

① Spencer C. Tucker (ed.), *The Encyclopedia of the Spanish-American and Philippine-American Wars: A Political, Social and Military History*, Santa Barbara: ABC-CLIO, Inc., 2009, p. 231.

并非追求吞并殖民地土地以及攫取资源,而是通过教育实现对殖民地人民的"开化",从而为其塑造美国式的"自由价值"。

《巴黎和约》签订后,许多美国人依然认为,吞并一个遥远的东方国家有悖于美国的立国传统。作为一个反抗英国殖民主义而独立的国家,对其他国家采取殖民主义政策本身就是对国家价值观的"偏离",而菲律宾这个岛国也绝非能进入"山巅之国"的合适候选者。在美国人看来,这群"棕色小兄弟"(little brown brother)和其他有色人种一样,其接受文明的程度要低于高加索人,无法接受西方文明和民主理念。国会中,即使是强力支持应当干涉古巴事务的民主党议员也反对吞并菲律宾,如来自马萨诸塞州的 72 岁的资深参议员(senior senator)乔治·弗里斯比·霍尔(George Frisbie Hoar),就认为对菲律宾的侵占会给美国社会带来威胁,原因在于:菲律宾地处热带,与菲律宾人相伴的热带疾病会由此进入美国,对美国人造成威胁;另外,条约中的相关条款是对美国宪法和精神的破坏,给美国宪制带来威胁;合众国的立国原则源于"被治者的同意"(the consent of the governed),然而菲律宾人的同意则是依靠"购买"而获得的,这同样会对美国的立国原则造成威胁。① 而在帝国主义者看来,对菲律宾的殖民并不需要取得当地人的同意,诚如参议院阿尔伯特·贝弗里奇(Albert Beveridge)在他题为"国旗的进军"的演说中所述,类似于父母对子女的管理并不需要子女的同意,美国对印第安人的统治也并未征询过他们的同意,因此美国对菲律宾的殖民也并不需要征得菲律宾人的同意,至于如何管理这片领土,"从当地的情况和情势的需要中,管理的方法自然会产生出来",管理菲律宾也未曾见得比管理

---

① Gregg Jones, *Honor in the Dust: Theodore Roosevelt, War in the Philippines, and the Rise and Fall of America's Imperial Dream*, New York: New America Library, 2012, p. 107.

新墨西哥州或加利福尼亚州更难。①

就在《巴黎和约》签订一个月以后,美国就试图"纠正"这种"偏离"。1899年1月11日,民主党人奥古斯塔斯·培根(Augustus O. Bacon)在参议院提出了《培根修正案》(Bacon Amendment)。此修正案得到了民主党内反扩张主义者和一些反扩张主义团体的强烈支持。此修正案旨在阻止美国任何试图攫取菲律宾的主权、司法权和治权的企图,菲律宾应该成为一个自治的国家,因此美国应当承认菲律宾的独立,以及需要在菲律宾群岛建立一个稳定的政府。然而,这项提议在2月14日的参议会表决上,却以29:30的表决结果遭到否决,其中副总统加勒特·奥古斯塔斯·霍巴特(Garret Augustus Hobart)投下了至关重要的一票,而霍巴特本人就是对西班牙发动战争和占领菲律宾的强烈支持者。

这场争论并没有随着《巴黎和约》的签订和《培根修正案》的否决而结束。1899年5月,《先进》(*The Advance*)杂志组织了一场讨论,代表扩张主义者和反帝国主义者的作者们各自从历史案例中寻找经验,为自己的观点进行辩护。对兼并菲律宾持支持态度的弗洛伦斯·莉莲·沙利文(Florence Lillian Sullivan)认为,对菲律宾的兼并与1803年的路易斯安那购地案并无二致,后者在当时也曾受到反扩张主义者的一致反对,预言这场收购将对美国造成伤害,然而这场收购不仅仅使得领土得以扩张,而且也促成了美国诞生出一批垄断企业和亿万富翁,促进了美国西海岸的发展。对于菲律宾,这个由相互隔离的不同部落、种族和宗教所构成的国家很难维护统一,因此就必须

---

① Avery Odelle Craven, Walter Johnson and F. Roger Dunn, *A Documentary History of the American People*, Boston: Ginn, 1951, pp. 637-639, 转引自杨生茂、冯承柏、李元良编:《美西战争资料选辑》,上海人民出版社1981年版,第250—254页。

由一个"友好的"国家给予其帮助，确保其实现自治。持反对意见的洛伊·马歇尔（Roy Marshall）则以罗马和西班牙为例，强调两国的衰败正是由于无法区分核心利益和边缘利益，区分邻近和遥远的土地，区分温带和热带，一味地追求领土的扩大，即使地广人稀的小岛也被作为其扩张的目标，最终导致力量的分散而走向衰败。针对这种反对的意见，克劳德·特雷克斯勒·雷诺（Claude Trexler Reno）回应说，野蛮的菲律宾人未经开化，极端自私，根本没有实现自治的能力，从英国的历史可以看出，英国在亚洲各地的殖民历史中实现了对当地人的教化，基督教的精神不仅仅意味着高贵、纯洁和美德，也意味着一种将美德赐予众生的信念。因此，扩张并不是美国的新政策，而是一项传统政策。①

正是在这一次次关于如何处置菲律宾的争论中，美国政府和民众也在一步步厘清美国在菲律宾的利益为何，这一过程是与美国在菲律宾的军事行动同时进行的。在这一过程中，美国政府考虑的是如果放弃已经占领的菲律宾，将会使自己失去多少利益。换句话说，菲律宾之于美国的利益，显然并非美国扩大菲律宾战争的动因，美国真正考虑的，是实际占领菲律宾之后，那些主张继续占领菲律宾而拒绝放弃菲律宾的理由的分量。

美国对菲律宾的军事行动主要还是由局势变化所推动的。由于杜威的亚洲分舰队自身力量有限，难以完全确保舰队安全，于是杜威希望美国远征军能够占领马尼拉。第八军陆续到达菲律宾后，通过陆军

---

① R. B. Abbott, et al., *The Advance*, Vol. II, May 15, 1899, No. 6, N. p., May 15, 1899, Archives Unbound, https：//link. gale. com/apps/doc/SC5111033063/GDSC?u=peking&sid=GDSC&xid=df812e47. ［2020-9-26］

和海军的联合攻击，迫使马尼拉的西班牙人最终向美军投降，西班牙人的所有军用物资均落入了美军之手。对马尼拉的占领虽然缓解了来自西班牙人岸防工事的威胁，可是却使得美国人同菲律宾人之间的敌意开始凸显，因此，于杜威而言，威胁并没有完全消失。当然，造成这种敌意开始凸显的，不仅仅是双方战略目标的差异，更为重要的是许多美国人强烈的种族歧视。在梅里特的继任奥蒂斯的眼中，菲律宾人令人生厌，他将阿奎纳多看作"强盗头子"，因而渴望将他们从菲律宾领土上驱逐出去。然而让奥蒂斯头疼的是，从美国本土征调来的志愿兵中的一些人，之所以响应征召，是受到国内宣传的影响，唤起了他们的民族主义自豪感，他们自告奋勇来到一个遥远的国家同西班牙人作战，一旦同西班牙的战争结束，他们就开始迫不及待地希望回到国内。志愿兵最终被送回国内，然而在下一批替换者到来之前，奥蒂斯手上有限的正规军人数让他捉襟见肘，兵员的限制又加重了他对于安全的担忧。

对于是否殖民菲律宾，美国国内依然对此存在争议。对于大多数美国人来说，同处太平洋的菲律宾完全不同于夏威夷：菲律宾人不具备夏威夷人的自治能力，这个遥远的国度对美国经济来说也完全微不足道，美国人更是对它一无所知。然而，杜威在马尼拉湾的胜利，让美国人享受到了一次意外带来的兴奋。不同的人对于菲律宾有着不同的期待和憧憬：一部分共和党人强烈推动这个国家走上海外扩张的道路，对他们而言，吞并菲律宾就是在这条道路上所迈出的第一步，菲律宾不仅将带来殖民地的收益，而且在战略上也是重要的海军基地；信奉"天定命运"的美国人认为，吞并菲律宾并使其"文明化"，是美国人肩负的责任；在实用主义者看来，菲律宾给美国带来的就是现实意义上的经济和军事价值，更是打开中国市场的基石；一部分对国内现状抱持担忧的美国人则认为,对包括菲律宾在内的海外领土扩张是解决国内危机的途径,作为一场"光荣的小战争"①,战争本身就给美国国民带来了士气和自信,美国更不会放弃这场战争所带来的战利品;即使那些对于扩张最消极的美国人也认为,如果美国放弃对菲律宾的占据的话,那么其他帝国主义国家,尤其是德国和日本,将会吞并这座毫无防备能力的群岛,这个结果将最终损害美国在这一区域的利益。

另外,菲律宾的起义者们对美国的信任也是有限的。在阿奎纳多等人被放逐到香港时,美国并不是阿奎纳多唯一联系的对象,此时的阿奎纳多不仅悄悄地向国内运送武器、食品、药品和衣物,也忙着和澳大利亚、日本等国建立外交联系。当美西战争爆发后,阿奎纳多及其政务委员会与杜威舰队取得联系,希望杜威舰队能将其带入国内,并支持他们的民族解放运动。当阿奎纳多的政务委员会成为菲律宾的中央委员会时,他们迅速向巴黎、东京、马德里、伦敦和华盛顿派出了自己的外交代表,以求得到这些国家的外交认可。美国与菲律宾起义者原本就是互相不完全信任的关系,因为马尼拉城的占领和未来菲律宾的前途问题,使得双方关系最终破裂,并走向了战争。在整个过程中,如何处理与菲律宾人的关系,对杜威及其远征军而言是一个棘手的问题,这种威胁也始终笼罩在杜威、梅里特等美军指挥官周围。

在消除威胁的同时,美国政府内部也在通过纷争来界定菲律宾之于美国的利益所在。国家并非单一的行为体,其利益界定正是国内政

---

① 1898年7月27日,时任美国驻英国大使的约翰·海伊在写给西奥多·罗斯福的信中,第一次将美西战争描绘为"光荣的小战争"(splendid little war),他意欲用这个词语用来表明,和整个19世纪所发生的其他战争相比,此战争的持续时间是如此之短(4个月),而美国以如此小的伤亡代价就轻松地获得了胜利(整个美西战争期间,美国死亡人数只有5 462人,而其中只有379人直接死于战争)。

治博弈的结果，利益边界的厘清并非先于国家的行为而出现的，因此利益在这里并不是国家行为的动因，而是与国家行为相伴而生的。正是在响应杜威的请求、扩大在菲律宾的战争规模之际，美国定义了自己在菲律宾的身份，并建构了自己在这一遥远岛国的利益。美国的利益和对外行为并未呈现出因果关系，相反，双方呈现出一种互构的关系。

第九章
马尼拉湾局势变化的原因探究

美德两国海军在马尼拉湾不期而遇,并经历了一场紧张的对峙。局势的发展是杜威和迪特里希都未曾预料的。迪特里希认为,自己以和平的目的进入马尼拉湾,只是为了近距离观察马尼拉战事的走向、保护德侨,以及探寻一处未来可供德国海军使用的港口,但是未料到会引发这场危机。对于杜威来说,自己孤军作战,也不希望与德国人进行战争。正当两国紧张对峙时,迪特里希的主动退让又使得紧张局势突然结束,其原因是否如同杜威所说,是他向迪特里希传递出"明确的立场和坚定的态度"①,才让后者知难而退的呢?

第一节 对机会的追求助长了双方军事上的冒险

在马尼拉湾对峙期间,迪特里希一开始希望抓住这个机会,在此地寻找一处港口,作为德国第二个海军基地,以方便未来控制穿越南中国海和吕宋岛海峡的航道,成为德国在西太平洋进一步扩张的另一处据点。对此,就连一向谨慎的蒂尔皮茨都认为这是难得的机会。但是,在面对杜威的强硬表态后,迪特里希又表现出了对局势的悲观态

---

① George Dewey, *Autobiography of George Dewey: Admiral of the United States Navy*, Columbia: Pantianos Classics, 1913, p. 131.

第九章 马尼拉湾局势变化的原因探究

度,主动对自己的行为予以了克制。

对于杜威来说,美西战争可能给他带来荣誉,而这个荣誉正是他期盼已久的事情。杜威被调任为亚洲分舰队司令,亚洲分舰队原本驻守日本长崎港,主要是为了近距离观察亚洲的局势,并保护美国在这些地区的商业利益。"缅因号"事件之后,美西两国之间的战争一触即发,罗斯福虽然相信杜威舰队的火力要强于对手,但是在电文中还是强调其首要任务依然是美西战争爆发后,尽全力牵制住西班牙舰队,避免其与西班牙本土舰队在美国的领海附近会合,从而给美国沿海大城市造成威胁。在确保完成这一任务的基础上,罗斯福也允许杜威可以适时采取主动策略,对菲律宾发动进攻。然而,杜威对于荣誉的渴望促使他相信这场战争正是证明自己的最佳机会,进而实现自己的抱负。长期得不到重用的杜威,终于借助政治关系获得了亚洲分舰队司令这一职位。但是,杜威自己和很多人都清楚地知道,"无论是他在内战时的服役经历还是在战后担任过的职务,都不足以使他从其他几十名军官中脱颖而出"①。杜威知道,这让海军部部长朗非常不满意,杜威也因此受到很多人的轻视。因此,在获得这一职位后,杜威立刻拜访了朗,向他解释说:"部长先生,我知道您就我运用关系来获得这一职位的做法并不满意,但是我这样做,只是为了抵消和我竞争这一职位的对手(约翰·豪厄尔准将[Commodore John A. Howell])所依托的政治影响力。"朗虽然答复杜威说,并没有任何政治影响力决定了这次任命,但是随后的将旗悬挂问题,还是让杜威感受到了深深的屈辱。他认为这如芒在背,对此,朋友安慰他说,在杜威的前任中,只有叩开日本国门的马休·佩里(Matthew

---

① 〔美〕阿伦·米利特、彼得·马斯洛斯金:《美国军事史》,军事科学院外国军事研究部译,军事科学出版社1989年版,第279页。

Perry）名垂青史，而他当时也只是一位准将。杜威在其回忆录中如此写道：只要赢下马尼拉的海战，那么历史就不会在意这场战争的指挥官是一位准将还是一位少将了。①

杜威在安纳波利斯海军学院学习期间，海军技术正经历着从风帆战舰时代向蒸汽战舰时代的过渡，尽管舰队的战术相比于风帆时代已经发生了很大的变化，但是"研究帆船时代的历史和海战经验，是有双重必要性的"②。在海军学院安排的各科学习中，历史和地理原本是杜威的两门弱势学科，③ 在校期间，杜威通过大量的阅读，使得自己对古希腊、罗马和欧洲的历史了如指掌。④ 因此，获得马尼拉湾海战胜利的杜威知道，自己赢得了一场纳尔逊式的大捷。100 年前，1798 年 8 月 1 日夜晚，英国海军将领霍雷肖·纳尔逊（Horatio Nelson）少将在没有海图的情况下，趁着夜色进入阿布吉尔湾，停在湾内的法国舰队完全没有意识到英国人会冒着搁浅的危险贸然进入，因此毫无准备。尽管火力略占优势，法国舰队的 13 艘战列舰中仅有 2 艘逃脱，旗舰被击沉，其余 10 艘全被俘获，阵亡人数超过 1 500 人，另有 3 000 人投降，而英国仅阵亡 218 人。100 年后，杜威同样趁着夜色，凭借着经验和勇气带领自己的舰队取得了甚至比纳尔逊更为辉煌的胜利。

---

① George Dewey, *Autobiography of George Dewey: Admiral of the United States Navy*, Columbia: Pantianos Classics, 1913, p. 87.

② 〔美〕A. T. 马汉:《海权对历史的影响》，安常容、成忠勤译，解放军出版社 2006 年版，"绪论"，第 2 页。

③ George Dewey, *Autobiography of George Dewey: Admiral of the United States Navy*, Columbia: Pantianos Classics, 1913, p. 13.

④ Adelbert Milton Dewey, *The Life and Letters of Admiral Dewey: From Montpelier to Manila, Containing Reproductions in Fac-Simile of Hitherto Unpublished Letters of George Dewey during the Admiral's Naval Career and Extracts from His Log-Book*, London: Hardpress Publishing, 1899, p. 105; George Dewey, *Autobiography of George Dewey: Admiral of the United States Navy*, Columbia: Pantianos Classics, 1913, p. 14.

第九章 马尼拉湾局势变化的原因探究

杜威的这一抱负不仅仅是为了自己的荣耀，也是为了海军的荣誉。杜威本人升迁得缓慢某种程度上也是源于国内民众长时间以来对海军的忽视。杜威希望通过自己的胜利，向国内民众展现出海军的价值，这一想法体现在他与美国驻日本长崎领事哈里斯（Charles B. Harris）的夫人之间的一场争论中。哈里斯的夫人是一个坚定的和平主义者，她主张依靠外交来处理国家间事务。杜威在日本时，和哈里斯夫人曾有一场对话。当哈里斯夫人质疑美国为什么需要维持这么大的海军规模时，杜威笑着对她说，有时候外交人员会发现自己身陷险境，因而渴求得到保护。美国曾经历过几场大家熟知的战争，未来还会经历，海军就需要在海洋上迎击敌人。马尼拉湾海战结束之后，哈里斯向杜威发出了祝贺信，杜威在回信中写道："我相信贵夫人现在应该知道我们为什么要维持一支海军了。"哈里斯领事回复说，此刻不仅仅是他夫人知道了，美国的八千多万民众也应当知道了。[①]

1887年，杜威在地中海休假时，曾受希腊国王乔治一世的邀请出席皇家宴会，乔治一世对杜威说，祝愿他下次能以少将的身份再来希腊。1899年3月，杜威取道地中海回国时，很希望能让故人看见自己的晋升，却很遗憾未能绕道希腊来展现其所获得的军衔和荣耀。[②] 杜威体会到今非昔比的荣耀，感叹道："在过往的海军生涯中，我的任劳任怨却没有让我成为公众关注的焦点。1898年的4月30日，我依然默默无闻，然而那一天之后，我已成为家喻户晓的人物。"[③] 对于美国海军，杜威也感叹说："作为曾经'沃巴什号'上的

[①] George Dewey, *Autobiography of George Dewey: Admiral of the United States Navy*, Columbia: Pantianos Classics, 1913, pp. 175-176.

[②] George Dewey, *Autobiography of George Dewey: Admiral of the United States Navy*, Columbia: Pantianos Classics, 1913, p. 79.

[③] George Dewey, *Autobiography of George Dewey: Admiral of the United States Navy*, Columbia: Pantianos Classics, 1913, p. 142.

海军军官候补生，我为赢得这场战争的'奥林匹亚号'感到无比的荣耀，当我作为'彭萨科拉号'（Pensacola）的舰长时，我们当时的海军不过是由一群老破的古董舰所组成的，而今天的美国海军在海军技术上足以与任何海军强国并驾齐驱。"①

杜威的行动得到了美国总统麦金莱的支持，因为这也是麦金莱需要抓住的机会，对于原本并不希望卷入战争的麦金莱来说，他需要杜威在菲律宾取得胜利。利用菲律宾的局势，"不是为了想象中的军事需要的话，那么就是为了国际局势，在菲律宾群岛上造成一种对参议院具有威胁的作用"。麦金莱利用这次殖民和随之而来的同菲律宾人之间的矛盾，"不惜滥用他行政方面的作战权，在参议院正讨论着这个问题的时候，竟命令将军事管理扩张到整个群岛，这等于是授权作一次政府战"②。战争和商业的扩张，推动了美国新式海军的建立，殖民帝国需要制定出与之适应的关税政策和金本位制度，以确保美国本土与殖民地之间的商品、资本的正常流通。"关税政策与金本位制，再加上新式美国海军和密切的官—商关系，造就了一个如同历史学家艾米莉·罗森堡所说的'推销员政府'，推动和保护着美国的海外商业。"③ 随着美国政府职能的增加，麦金莱的权力也随之扩大，1898年的美西战争使得权力逐步向总统集中，特别是外交决策已经牢牢掌握在白宫手中。

作为共和党领袖的麦金莱所需要面对的问题是，关于是否扩张党

---

① George Dewey, *Autobiography of George Dewey: Admiral of the United States Navy*, Columbia：Pantianos Classics, 1913, p. 141.
② 〔美〕泰勒·丹涅特：《美国人在东亚：十九世纪美国对中国、日本和朝鲜政策的批判的研究》，姚曾廙译，商务印书馆1959年版，第533—534页。
③ 〔美〕沃尔特·拉夫伯：《美国人对机会的寻求（1865—1913）》，载〔美〕孔华润主编：《剑桥美国对外关系史》（第二卷），王琛等译，新华出版社2004年版，第412—413页。

内已经出现了分裂。在国会讨论夏威夷问题时,来自新英格兰、纽约、宾夕法尼亚州、伊利诺伊州、爱荷华州、密歇根州和加利福尼亚州的共和党人对吞并菲律宾的呼声越来越高:"共和党人又重新开始提出扩张……共和党人希望获得新的岛屿。"除了以前提到的古巴和夏威夷以外,菲律宾和中太平洋地区的岛屿也开始有了新的意义,因为它们看起来是进入广阔的中国市场的中间站,未来可供商船和一支新式海军重整和补充燃料。这些岛屿自身希望通过加入美国来消除本岛屿的君主政权,吞并可以给本地政府带来稳定、诚信和活力,同时可以因为给美国出售糖而获得资金。"夏威夷受到了特别的关注,几代扩张主义者对这里都垂涎欲滴,最开始的扩张主义者是希望将这边变成与中国贸易的中转站,这里可以把在美洲西北部海岸所得的皮毛和在火奴鲁鲁获得的檀木集中销往中国,以换回茶、丝绸和中国制品。后来他们又注意到了捕鲸所带来的巨大利润,继而是基于传教的兴趣,最后又是蔗糖的种植业。"① 麦金莱也已经注意到共和党开始走上了帝国主义的道路,为了维护共和党的团结,他必须顺应党内的呼声。此时,即使对民主党人来说,他们中也有很多人选择顺应民意而支持扩张:"菲律宾群岛的兼并在全国各地已经如此获得人心,致使民主党的领袖们,包括布赖安在内,一致认为采取反对态度是不明智的。"② 因此,选择扩张就有助于确保共和党的团结以及加强其执政地位。

此外,为了压制反帝国主义者对政府的批评,麦金莱政府加强了

---

① Merk, Frederick, Lois Bannister Merk and John Mack Faragher, *Manifest Destiny and Mission in American History: A Reinterpretation*, Cambridge: Harvard University Press, 1995, pp. 231-233.

② 〔美〕泰勒·丹涅特:《美国人在东亚:十九世纪美国对中国、日本和朝鲜政策的批判的研究》,姚曾廙译,商务印书馆1959年版,第528页。

对有关菲律宾军事行动的新闻审查,从而控制社会舆论。"麦金莱精心创建了白宫的第一个新闻机构,由其负责向广大媒体提供新闻。国务卿约翰·海伊也加强了与媒体的联系,他是第一位安排每周都与记者定期会面的国务卿。"① 总统将外交决策、新闻审查等权力向自己集中,这意味着"以中央集权取代了杰克逊时代的地方分权,以威廉·麦金莱和西奥多·罗斯福式的总统制取代了詹姆斯·布坎南和拉瑟福德·B. 海斯式的总统制"②。麦金莱借着此次机会,不仅仅消解了共和党可能面临的分裂风险,同时也大大增强了自己的行政权力:"麦金莱真正使总统制发挥了作用的方面是在外交手段、外交事务和战争上。在他的任期中,美国开始逐渐参与国际事务……从麦金莱开始,美国总统就被期待为一个具有领导战争才能的人,擅长团结全国上下共同支持军事行为。更为重要的是,总统也开始被期待为是一个世界领导人。"③

当时美德两国的媒体都把马尼拉湾所发生的战争视作本国的机会。在得知迪特里希率领舰队赶赴马尼拉湾时,德国海军官方报纸《海军政策通讯》(*Marine-Politische Correspondenz*) 报道说:"在这关键的时刻,领导这支精神饱满的舰队的,正是守卫青岛港的(迪特里希)将军。"④ 半官方性质的《北德意志报》(*Norddeutsche*

---

① 〔美〕沃尔特·拉夫伯:《美国人对机会的寻求(1865—1913)》,载〔美〕孔华润主编:《剑桥美国对外关系史》(第二卷),王琛等译,新华出版社2004年版,第448页。
② 〔美〕孔华润主编:《剑桥美国对外关系史》(第二卷),王琛等译,新华出版社2004年版,第263页。
③ 〔美〕阿克塞尔罗德:《美国总统制》,王佳馨译,经济科学出版社2013年版,第139页。
④ "Philippines and Their Future," *Literary Digest*, No. 17, 1898, pp. 85-86, 转引自 Terrell D. Gottschall, *By Order of the Kaiser: Otto von Diederichs and the Rise of the Imperial German Navy, 1865-1902*, Annapolis: Naval Institute Press, 2003, p. 199。

Zeitung）指出，迪特里希出现在马尼拉湾是为了"保护菲律宾的德国商人的生命和财富"①。在这种氛围下，两国媒体对于马尼拉湾内的这场对峙极为关注。"艾琳号"事件的消息传回国内之后，双方媒体都对此予以了报道。《纽约时报》将"艾琳号"在格兰德岛的行动视作不友好的行为，使双方处于和平被破坏的危机边缘。②《底特律新闻报》（*The Detroit News*）认为，这是德国扩张主义的表现："无人质疑德意志皇帝一只眼睛已经盯上了菲律宾，但是就这方面来说，菲律宾与世界其他地方是不相同的。"③《圣保罗电报》（*St. Paul Dispatch*）把迪特里希的舰队描述称为"好斗的"，"如果威廉（二世）想测试他的海军，就让他放马过来吧"。亚特兰大的《宪法》（*Constitution*）杂志写道："如果德国人直到现在还继续傲慢无礼的话，那么它将两手空空，痛苦地离开菲律宾。"《底特律论坛报》（*The Detroit Tribune*）则比较温和，提出"门罗主义不适合于整个宇宙，在有些时候，其他人也有权质疑"。《纽约晚报》（*The New York Evening Post*）持有相似的观点："我们对阻止德国在菲律宾寻找一处加煤站的问题没有兴趣。"④ 德国的报纸则为"艾琳号"的行为予以辩护，例如《德国地方公报》（*The Berlin Lokal Anzeiger*）对于美国的指控，于社论中指出："目前并没有收到关于此事的可靠报道，但可以肯定的是，如果德国军舰的确进行了干预，也只是为了保护理应保护的人。"⑤

---

① "Anti-German Agitation in the United States," *Literary Digest*, No. 17, 1898, p. 354, 转引自 Terrell D. Gottschall, *By Order of the Kaiser: Otto von Diederichs and the Rise of the Imperial German Navy, 1865–1902*, Annapolis：Naval Institute Press, 2003, p. 199。
② "The Status of the Philippines," *New York Times*, July 15, 1898, p. 6.
③ "The Situation in the Philippines," *Literary Digest*, No. 17, 1898, p. 38.
④ "Germany and the Philippines Situation," *Literary Digest*, No. 17, 1898, pp. 91–93.
⑤ "Germany and the Philippines Situation," *Literary Digest*, No. 17, 1898, p. 202.

第二节　麦金莱政府的决策变化对局势发展的影响

1897年夏，罗斯福组织海军部有关部门制定了一套未来美国海军在西班牙的作战战略，其中明确为了防止西班牙舰队会合，美国海军需要对菲律宾发起进攻。在递呈给麦金莱总统的备忘录中，罗斯福甚至建议："一旦同西班牙的战争爆发，太平洋舰队就应当立即封锁马尼拉，如果有可能的话，还应当占据它。""尽管没有明确的历史证据，但是据说这种观点更早时就已被人提出，参议员奥威尔·普拉特（Orville Platt）曾不厌其烦地劝说麦金莱：'菲律宾将会成为东方最重要的港口之一，这个地点是如此重要，也值得我们格外注意。'"[1]尽管罗斯福、洛奇、普拉特等人对麦金莱政府的决策所起的影响力是有限的，但是他们在悄然地推动这一进程。

这场原本麦金莱希望尽可能避免的战争，却在太平洋对岸打响，并由美国取得了胜利。经罗斯福推荐而被任命为亚洲分舰队司令的杜威，出于对荣誉和胜利的渴望，大大加快了美国在亚洲获得菲律宾的速度。杜威之所以当选，仅仅是罗斯福意外看到了国会议员威廉·钱德勒写给朗的推荐其他人为亚洲分舰队司令的信件后，立即把这个消息告知给和自己关系较好的杜威，并希望为即将退休的杜威谋得这份差事。在罗斯福、普洛克等政治力量的影响下，麦金莱总统勉强任命了杜威作为亚洲分舰队司令，朗则对此次任命极不情愿。杜威将这次

---

[1] Thomas J. McCormick, *China Market: American's Quest for Informal Empire, 1893-1901*, Chicago: Quadrangle Books, 1967, p. 107.

任命视作他难得的机会，因此希望以一场完美的胜利来展现自己的价值。这一场偶然的换人，使得原本只是负责一些非作战任务的亚洲分舰队，突然有了一个雄心勃勃的司令。杜威到任之前，就希望在菲律宾海域获得一场胜利，于是一方面自 1898 年 1 月 3 日到任之后，就开始请求国内运送弹药并增强舰队力量，另一方面积极从各种途径获取有关西班牙人在菲律宾的情报。

推动战争向着决定性方向发展的还有"缅因号"事件。2 月 15 日，"缅因号"发生爆炸。在官方对此展开正式调查的前一天，《旧金山观察家报》(San Francisco Examiner) 就发布了长达八页的调查报告，并运用了大量数据，证明此次爆炸系西班牙人的蓄意破坏，从而使该期报纸创下了日销售量达 100 万份的历史最高发行量。约瑟夫·普利策 (Joseph Pulitzer) 所购买的《纽约世界报》(New York World) 买下一艘拖船驶入古巴哈瓦那港，以探寻爆炸起因，其刊发调查报告的那一期在一周内创下了发行 500 万份的纪录。就连一些宗教媒体也呼吁战争，如《纽约展望》(New York Outlook) 已开始转而支持战争。一些商人和商业期刊也对占领充满热情，其中一些人对横跨大洋的航行已经摩拳擦掌、跃跃欲试。根据《纽约商业周刊》(New York Journal of Commerce) 的说法，这时绝大多数的商界人士对于扩张还是保持着"死一般的寂静"，"不管他们是出于虔诚、迷信、爱国还是贪婪，虽然打着宗教或商业的旗号，但是不论他们是否意识到，他们已经开始倡导帝国主义了"。[①] 这些媒体大大地推动了美国

---

① Ernest R. May, *Imperial Democracy: The Emergence of America as a Great Power*, New York: Harcourt, Brace & World, 1961, p.256.

政府走向战争的进程。①

3月24日,海军部开始让各舰队将舰身统一刷成灰色,为战争做准备。3月28日,海军调查科公布了"缅因号"爆炸的真相,认为爆炸虽然是由于前部弹药库遭受某外部装置引爆,但是没有证据显示西班牙或古巴与此有关系。然而,民众却对这个调查结果表现出极大的不满,要求美国出兵古巴。美国政府对战争的谨慎被湮没在民众对复仇的喧嚣之中,民众情绪推动着政府一步步地走向战争。4月4日,麦金莱总统原本准备向国会提请对西班牙宣战,但是突然获悉西班牙政府有可能向美国方面妥协,因而决定推迟两天再做出决议,然而国会中的主战派则提出,没有必要推迟两天,两小时足矣。当麦金莱总统最终做出宣战决议的时候,包括罗斯福在内的扩张主义者皆对麦金莱总统冷嘲热讽。4月19日,国会终于做出决议,向西班牙宣战。"这次宣战,美国没有谨小慎微地走向烦琐的外交程序,即下发最后通牒—被拒—宣战,而是在一片欢呼声中踏入了战争。"② 当作为三军统帅的总统提议宣战,并由具有宣战权的国会最终做出决议向西班牙宣战之后,战争的趋势已变得更为明晰。"对战争的渴望,使得公众忘记了美国还没有足够的军事力量去应对战争危机,战争部暴露出了困惑、目标混乱和无序的特点。"③

尽管美西战争已经爆发,此时依然还存在着阻碍菲律宾战争的可

---

① 美西战争结束后不久,就有学者开始就媒体影响美国政府走向美西战争进行研究,诸如 Horace Edgar Flack, *Spanish-American Diplomatic Relation* (1906); Elbert Jay Benton, *International Law and the Diplomacy of the Spanish-American War* (1908), 可参见 Jerald A. Combs, *The History of American Foreign Policy from 1895*, 4th Edition, New York: M. E. Sharpe, Inc., 2012, p. 24。

② 〔美〕埃德蒙·莫里斯:《领袖的崛起:西奥多·罗斯福》,李俊、杨京鹏译,新世纪出版社2015年版,第608页。

③ Howard Wayne Morgan, *America's Road to Empire: The War with Spain and Overseas Expansion*, New York: John Wiley & Sons, Inc., 1967, p. 69.

能性，即西班牙在菲律宾依然有着强大的兵力和岸防设施，马尼拉湾和苏比克湾天然的地理条件也给西班牙人的防御带来了便利，这些都可能使得杜威受困于有限的兵力而无功而返。在马汉海军战略盛行的时代，海军追求的是通过舰队决战消灭对方的主力舰队，从而赢得对交通线的绝对控制。从另一个角度看，这种海军战略思想反对让海军成为镇守要塞的军队，这样会让海军丧失其引以为豪的机动性。"尽可能地避免一开始就去攻占战略据点。任何一个据点的占领都意味着不合时宜的巨大的人力消耗。占领战略据点并不是战争的最终目的，只是我们进行下一步战争计划的基础和台阶。"① 然而，尽管西班牙人已经探知了有关美军可能进攻菲律宾的情报，但是由于自身的惰怠和安于现状，西班牙人断然放弃了苏比克湾的防守，使得杜威能够遵循马汉的海军战略，将自己有限的舰队力量进行集中，寻求同西班牙舰队决战。西班牙人对马尼拉湾自己岸防工事和水雷的过分自信，再次为杜威安然无恙地通过海峡并实现舰队决战创造了机会。自杜威从香港启程，途经苏比克湾，直至进入马尼拉湾，抵进甲米地，以只损失一名士兵的轻微代价进入战场。马尼拉湾开阔的水面让杜威舰队的火力优势得以发挥，胜利的天平一边倒地开始向杜威倾斜。杜威幸运地抓住了西班牙人更为糟糕的战前准备和一次次的失误所带给他的机会，最终赢得了战争的胜利。

对西班牙的蒙托霍舰队和西班牙本土舰队可能会合的担忧，是美国国内最初指示杜威舰队向菲律宾进发的主要原因。这种担忧源自美国人的历史记忆：对一支外国舰队袭击美国东海岸的恐惧。然而这种恐惧并没有随着杜威在马尼拉湾海战中的胜利而消失，反而又产生了

---

① 〔德〕沃尔夫冈·韦格纳：《世界大战中的海军战略》，罗群芳译，社会科学文献出版社2019年版，第99页。

新的担忧来源。当然,杜威的行动一开始并不是为了占领菲律宾,这不仅仅体现为亚洲分舰队的准备严重不足,也体现为美国并没有派遣陆军随舰队一起出发。直到美国国内收到杜威获胜及其要求派出援军赶赴马尼拉的消息时,麦金莱总统才开始征召远征军。麦金莱政府随后的一系列行为旨在缓解威胁,对夏威夷的占领,部分原因也在于麦金莱总统认为夏威夷是向杜威运送军队和物资的关键节点,而对于无人居住的威克岛(Wake Islands)和西班牙治下的关岛的占领,则是为了确保自夏威夷至菲律宾之间的航线安全。

对菲律宾起义军的担忧,对西班牙卡马拉舰队传闻的不安,对德国军舰数量上的迅速增加及其与美军之间的摩擦的烦扰,促使杜威寻求更为安全的措施。受困于有限的弹药和兵员,受教于马汉的海军战略思想,杜威不得不请求国内派遣远征军经陆地占领马尼拉城,这就促使美国扩大了对菲律宾的战争规模。同时,为了使这种占领得到认可,必须以和约的形式将这一成果巩固下来。"对其他列强的担忧和对东方的设想,强化了他们开始出现的帝国需要。如果美国不获取菲律宾,德、法、英、日等国就会占据它,这样对美国在东亚的外交和贸易都将构成挑战。国会议员弗莱提出:'我对这场战争最大的恐惧就是在我们完全占据菲律宾和波多黎各之前,就宣布和平了。'"[①]

杜威在马尼拉湾的胜利,让国内沉浸在一片欣喜之中。出于对自身舰队安全的担忧,获得胜利的杜威迅速向国内发出电报,请求国内派出远征军占领马尼拉。梅里特担任第八军司令之后,认为其军队的任务应该扩大到占领整个菲律宾,但是目前所招募的人数还远不足以

---

① Frye to James Wilson, June 6, 1898, Wilson Papers, LC, 转引自 Howard Wayne Morgan, *America's Road to Empire: The War with Spain and Overseas Expansion*, New York: John Wiley & Sons, Inc., 1967, pp. 74–75。

确保这个任务的完成。于是1898年5月13日，他写信给总统，提出应将其军队人数扩充到1.4万人。然而，不情愿扩大战争规模的麦金莱总统，迟至5月25日才发出了招募志愿人员的第二号命令，要求增加7.5万人。对于这批新招募的士兵，首先用来补充现有部队，而不急于组建新的部队来扩大战争规模。但是国内广泛的爱国热情已经被激发起来，公众对军队的不信任感暂时消失了。除了威胁，公众情绪也成为推动决策变化的一个重要因素，甚至在很长时期内，国民情绪接受战争的速度要远快于国家机器。整个征兵过程非常顺利，大约有四万人立刻响应，宣誓入伍。但是美军的后勤却没有做好针对新招募令的需求准备。"如果说征足人员不算困难，那么照料这批人员可是一件难事。美国现在同1861年的情况一样，没有足够的设施和装备可用来接待这批部队……没有多久，军需部被服装备处的威廉·S.巴顿上校就说，他的处简直成了'一锅粥'。"①

总之，杜威最初被赋予的任务是牵制住西班牙的亚洲分舰队，这源于美国政府对西班牙两支舰队会合所可能带来的威胁的担忧。然而杜威在马尼拉湾的胜利并没有消除美国对安全的担忧，麦金莱政府逐步做出扩大战争规模的决策也是源自这种威胁感。这一时期麦金莱政府针对菲律宾的政策基本上是"应急式"的，即使是在海军部的"橙色方案"和1897年的作战计划中都将击败驻守在马尼拉湾的西班牙舰队作为其目标。然而实现这一目标后，就如何处置菲律宾的决策反而依旧模糊不清，放在美国政府面前的选择只是应杜威的要求，确保其舰队的安全，这最终致使战争的规模逐渐扩大到派遣陆军远征菲律宾，占领马尼拉城。不仅如此，为了确保向菲律宾补给航线的安

---

① 〔美〕拉塞尔·韦格利：《美国陆军史》，丁志源等译，解放军出版社1989年版，第308页。

全，美国还趁机占领了关岛。

麦金莱政府的政策和杜威战略目标的模糊性让德国人认为有空子可钻："（德国）为不能参与美西战争而感到遗憾，德皇想利用美国忙于战争之机趁火打劫，将势力扩张到加勒比海，占领萨摩亚、加罗林群岛和菲律宾。"① 1898年7月1日，德国海军大臣冯·诺尔起草了第二份有关国际分析的草案，为此制定了德国的海军政策。根据诺尔解释，美西战争让德国在东亚寻找一个海军基地的需求变得紧迫起来。现在德国亟须在东亚攫取新的领土，诺尔推荐德国应该占领菲律宾的棉兰老岛、苏禄群岛（Sulu Archipelago）、巴拉望岛。

当迪特里希与杜威开始对峙时，整个柏林能够处理此事的政府高级官员和海军部高级官员均在休假：比洛此刻正在奥地利的塞默灵（Semmering）享受着阿尔卑斯山的新鲜空气；蒂尔皮茨也在巴登-符腾堡州的圣布拉辛（St. Blasien）的黑森林地区避暑；威廉二世则乘坐皇家游艇"霍亨索伦号"（Hobenzollern），开始他每年例行的北方巡航。而外交部甚至都没有被告知此事，也完全不知道迪特里希在东亚水域的行动。威廉二世对于此事的点评也只是"这仅仅是一个海军事件"②。德国政府高层并没有认为其中潜藏着美德开战的风险。

德国外交部甚至希望以此为要挟，要求美国政府向德国让步，允许德国在菲律宾建设海军基地。德国外交大臣奥斯瓦尔德·冯·里希特霍芬（Baron Oswald von Richthofen）召见美国驻德国大使安德鲁·怀特，前者全面评估了7月10日的马尼拉湾对峙："在新世纪来临之

---

① Claba E. Schieber, "The Transformation of American Sentiment toward Germany, 1870-1914," pp. 109-136, 转引自王华：《萨摩亚争端与大国外交：1871—1900》，中国社会科学出版社2008年版，第265页。

② Vagts, *Deutschland und die Vereinigten Staaten II*, New York, 1935, p. 1350, 转引自 Holger H. Herwig, *Politics of Frustration: The United States in German Naval Planning, 1889-1941*, New York: Little, Brown and Company, 1976, p. 29。

际,世界局势已经有了历史性变化,这很大程度上就取决于美德双方如何处理事务。"里希特霍芬提出,美国目前处在历史的十字路口,它必须在英德两国之间做出抉择。美国如果选择亲近前者,则有可能制造出一个旨在对抗"盎格鲁-美利坚联盟"的欧陆国家联盟;而如果选择与后者建立亲近关系,那么美国需要付出小小的代价:将萨摩亚、卡罗林群岛、苏禄群岛和菲律宾部分领土让予德国。① 两天后,怀特向里希特霍芬提出征询,他想弄清楚这位德国外交大臣上次提到的"加煤站"和"海军基地"的具体含义是什么。里希特霍夫回答道:"就和胶州湾一样,海军基地需要足够的内陆腹地确保其安全,就菲律宾来说,为了确保足够的内陆地区,就意味着需要将整个岛屿割让给德国。"②

然而,德国的这种外交讹诈反而让其自身陷入左右为难的境地之中,如果既不与美国就瓜分菲律宾的领土达成一致,又不主动采取措施缓和同美国的紧张关系,这会令美国进一步怀疑德国在菲律宾问题上的动机。美国驻德海军武官弗朗西斯·巴伯(Francis Barber)中校就彼时状况向美国国内发出警告。他在7月12日提醒美国海军部的信件中明确指出,德国在远东地区充满野心,建议扩充美国亚洲分舰队的兵力,从而确保绝对的优势地位:"只有武力,才能让那个对《门罗

---

① Johannes Lepsius, Albrecht M. Barthology, and Friedrich Thimme (eds.), *Die Grosse Politik der europäischen Kabinette, 1871 – 1914: Sammlung der diplomatischen Akten des Auswärtigen Amtes*, XV, Berlin, 1922-1927, pp. 54-59, 转引自 Holger H. Herwig, *Politics of Frustration: The United States in German Naval Planning, 1889-1941*, New York: Little, Brown and Company, 1976, p. 32。

② Foreign Office, Auswärtigs Amt, Bonn, West Germany, England No. 78 No. 1. Verhandlungen zwischen Deutschland und England und zwischen Deutschland und den Vereingiten Staaten von Amerika ber eine ewentuelle Auftheilung des Kolonial Bestizes anderer Staaten Vol. 3, Richthofen to Eulenburg, July 12, 1898, 转引自 Holger H. Herwig, *Politics of Frustration: The United States in German Naval Planning, 1889-1941*, New York: Little, Brown and Company, 1976, p. 32。

宣言》耿耿于怀（gall and wormwood）的威廉二世印象深刻。"①

美国国内反德情绪在逐渐高涨起来。1899年4月，"罗利号"舰长科格伦上校返回美国后，这种情绪达到顶峰。科格伦向公众揭露了杜威与辛兹在"奥林匹亚号"上的那场争论，尤其提及了杜威在答复德国人时说，他绝不会在德国国旗面前屈服："因为在美国的任何一个州，只需要花费50美分就可以买到这面旗。"在纽约举办的一场奢华宴会上，科格伦还用讥讽的腔调演唱了一遍德国国歌。科格伦的这一系列举动引起了德国人的愤怒，尽管海军部部长朗、国务卿海伊以及总统麦金莱分别于4月6日、4月24日、4月26日向德国道歉，但是依然难消德国人对于科格伦行为的愤怒。德国海军驻华盛顿特使胡贝特·冯·雷布埃尔-帕施维茨（Hubert von Rebeur-Paschwitz）上尉认为，科格伦的行为是对德国海军的冒犯。威廉二世自然也不会保持沉默，对此评论道："那就是你们美国人的流氓行径。"

美国的报社媒体也开始频繁发表反德言论。1898年9月18日，《俄勒冈人晨报》（Morning Oregonian）将德国人描述为"我们的冷酷无情的敌人"。10月5日，《芝加哥论坛报》（Chicago Daily Tribune）讲"我们能否与德国交战，德国官方认为与美战争已即将来临"。11月25日，《华盛顿邮报》（Washington Post）报道说："我们知道，在德国政府内部，美国被认为是不眠不休、贪得无厌的敌人。"《纽约先驱报》（New York Herald）一直在强调美德之间爆发战争的可能性。随着麦金莱政府立场越来越明确，德国的态度开始变得不再强硬，威廉二世很快就意识到由于英国人的态度，使得他所希望的共同抵制美国人军事行动的计划必然无法实现。于是，德国人的行

---

① William R. Braisted, *The United States Navy in the Pacific, 1897 – 1909*, Annapolis: Naval Institute Press, 1958, p. 29.

动又立刻往回退,原本积极建议应该派出海军并占据马尼拉的蒂尔皮茨却痛惜道:"对他来说,美西战争从政治上来看爆发得太早了。"他甚至在其自传中写道,没有人提前告知他德国舰队驶抵马尼拉湾的决定,当他获知此事时,也大为吃惊。① 德国外交部则表示,外交部既不清楚迪特里希的行动,也没有被征询过意见,这"纯属海军的决定"②。

第三节　英国、法国、日本对马尼拉湾事件的态度

马尼拉湾海战刚结束,多国就派遣舰队进入马尼拉湾,想要获取有关战场的信息。截至7月,除了美国、德国、西班牙的军舰以外,这里还聚集了包括英国、法国、日本等多国的军舰(见表9-1)。除此之外,一支奥匈帝国海军的单桅纵帆船"弗伦兹贝格号"也正好来到马尼拉,对当地进行了一场短暂的访问。

表9-1　马尼拉湾内的英国、法国、日本、奥匈帝国舰船(1898年7月)

舰队司令	舰名	级别	吨位	火炮
爱德华·奇切斯特上校（英国）	"不朽号"	装甲巡洋舰	5 600 吨	2 门 240 毫米火炮,10 门 150 毫米火炮
	"林奈号"	巡逻艇	800 吨	2 门 175 毫米火炮
	"伊菲格尼亚号"	轻型巡洋舰	3 400 吨	2 门 150 毫米火炮

---

① Holger H. Herwig, *Politics of Frustration: The United States in German Naval Planning, 1889-1941*, New York: Little, Brown and Company, 1976, p. 26.

② Vagts *Deutschland und die Vereinigten Staaten* II, 1350, in Holger H. Herwig, *Politics of Frustration: The United States in German Naval Planning, 1889-1941*, New York: Little, Brown and Company, 1976, p. 29.

（续表）

舰队司令	舰名	级别	吨位	火炮
爱德华·奇切斯特上校（英国）	"波纳文屈号"（Bonaventure）	轻型巡洋舰	4 400 吨	2 门 150 毫米火炮
	"斯威夫特号"（Swift）	巡逻艇	—	—
	"皮克号"（Pique）	巡逻艇	—	—
	"响尾蛇号"（Rattler）	巡逻艇	715 吨	6 门 100 毫米火炮
	"蒲乐福号"（Plover）	巡逻艇	800 吨	2 门 175 毫米火炮
	"侏儒号"	巡逻艇	700 吨	2 门 100 毫米火炮
菲利普·布德尔上将（法国）	"布鲁瓦号"	装甲巡洋舰	4 700 吨	2 门 180 毫米火炮，6 门 147 毫米火炮
	"帕斯卡号"（Pascal）	防护巡洋舰	4 000 吨	4 门 160 毫米火炮
	"贝亚德号"（Bayard）	露台炮舰	6 000 吨	4 门 240 毫米火炮
野村上将（日本）	"秋津洲号"（Akitsushima）	防护巡洋舰	3 100 吨	4 门 150 毫米火炮
	"浪速号"（Naniwa）	防护巡洋舰	3 700 吨	2 门 260 毫米火炮
	"松岛号"	防护巡洋舰	4 200 吨	1 门 310 毫米火炮，12 门 120 毫米火炮
	"伊苏岛号"（Itsushima）	防护巡洋舰	4 200 吨	1 门 310 毫米火炮，11 门 120 毫米火炮
齐格勒上校（奥匈帝国）	"弗伦兹贝格号"	单桅纵帆船	1 400 吨	4 门 150 毫米火炮

第九章 马尼拉湾局势变化的原因探究

作为老牌的殖民大国,英国在东亚有着众多的利益。1895年,东亚局势骤变,中国在中日甲午战争中战败,日本作为一个新的竞争者出现在东亚舞台上。俄国趁着三国干涉还辽事件乘机要求和清政府谈判,攫取在中国东北的独享权利。至此,"远东已经形成了一个新世界"①。1869年,德国人李希霍芬(Ferdinand von Richthofen)调查山东时就明确指出,胶州湾为中国北方最理想的港口。中日甲午战争之后,趁着中国的羸弱,德军于1897年11月14日在青岛强行登陆并占领青岛。1898年3月6日,德国同清政府签订不平等的《胶澳租界条约》,强行要求清政府将青岛租借给德国,租借时间为99年。条约签订之后,威廉二世就希望能在最短的时间之内,让青岛超过英国所占领的香港,以展现出德国在制度上的优越性,成为其在亚洲殖民地的样本。德国的这一举动"粗暴地破坏了中国北方的力量平衡"②,一时间,欧洲各个主要列强均要求在中国划分排除其他列强权益的势力范围。英国首相索尔兹伯里担心,此态势将会引发"对中国的大争抢",这正是他力图避免的结果,③ 东亚局势一时间风谲

---

① The Times (23Apt. 1895) cf. The Times, The History of The Times, Vol. iii, The Twentieth Century Test, 1884-1912 (London, 1947), pp. 187-196,转引自〔英〕托马斯·奥特:《中国问题:1894—1905年的大国角逐与英国的孤立政策》,李阳译,生活·读书·新知三联书店2019年版,第27页。

② Curzon to Salisbury (private), December 29, 1897, Salisbury MSS, 3M/E/1/109. Among his writings on Asian affairs were Russia in Central Asia in 1889 and the Anglo-Russian Question (London, 1889), Persia and the Persian Question (2 Vols., London, 1892), and Problems of the Far East: Japan-Korea-China (London, 1894 rev. ed. 1896),转引自〔英〕托马斯·奥特:《中国问题:1894—1905年的大国角逐与英国的孤立政策》,李阳译,生活·读书·新知三联书店2019年版,第118页。

③ Min. Salisbury, n.d. [24 Nov. 1897], FO 17/1330,转引自〔英〕托马斯·奥特:《中国问题:1894—1905年的大国角逐与英国的孤立政策》,李阳译,生活·读书·新知三联书店2019年版,第88页。

云诡,国际政治的这一变局"对英国的影响比对任何其他大国都大"①。作为中国的最大贸易对象国,英国最不愿意看见的就是中国市场的分裂。而在此之中,俄国的扩张势头最为猛烈。趁着德国强占中国的胶州湾,俄国也要求占领中国的旅顺港。《胶澳租界条约》签订两天后,3月8日,俄国向清政府施压,使其同意租借旅顺港。3月29日,俄国外交大臣米哈伊尔·尼古拉耶维奇·穆拉维约夫(Mikhail Artemyevich Muravyov)正式宣布租借中国的旅顺港和大连湾。在中国问题上,相比于欧洲各国,俄国占据着地缘上的巨大优势。彼时,欧洲大陆上的联盟体系业已形成,其中法俄结成了同盟。在三国干涉还辽中,法德两国唯俄国马首是瞻。尽管三国在远东事务上的同盟关系随着日本的退让而很快解体,但法国为了维护法俄同盟关系,依然在远东事务上同俄国采取协调一致的政策。德国为了破坏法俄之间的同盟关系,也密切地与俄国保持着联系,使得"俄国的态度成为远东国际政治中的决定性的变量"②。此外,有传言说俄国为了打破日本在东北亚地区与德国的竞争态势,试图通过外交渠道与日本政府取得联系,劝说日本将扩张的对象转向菲律宾,转移日本对东亚的注意力。③ 日本在中国东北地区与俄国的争夺,尽管对英国的利益影响并不大,但是如果俄国继续向长江以南地区扩张,则是英国所不能同意的。

此时,英国最重要的任务就是考虑如何阻止俄国日渐南下的扩张

---

① 〔英〕托马斯·奥特:《中国问题:1894—1905年的大国角逐与英国的孤立政策》,李阳译,生活·读书·新知三联书店2019年版,第4页。
② 〔英〕托马斯·奥特:《中国问题:1894—1905年的大国角逐与英国的孤立政策》,李阳译,生活·读书·新知三联书店2019年版,第74页。
③ Patrick James Bourne, "Sir Frank Lascelles: A Diplomat of the Victorian Empire, 1841-1920," Dissertation, University of Leeds, 2010, p. 195.

趋势，然而，这对于英国而言并非易事。自1898年1月开始，英国首相索尔兹伯里和外交大臣贝尔福（A. J. Balfour）等内阁官员尝试同俄国举行谈判，期望相互承认彼此在中国的势力范围，以缓解英国在东亚的压力。然而双方经过多次谈判，始终无法达成最终的协议。英国所推行的"光荣孤立"政策使得自己在欧洲被孤立起来，从而陷入空前的困境。作为海外殖民大国的英国，在东亚、欧洲等地均承受着巨大的压力，其力量已经无法承担起守护自己在海外利益的责任，而独自维持其在东亚的海外基地和对资源的控制也变得更为困难。

面对自己无力单独应对俄国在中国的扩张局面，英国希望寻找一个盟友，尽快改变目前的孤立状态，以抵御俄国的南下势头。1895年以后，日本、俄国和德国纷纷加紧扩大了在中国的权益。法国不愿得罪俄国，而且由于法国在与英国争夺西非、中非和埃及等殖民地的竞争中落败，法国也不愿意与英国合作，而奥匈帝国和意大利都与德国开始走近。在索尔兹伯里政府内部，以殖民大臣约瑟夫·张伯伦（Joseph Chamberlain）为代表的部分内阁成员倾向于联合德国来抵制俄国在中国、印度和高加索等地区给英国所带来的威胁。[1] 此时，德国与英国的外交关系尚未从"克鲁格电报"的阴影中走出来，英德两国之间的不信任感依然存在。在此之前，德国也曾经向英国保证，愿意在远东事务上与英国进行协商，但是随后发生的德国强占胶州湾事件使英国认为德国已经违背了该保证，双方在东亚问题上的不信任感加深。尽管如此，英国依然认为"德国对胶州湾的占领，将不会

---

[1] Satow, Sir E., *Sir E. Satow to the Marquess of Salisbury*, Vol. 1, Foreign and Commonwealth Office, London, 1898, *ProQuest*, https://www.proquest.com/government-official-publications/sir-e-satow-marquess-salisbury/docview/1922962294/se-2.［2024-5-10］

损坏英国的商业利益。胶州湾作为'兵家必争之地',只有在德国与中国打交道时对德国有所助益,但'在对付任何其他欧洲列强或列强联盟时,都将成为软肋'"①。英国认为,它在远东的商业利益所面临的最大挑战来自俄国而非德国,然而德国却希望借此来迫使英国让步。英国外交部收到的情报显示,德国正在向英国施压,要求英国需要立即就原葡萄牙在南部非洲地区的利益问题与德方达成一致,并且威胁说,如果英国不就范的话,德国将会加入俄国、法国的行列。"德国目前正在就南部非洲以外的地区与其他列强试图达成协议,除非有意外发生,这将会导致这些国家不会在欧洲、近东、远东或者太平洋地区对我们提供支持。"②

德国的态度使得英国寻求联合美国来抑制俄国在东亚地区的扩张需求变得更为急迫,或者说英国政府开始意识到,依靠德国来防止俄国势力继续南下已经是不可能的。局势日益对英国不利,随着俄国对旅顺、大连的占领,英国感觉到自己在中国北方的影响力被进一步削弱。"德国和俄国在中国北方所处位置的危险性,在于它们控制了渤海湾,并且离北京很近……因此它们将能够对中国政府施加更大的压力。我们的地位本已因俄国人在朝鲜的优势而大为动摇,由此看来,似乎最有可能受到损害。"1898年3月28日,英国内阁指示英驻华大使窦纳乐(Claude Maxwell MacDonald)向总理衙门交涉,要求清政府割让威海卫。4月2日,清政府的总理衙门在英国的压力下同意租借请求。尽管英国已经无法获得德国的保证,承诺如果英国有一天

---

① 〔英〕托马斯·奥特:《中国问题:1894—1905年的大国角逐与英国的孤立政策》,李阳译,生活·读书·新知三联书店2019年版,第92页。
② Bertie, Mr., *Memorandum by Mr. Bertie*, Vol. 1, Foreign and Commonwealth Office, London, 1898, ProQuest, https://www.proquest.com/government-official-publications/memorandum-mr-bertie/docview/1922962585/se-2. [2024-5-10]

第九章 马尼拉湾局势变化的原因探究

将与俄国在东亚发生对抗时,德国将与英国达成合作。但是在4月20日,英国为避免其占领威海卫的行为影响英德未来合作的可能,单方面向德国表明,其占领威海卫"是为了恢复渤海湾的力量平衡,而这一平衡是因俄国人占领旅顺港而被打破的。俄国人此举损害了英国的利益,却没有直接伤及德国的利益"①。英国人保证,即使占领威海卫,也"无意在山东省伤害或挑战德国的利益,或者在该省给德国制造麻烦"②。英国此举旨在防止将德国推向俄国一方,从而使得自己在未来英德对抗中处于不利地位。

"直到与俄国重新修好的愿望确定无法实现后,贝尔福才去靠近华盛顿,着眼于美英之间形成一项政策,两国就亚洲问题实现协调并开展某种形式上的合作。"③ 1898年1月11日,正是第一次委内瑞拉危机最严重的时候,张伯伦就向内阁建议,寻求美英就东亚问题达成协议,并讨论在巴尔干问题上展开合作的可能。随后,英国驻美大使向美国国务院征询,美国是否愿意支持英国在中国的政策,以及美国政府在面对日趋复杂的中国和远东事务所采取的态度,并希望实现两国在远东问题上的协调与合作。结果他被告知,麦金莱总统对英国有关中国问题所持的贸易开放政策表示同情,但是美国现在并不想放弃自己的孤立传统,没有理由偏离对欧洲列强结盟的尊重,也尽可能地

---

① Lascelles to Salisbury (no. 105), April 7, 1898, FO 64/1437; Sanderson to Lascelles (No. 73), March 30, 1898, FO 244/562, min. Klehmet, April 4, 1898, GP xiv/1, No. 3760, 转引自〔英〕托马斯·奥特:《中国问题:1894—1905年的大国角逐与英国的孤立政策》,李阳译,生活·读书·新知三联书店2019年版,第123页。

② Lascelles to Bülow, April 20, 1898, BDi, No. 52; tel Bülow to Wilhelm II, 21 Apt. 1898, GP xiv/1 No. 3770, 转引自〔英〕托马斯·奥特:《中国问题:1894—1905年的大国角逐与英国的孤立政策》,李阳译,生活·读书·新知三联书店2019年版,第123页。

③〔英〕托马斯·奥特:《中国问题:1894—1905年的大国角逐与英国的孤立政策》,李阳译,生活·读书·新知三联书店2019年版,第107页。

避免被卷入欧洲国家之间复杂的外交传统中,现在也不打算涉入其中。① 麦金莱政府婉拒了英国提出的合作需求,担心英国不过是希望将美国拉入同其他列强对于中国市场的竞争之中。另外,在美国看来,美西战争的可能性与前些年一样,"看起来并不紧迫"②。

三个月之后,美西战争爆发,美西两国外交关系破裂。美国将自己在古巴和西班牙、菲律宾等地的利益交由英国政府代为负责。利用这种友善关系,英国政府再次向美国释放信号,希望推动美英之间的谈判。然而,部分美国国会议员拒绝英国等欧洲国家来调停美西战争,并且也不愿意联合英国来抵制俄国在中国的利益扩张。不过,美国驻英大使约翰·海伊觉察到,美国同西班牙的战争,引起了很多欧洲国家对美国的批评,在欧洲国家的谩骂声中,只有英国对此表示同情,这大大提升了美国民众对英国的好感度。约翰·海伊抓住这一机会,发表了有关美英两国友谊的演讲。③ 5月1日,杜威在马尼拉湾海战的胜利,让包括英国在内的欧洲各国都重新认识到了美国的地位。5月15日,张伯伦在伯明翰发表演讲,指出俄国占领中国旅顺港的行为将会给英国的未来带来危害。对于俄国人的行为,张伯伦说道,与俄国人打交道,就是在与美国人打交道,对此,他引用了英国人的一句谚语——"谁款待魔鬼,谁就必须准备一把长勺子"——来警告同胞,不要尝试同俄国人达成妥协。针对英国国内依然存在的反美声音,张伯伦如此表示:"我甚至可以说,尽管战争是可怕的,

---

① Lionel Gelber, *The Rise of Anglo-American Friendship: A Study in World Politics, 1898-1906*, Hamden: Archon Books, 1966, p. 13.

② Nathan Sargent, *Admiral Dewey and the Manila Campaign*, Washington D. C.: Naval Historical Foundation, 1947, p. 4.

③ Lionel Gelber, *The Rise of Anglo-American Friendship: A Study in World Politics, 1898-1906*, Hamden: Archon Books, 1966, p. 24.

甚至战争或许是廉价而得的，但如果是为了伟大而崇高的事业，星条旗和'米'字旗就应该为了盎格鲁-撒克逊联盟而握手在一起。"张伯伦认为，此刻就是自独立战争以来，美英两国彼此洞悉对方的最佳时间。① 他在一次演讲中提到，英国需要同"大西洋彼岸的亲属建立和保持永远和睦的联盟"，并强调两国的利益是一致的，两国携手合作对美英双方都有好处。"战争可能是可怕的，如果在一个伟大的高尚的事业中，星条旗和英国国旗在盎格鲁-撒克逊联盟的上空一起飘扬，就可以用低廉的代价赢得战争。"② 英国在美西战争中对美国的偏袒，不仅仅是出于获取美国支持的利益需要，德国的海军扩军计划以及德国在布尔战争中对布尔人的支持，使得英国国内对德国非常不满，英国已经将德国视为自己在商业和海军上的最大竞争对手。另外，英国希望通过与美国的合作来确保自身在东亚的利益不受损害，因此希望增强自第一次委内瑞拉危机以来同美国的关系，以此遏制德国。"由于没有英国人的支持，德国所希望的欧洲反美阵营就失去了建立起来的可能。"③

据《旧金山呼声报》(San Francisco Call) 7月19日的新闻报道，迪特里希在遭到杜威的威胁之后，曾向同样停泊在马尼拉湾的英国巡洋舰"不朽号"舰长奇切斯特询问，如果德国人干预了杜威舰队对马尼拉的炮击，英国舰队将作何反应。奇切斯特答复他说，只有杜威

---

① Lionel Gelber, *The Rise of Anglo-American Friendship: A Study in World Politics, 1898-1906*, Hamden: Archon Books, 1966, p. 24.

② William Roscoe Thayer, *The Life and Letters of John Hay*, Boston, 1916, Vol. 2, pp. 168-169, 转引自杨生茂、冯承柏、李元良编：《美西战争资料选辑》，上海人民出版社1981年版，第147—148页。

③ Spencer C. Tucker (ed.), *The Encyclopedia of the Spanish-American and Philippine-American Wars: A Political, Social and Military History*, Santa Barbara: ABC-CLIO, Inc., 2009, p. 239.

将军和迪特里希自己知道事态将如何发展。① 奇切斯特在随后发给英国国内的电文中提到，7月12日，在奇切斯特访问德国"凯撒号"期间，迪特里希再次就美国强行登上"艾琳号"这一事件询问英国的态度，迪特里希认为杜威在给予的答复中显得很强硬，因而希望寻求奇切斯特对自己的支持。然而，奇切斯特对此答复到，他认为作为封锁的一方，尽管不具备对商船的搜查权，但是对登临突破封锁线的军用舰船使用该项权利是合法的，杜威在对德国人的答复中，态度明确清晰，其语气也是温和的，并未有不恰当之处。随后，正如前文所述，在迪特里希组织召开的有关杜威舰队封锁问题的多国海军将领会议上，奇切斯特再次表达了对杜威的支持。奇切斯特在发给国内的电文中指出，自己的这种态度极大影响了德国人的行动，因为在7月14日，迪特里希曾向他表示，德国人将以"令人满意的方式"来结束同美舰的对峙局面。②

英国对美国的友好中立不仅仅表现在言语上，更体现在实际的行动之中。马尼拉湾海战结束后，德国的三艘巡洋舰率先驶入马尼拉湾，紧随其后的是英国和法国的舰队。不同于德国人，英国和法国的舰队遵循了封锁原则，对于杜威的一系列封锁行为，都采取了积极的配合态度。当迪特里希同杜威的舰队在马尼拉湾处于对峙状态时，实力天平一度更偏向德国人，然而奇切斯特仍将自己的战舰停泊在杜威舰队和迪特里希舰队之间，确保德国无法使用武力对杜威舰队构成威

---

① "Dewey Holds the Germans in Check," *San Francisco Call*, Vol. 84, No. 49, July 19, 1898, https://tile.loc.gov/storage-services/service/ndnp/curiv/batch_curiv_ahwahnee_ver01/data/sn85066387/00175037731/1898071901/0295.pdf. [2024-5-10]

② Macgregor, Evan. "Admiralty to Foreign Office." *British Documents on the Origins of the War 1898-1914*, https://www.proquest.com/government-official-publications/admiralty-foreign-office/docview/1922959861/se-2. [2024-5-10]

胁,进而帮助杜威维持了对于马尼拉湾的水面封锁。威廉二世也注意到英国对杜威行动的积极配合,双方似乎达成了默契,尤其是英国允许美国使用其在东亚地区的军事基地来补充燃煤,他对此极其失望。这一行动也大大刺激了威廉二世,成为他日后要求大力发展本国海军的理由之一。

虽然英国在美西战争期间一直强调奉行中立政策,但是英国因自身利益需要而对美国的偏袒,自然引起了西班牙的不满。《巴黎和约》签订之后,西班牙摄政女王向维多利亚女王抱怨说,英国的港口在战争期间向美国舰船提供煤炭,却拒绝向西班牙舰船提供任何燃料,此外,与美国联合反对西班牙的菲律宾民族武装在被驱逐到香港之后,也得到香港的英国殖民政府当局的允许,使前者得以利用英国的相关设施继续他们的行动。[1] 然而,此番抱怨之后,英国政府依旧没有对这些官员的行为予以纠正。

总体上说,英国在菲律宾问题上对美国抱有谨慎同情,英国内阁中的大部分成员希望借此向美国表达善意,换取日后美国在亚洲问题上对自己的支持。但是,这还并不能打消美国人对自己被英国人利用的担忧。7月,美国驻柏林大使向华盛顿暗示说,一定要避免在占领菲律宾问题上与英国人有任何密切的合作,因为这可能导致形成反对美英两国的欧洲联盟。美国国务院一方面再次强调决不会接受欧洲国家的干涉;但是另一方面也向大使保证,关于美英密切合作的忧虑是不会成真的。[2]

不同于德英两国较为明确的态度,其他欧洲国家和日本对美国则

---

[1] The Queen-Regent of Spain to Queen Victoria, August 30, 1898, *Letters of Queen Victoria*, Third Series, Vol. iii, p. 268, 转引自 Lionel Gelber, *The Rise of Anglo-American Friendship: A Study in World Politics, 1898–1906*, Hamden: Archon Books, 1966, p. 27。

[2] Lionel Gelber, *The Rise of Anglo-American Friendship: A Study in World Politics, 1898–1906*, Hamden: Archon Books, 1966, p. 30。

显得漠不关心或者有心无力，其态度的不同主要源自各国如何看待战后可能出现的结果对其利益的影响。总体来看，在东亚拥有自己利益的各个帝国主义大国，除英国以外，都试图劝阻美国独占菲律宾，希望自己也能在这份西班牙的亚洲遗产上分一杯羹，在菲律宾群岛上获取一处海外定居点。

就法国来说，法国对于这场战争的态度显得前后不一。在杜威赢得了马尼拉湾海战之后，法国媒体担忧地表示，美国作为一个新列强登上了政治舞台。法国外交部的朱尔斯兰德（M. Jules Jusserand，后来成为法驻美大使）先后于6月和8月两次向美国发出警告：菲律宾与美国相距遥远，美国不该为这个遥远的国度承担一丝一毫的政治责任，更不可甘冒与其他国家海军开战的风险，以军事介入菲律宾事务。[①] 但是，此时的法国受自己国内政治局势动荡的困扰，除了警惕地关注着美国在菲律宾的行动以外，无计可施。法国只能也派遣一艘军舰到马尼拉湾，希望借此对菲律宾的局势施加一定的影响力。法国外交部部长德尔卡赛（Théophile Delcassé）公开表示，愿意在美国和西班牙之间进行斡旋。然而，美国对德尔卡塞的这一建议予以拒绝，对法国的斡旋毫无兴趣。面对美国的这一表态，德尔卡赛也未再坚持。除此之外，西班牙曾向欧洲国家提议，希望由欧洲国家对菲律宾实行联合保护，法国却表示并不愿直接卷入同美国的战争中，因此断然拒绝了西班牙的这一提议。

作为法国的盟友，俄国和大部分欧洲国家一样，表现出的也是模棱两可的外交态度。在众多欧洲国家中，由于俄国在东亚的利益最为庞大，自然也对美西战争结局最为关心。杜威的胜利一夜之间就改变

---

① Lionel Gelber, *The Rise of Anglo-American Friendship: A Study in World Politics, 1898-1906*, Hamden: Archon Books, 1966, p. 30.

了列强在东亚的格局,这显然对俄国在这一地区咄咄逼人的扩张态势产生了影响。俄国外交部也因此担心,美国将占领菲律宾作为介入东亚事务契机,进而与英国在东亚或者中国事务上形成盎格鲁-撒克逊联盟,从而威胁到俄国在中国东北和满洲里地区的独占地位。然而,除了尼古拉二世表达过对西班牙的同情之外,俄国政府并没有对美西关系的恶化表现出过多关注,对于联合干涉美西战争的提案也没有多大兴趣。对于杜威在马尼拉湾的胜利,俄国并没有做出太多评价,反而对英国和德国两国在马尼拉的行动表现出一丝担忧。在俄国看来,英德两国才是自己在东亚事务上的最大对手,如果美国没有攫取菲律宾,英德两国均有可能会占领此地,这恰恰是俄国所不愿意看见的。俄国并不愿意任由美国来夺取菲律宾,于是俄国外交大臣穆拉维约夫照会法国政府,希望调停美西战争,以继续保有菲律宾为条件逼迫西班牙接受和平。然而,法国政府并不支持这一建议。在穆拉维约夫的提议被拒后,俄国政府并没有提出备用方案,直到美国提出"门户开放"前,俄国政府甚至都还没有认真地思考过如何与这个东亚利益竞逐场上的新对手打交道。① 然而,俄国则希望日本能够与美国就菲律宾展开争夺。英国外交官萨托(Ernest Mason Satow)在寄给首相索尔兹伯里的信中也透露,1898年夏天,当杜威舰队击败西班牙人之后,俄国就劝说日本应将注意力放在菲律宾。萨托认为,俄国人此举意在减少日本在东北亚地区给俄国所带来的压力。②

1895年日本一跃成为太平洋西岸的主要列强国之一,也是距离

---

① Spencer C. Tucker (ed.), *The Encyclopedia of the Spanish-American and Philippine-American Wars: A Political, Social and Military History*, Santa Barbara: ABC-CLIO, Inc., 2009, pp. 614-615.

② Satow, S. E., *Sir E. Satow to the Marquess of Salisbury*, London: Foreign and Commonwealth Office, 1898, https://www.proquest.com/government-official-publications/sir-e-satow-marquess-salisbury/docview/1922962294/se-2. [2024-5-10]

马尼拉最近的强国，其横滨港距马尼拉仅有 3 240 公里。赢得中日甲午战争之后的日本摇身一变，成为太平洋新兴的力量强国，日本所渴望建构起的势力范围也包括了菲律宾和夏威夷。在日本国内，扩张主义情绪在政府、军队和媒体中日趋高涨，1893 年至 1897 年，日本国内就一直在抗议美国在夏威夷的利益扩张，同时还有声音表示日本应当南下占领菲律宾。美国对西班牙宣战时，日本宣布严守中立。在获得西班牙政府允许的情况下，日本向菲律宾派出了军事官员作为观察员，同时禁止国内军火商向菲律宾的民族解放武装销售任何武器。通过这一系列政策，日本取得了西班牙政府的好感。马尼拉战争一打响，日本军舰便随同德国、英国和法国的舰队驶进马尼拉湾。蒙托霍舰队被歼灭之后，针对美国对马尼拉的封锁，日本舰队采取了观望的政策。此外，日本还表达出这一意愿：如果美国人不愿去吞并菲律宾的话，日本则有极大的兴趣获得此处，或者，也可以同美国或许还有英国，共同占据菲律宾。[①] 7 月，当德国驻英大使哈兹费尔德（Hatzfeldt）伯爵向美国驻英大使约翰·海伊表示德国要求殖民菲律宾时，日本也向美国提出日本愿意同美国一起管理菲律宾，然而遭到了美国的拒绝。日本虽然对于菲律宾也有兴趣，但是对于美国的军事行动并没有做出太大反应。因为此时日本所面对的最大对手并不是美国，而是努力向朝鲜半岛扩张势力的俄国以及侵占山东胶州湾的德国。另外，日本因遭受经济危机冲击，国内政局不稳，在 1898 年至 1899 年一年时间里，连续更换了三届内阁政府。三届内阁政府都被国内政治和经济萧条所困扰，在美国对菲律宾的军事行动问题上有心

---

① Satow, S. E., *Sir E. Satow to the Marquess of Salisbury*, London: Foreign and Commonwealth Office, 1898, https://www.proquest.com/government-official-publications/sir-e-satow-marquess-salisbury/docview/1922962294/se-2. [2024-5-10]

无力。

日本外相大隈重信在给驻美临时代理公使中川的训令中,指示中川向美国政府表达日本政府有关菲律宾问题的具体观点:"与美国交战的结果,西班牙如今在远东其名声和海军力量已俱失,无力镇压目前在菲律宾岛上的叛乱,不用说,也不可能维持其在亚洲领土的和平秩序。迄至今日,岛民屡屡蜂起。一是因失政压抑所致,此乃世所公认。此等群岛若复归西班牙控制,行政事务的改良则更无希望。对此等群岛如无外国保护,即使设置纯粹土民组织的政府,其政府必然缺乏协同一致,又无镇压手段,连自卫的道路也难以确立。加之若无行政经验,则能成为阴谋萃聚之地,招致秩序混乱,其结果势必成为蚕食心强的其他外国的诱饵。帝国政府虽不敢有向菲律宾群岛进行领土扩张的野心,但切望保持东洋的和平,维持远东权力正当均衡。而且确信,为西班牙在亚洲的领土,组织巩固而秩序井然的政府,乃是求得以上希望的一大要素。合众国主权将延伸到此等领土之上,乃是解决本问题的最易的办法。日本国对此表示全然同意。但若合众国以为责任稍稍重大,踌躇于直接或保护名称之下,单独执行此等群岛的行政时,帝国政府虽然充分意识到菲律宾群岛不安定状态所带来的危险,但因意识到领土接近所带来的利害关系。在两国或三国担保之下,基于相当的条件,就计划在该领土组织适当政府事宜,希望单独或具有利害关系的其他国家一样,同合众国协作。"① 由此可见,日本政府发现自己难以阻挡住菲律宾的局势,只希望能从美国处分得一杯羹,通过共管的方式在菲律宾获得权益。

---

① 日本外务省编:《日本外交年表和主要文书(1840—1945)》(上册),原书房1972年版,第187页,转引自杨生茂、冯承柏、李元良编:《美西战争资料选辑》,上海人民出版社1981年版,第235—236页。

迪特里希原本希望能够得到其他列强的支持，共同反对美国的"有效封锁"和"登临检查权"，然而这些国家的态度使得迪特里希无功而返。最终，迪特里希承认了杜威对于马尼拉湾形成了有效封锁，并且约束自己舰队尽可能遵守美国的封锁规定。

第十章
尾　声

美西战争彻底宣告了西班牙的衰落。赫伯特·里格利·威尔逊便直接将"西班牙的衰落"作为自己西班牙海军史的标题，这本书记述了西班牙海军在经历美西战争之后的衰败过程。经历了美西战争之后的西班牙成为"19世纪真正的没落帝国……西班牙对英国在美西战争中没有给己方提供支持而备感失望，当英国首相索尔兹伯里侯爵在1898年5月的一篇讲话中提到活着的民族和垂死的民族时，西班牙认为这番话是在影射自己。在数十年的时间里，西班牙内政一直被'1898'噩梦的阴影所笼罩"[1]。

但对美国来说，马尼拉湾的这场胜利是整个美西战争的第一场胜利，被视作英雄的杜威因此役获得了无上的荣耀。1899年3月2日，美国国会通过了一项特别法案，同意授予杜威上将军衔。6月，国会再次投票，将代表着至高无上荣誉的"荣誉之剑"授予杜威，并为参与了马尼拉湾战役的全体官兵颁发专为纪念马尼拉湾战役的铜质勋章。麦金莱总统原本也打算任命杜威为即将成立的菲律宾委员会的成员，但是考虑到菲律宾的热带气候和长时间的紧张与压力已令年迈的杜威身体虚弱、劳累不堪，于是决定将杜威调回国内，由"俄勒冈

---

[1]〔德〕于尔根·奥斯特哈默:《世界的演变：19世纪史》，强朝晖、刘风译，社会科学文献出版社2016年版，第805页。

号"舰长、原海军战争委员会①成员之一的阿尔伯特·巴克从杜威手中接替了亚洲分舰队的领导权和甲米地兵营等相关军用设施的管理权。杜威选择取道苏伊士运河和地中海，浏览沿途风光并追忆自己青年时代在"沃巴什号"上的服役岁月。直到 9 月，杜威才返回美国。一到国内，他立刻受到了空前的英雄般待遇。纽约市为杜威举办了一场盛大的招待会，赠送给杜威由著名珠宝商蒂芙尼（Tiffany & Co.）设计并制造的爱心杯。另外，9 月 29 日和 30 日，数百万纽约人参加了为杜威举办的在陆地和水上举行的盛大游行。在华盛顿，麦金莱总统站在国会大厦的台阶上，授予他"荣誉之剑"。10 月 5 日，代表海军上将的四星将旗缓缓从"奥林匹亚号"上降下，在两位副官布伦比上尉和考德威尔少尉的陪同下，杜威离开了自己的旗舰，前往华盛顿履职。杜威也因为在马尼拉湾的这场大胜，成为美国有史以来军衔最高的海军将领。

菲律宾是美国在亚洲的第一块殖民地，这场战争给美国带来了新的机会与挑战。不同于克利夫兰政府的"自由贸易帝国主义"（free-trade imperialism），麦金莱政府在 1898 年对夏威夷、关岛、波多黎各和菲律宾的占领更倾向于"实用扩张主义"（pragmatic expanionism）。尽管这两种扩张原则都源自工业已经出现"生产过剩"而需要开拓海外市场的观点，强调商业性的扩张而非领土的占领，强调确保海外

---

① 1898 年 3 月，美西战争爆发前夕，海军部部长朗组建了一个"海军战争委员会"，该委员会负责为即将同西班牙作战的美国海军制定战略，并提供相关的顾问工作。整个委员会集中了军事、情报、数据分析等专业人员，委员会主席由海军上将蒙哥马利·西卡（Montgomery Sicard）担任，主要成员包括美国海军部副部长西奥多·罗斯福、美国海军上尉阿伦特·克罗宁希尔德（Arent S. Crowninshield）、海军上尉阿尔伯特·巴克（Albert S. Barker）和马汉。海军情报办公室主任理查德·克洛弗（Richard Clover）协助委员会开展工作，为委员会提供由海军驻外武官或机构、海军战争学院所搜集上来的相关信息。

市场能够对美国商品自由开放和航线的安全。① 然而,不同于克利夫兰政府的是,麦金莱政府不强调意识形态上的扩张,而更为强调扩张的实际意义。他不再强烈地反对殖民主义,转而更为强调一种"海岛型帝国主义"(insular imperialism)②,这种扩张并不强调殖民土地与本国的毗邻性。虽然菲律宾被大洋隔离,但是美国可以去海外寻找一处飞地,作为自己扩张的战略基点,例如为了确保美国同菲律宾之间能够铺设海底电缆,就需要在太平洋上占领关岛、夏威夷等战略基地,以此为海底电缆的中继站、日益扩大的海军活动所需要的基地、不断扩展的海外市场所需要的货栈,以及航行世界各地的汽轮所需要的加煤站。"美国在1898年的扩张,并不是帝国主义的结果。对夏威夷、威克岛、关岛和菲律宾的侵占并不是由于它们有多大的经济价值,也不是为了履行'天定命运'的承诺,更不是什么'情绪上危机'的发泄。它们的获得很大程度上就是一种折中主义的体现,是希望让它们成为完整的商路体系中的加煤站、电缆中继站和海军基地,这一切只是为了帮助实现美国在太平洋地区的雄心壮志,其中压倒一切的就是在经济疲弱的中国市场扩大份额,并最终获得主导地位。"③ 但是当美国人占领菲律宾之后却无奈地发现,"美西战争和其他所有的战争一样,解决了一系列的问题,却往往又带来了一系列的新问题"④。

---

① Thomas J. McCormick, *China Market: America's Quest for Informal Empire, 1893-1901*, Chicago: Quadrangle Books, 1967, pp. 105-106.
② Thomas J. McCormick, *China Market: America's Quest for Informal Empire, 1893-1901*, Chicago: Quadrangle Books, 1967, p. 106.
③ Thomas J. McCormick, *China Market: America's Quest for Informal Empire, 1893-1901*, Chicago: Quadrangle Books, 1967, p. 107.
④ Robert Kagan, *Dangerous Nation*, New York: Alfred A. Knopf, 2006, p. 415.

第一节　美国商业憧憬的破灭

美西战争爆发前,美国在太平洋的经济活动虽然远远不及它在大西洋的经济活动,但是与西班牙相比,却不占劣势(见表10-1)。早在18世纪90年代,"美国的商船在东亚随处可见,为了开拓与中国的贸易,美国成功地为自己开发了广阔的太平洋地区,也打开了全新的贸易领域,包括澳大利亚的植物学湾(Botany Bay)、斐济、曼谷"①。

表 10-1　美西两国的贸易船只的数量与吨位

贸易船只 贸易地区		大帆船		蒸汽船	
		数量	吨位	数量	吨位
美国	大西洋地区	11 937	1 329 000	3 173	1 011 000
	太平洋地区	973	240 000	603	195 000
西班牙		303	81 000	420	506 000

资料来源:Herbert Wrigley Wilson, *The Downfall of Spain: Naval History of the Spanish-American War*, London: Sampson Low, Marston and Company, 1900, p.440。

战争爆发之初,商界和银行界由于担心战争可能会引起通货膨胀和资产负债,不利于美国经济,因此反对美国主动发动这场战争。然而,当杜威在马尼拉湾胜利后,市场在态度上发生了积极的转变。商业媒体认为,"随着一场战争的胜利消息而来的,将是商业对战争的

---

① Nathaniel Bowditch, "Early American-[Philippine] Trade: The Journal of Nathaniel Bowditch in Manila, 1796," edited and with an Introduction by Thomas R. McHale and Mary C. McHale, Available through: Adam Matthew, *China, America and the Pacific*, 1962, p.7, http://www.cap.amdigital.co.uk/Documents/Details/UCSD_HF_3126_B6_1962. [2019-2-24]

第十章 尾声

偏好"①。

普拉特写道："从现有的观点来看，似乎可以肯定地得出一个结论，在1897年冬天到1898年，美国商界是反对战争的，也是反对殖民扩张的，或者就是对二者采取置若罔闻的态度。但是同样依据这些证据，也似乎可以肯定地得出结论，在马尼拉湾获得胜利之后，美国的商业变得绝对的帝国主义。"② 美国商界意识到，在其他列强开始掀起瓜分中国的狂潮时，这个距离中国只有500英里的列岛，就有了它特定的商业价值。

20世纪后期，美国最大的进口商品就是粗糖，粗糖的关税占了整个联邦税收的20%。③ 美国1898年夺取夏威夷、菲律宾等岛屿对于粗糖加工业来说有着直接的、规模可观的利益。为了促进菲律宾粗糖业的发展，美国给予来自菲律宾的商品低关税甚至零关税的政策。英国驻美大使杜兰德（H. M. Durand）在1906年12月发给英国外交大臣爱德华·格雷（Edward Grey）的信中，附上了所获取到的美国时任总统罗斯福在第59届国会开幕时发给国会的公函件。其中，罗斯福向国会呈列了不少于34项亟须处理的各项事务。针对菲律宾的关税问题，罗斯福提出，期望给予菲律宾群岛低关税甚至零关税的相关政策，以使得菲律宾商品能够自由进入美国市场。罗斯福认为，"这恰与美国对菲律宾所采取的一系列正确决策

---

① Hugh Rockoff, *America's Economic Way of War: War and the US Economy from the Spanish-American War to the Persian Gulf War*, Cambridge：Cambridge University Press, 2012, p. 53.

② Julius W. Pratt, *Expansionists of 1898: The Acquisition of Hawaii and the Spanish Islands*, Baltimore, Maryland：The Johns Hopkins Press, 1936, p. 195.

③ A. G. Hopkins, *American Empire: A Global History*, Princeton：Princeton University Press, 2018, p. 360.

相符"①。

就实际经济来看，美西战争之后，美国与亚洲、太平洋地区的贸易得到了发展。然而，亚洲的经济能力有限，所以自始至终，美国与这些地区的贸易对美国当年国民生产总值的贡献率始终未能超过1%，对菲律宾的殖民并没有促使美国与这些地区的贸易水平得到显著提高（见图10-1）。

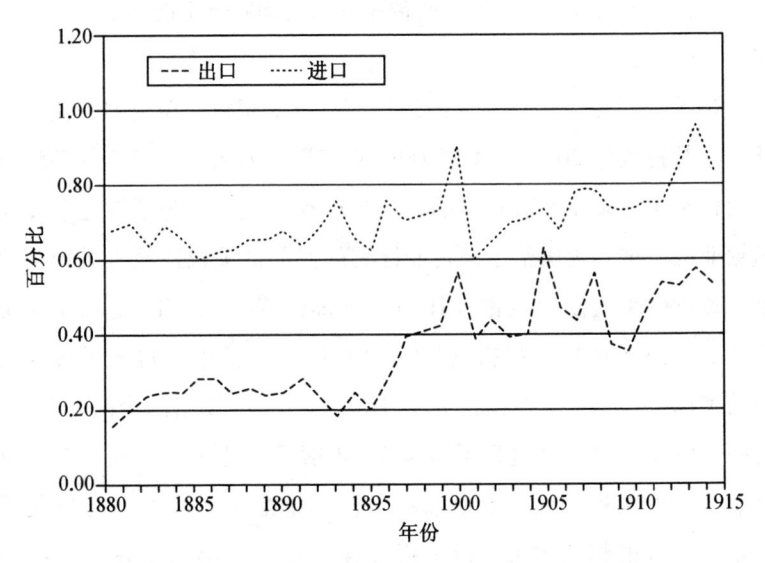

图10-1 美国与亚洲、太平洋地区的贸易变化及其在美国当年GDP中所占百分比

资料来源：Hugh Rockoff, *America's Economic Way of War: War and the US Economy from the Spanish-American War to the Persian Gulf War*, Cambridge: Cambridge University Press, 2012, p. 90。

---

① Sir M. Durand to Sir Edward Grey. (Received December 24), Affairs of Northern, F. O. 313/189, Correspondence America, Confidential Print: North America, 1824 - 1961, http://www.archivesdirect.amdigital.co.uk/CP_NorthAmerica. [2018-4-21]

第十章 尾声

在西班牙长时间的殖民统治下,菲律宾本地的经济基础并没有得到很好发展,糟糕的经济状况和基础设施让美国政府头疼不已,也远未能达到美国政府的预期。1898年8月2日,戴伊指示爱德华·哈登(Edward W. Harden)组建一个专门委员会,用于调研菲律宾群岛的财政和工业状况。爱德华·哈登随着杜威舰队于5月1日抵达马尼拉,在8月13日美军炮击马尼拉期间,曾短暂离开。随着战争结束,哈登再次返回马尼拉并一直工作到10月13日。他在随后向国务院提交的报告中详细阐述了菲律宾的金融和工业现状。[①] 首先,由于西班牙长时期的三角贸易,菲律宾货币供应量严重不足,难以支撑工业发展。受天主教会所实际控制的当铺和借贷机构通过向穷人发放贷款而中饱自肥,这被西班牙人称为"仁慈之山"(Monte de Piedad)的政策使得菲律宾民族资本力量弱小。其次,作为西班牙大帆船贸易的中间站,菲律宾长期以来推行的是银本位制度,这与美国刚刚确立的金本位的货币制度形成矛盾。哈登指出,由于西班牙占领期间,菲律宾的主要流动货币为墨西哥银元,致使菲律宾已经对银本位存在高度依赖。美国如果要占领菲律宾,就需要铸造银币来实现列岛内部的货币流通,同时为了确保货币的稳定性,需要强力推进金本位制度。然而,菲律宾人民的保守性将使得菲律宾在较长时间内,很难与美国的货币制度相融合。最后,西班牙政府于1897年7月发行总价值达到4 000万美元的债券,债券利率达到6%,偿还期限为40年。其中2 500万美元是由西班牙政府发行的中央政府债券,剩余的1 500万美元则

[①] United States, Congress, Senate, "Report on the Financial and Industrial Conditions of the Philippine Islands, by Edward W. Harden, special commissioner of the United States," 55th Congress, 3rd Session, S. Doc. 169, 1898. *Readex: Readex AllSearch*, https://books.google.com/books?id=HotWMQAACAAJ&printsec=frontcover&hl=zh-CN&source=gbs_ge_summary_r&cad=0#v=onepage&q&f=false. [2018-3-19]

是以马尼拉政府名义发行的地方政府债券,两类债券均是以马尼拉港的税收来支付债券的本息,这使得马尼拉港的税收资金被盘剥一空,致使菲律宾地方财政困难,不得不依靠美国的资金支持。

就菲律宾的基础设施而言,哈登感叹:"让人几乎难以想象的是,一个欧洲强国盘踞于此这么多年,其基础设施条件竟然依然如此(糟糕)。"整个菲律宾仅有一条铁路,该铁路自马尼拉市至达古潘市,全部里程仅119.3公里。与外界的电报系统严重不足,仅有一条通向香港的海底电缆。整个地区的邮政系统也非常落后,只维持马尼拉同香港和菲律宾南部几个大城市的不定期通信往来。公路、桥梁年久失修,维修的资金被挪作他用。就整个地区的劳动力素质水平来说,也难以令人满意,大多数菲律宾人都不能满足机器生产的要求。对此,哈登评价道:"整个地区里,素质最高的工人当属华人苦力,然而由于军事占领,这些华工也难以进入菲律宾。"整个地区缺少大工业所需的各种机器,商人们对投资也兴趣不高,这些问题都严重地阻碍着菲律宾的工业化发展,使其难以融入美国的经济之中。一些商人甚至开始质疑美国选择占领菲律宾的决定:"罗斯福急于打仗,从来没有问过自己一个基本问题:为什么商人从中国运来的货物要先运送到马尼拉附近……如果美国当初选择在香港租赁仓库,而非采用武力征服贫穷闭塞的菲律宾,就不会造成那么多的人员伤亡和财产损失。仅仅几年之后,罗斯福就明白美国在太平洋地区所犯错误的严重性。"①

除此之外,支持美国占领菲律宾的部分决策者和商界人士原本是怀着对中国市场的憧憬,认为菲律宾将可能成为开采中国这块金矿的

---

① 〔美〕詹姆斯·布拉德利:《1905帝国巡游:美国塑造亚太格局的伏笔》,刘建波译,北京联合出版公司2016年版,第55页。

垫脚石，或是进入广阔亚洲市场的停靠站。但是现实是，在20世纪的前几十年内，美国在中国几乎没有赚到钱。自19世纪后半叶开始，中国的市场前景和魅力大幅下跌。事实上，"19世纪90年代，中国在美国的出口额里仅占2%。虽然有关中国实际经济状况的事实是众所周知的，中国庞大的人口所代表的无限市场潜力还是令美国经济学家、商人和投资兴奋不已。然而，这个无限市场的观念仍有其根本性的问题，主要因为中国在当时明显排斥工业化。使问题更为复杂的是，中国日趋衰微的中央政府无力建立一个统一的生活标准或营造一个能大量消化美国商品与资金的中产阶级"①。

第二节　美国战略安全意识的改变与新的挑战

美西战争就战略意义来说，首先就使得美国在西太平洋有了立足点，这也让美国在这一区域的外交活动有了更大的话语权，也更加自信。正是这种变化，使得美国人对安全的概念也发生了变化。"美西战争和美菲战争确认了美国人关于安全的概念。即安全状态永远都是暂时的，长远的安全需要战略预见与规划；安全的距离是动态的，会随着空间观念的改变和利益的拓展而延长；安全的意义在于利益有效获得和占有，当然包括生存利益。因此美国人发现潜在的安全威胁，即采取措施加以制止，从此养成了一个习惯，即一切可能的威胁就被美国人当成现实的威胁来处理。"②

---

① 〔美〕马戈·塔夫脱·斯蒂弗、沈弘、〔美〕詹姆斯·塔夫脱·斯蒂弗：《看东方：1905年美国政府代表团访华之行揭秘》，浙江大学出版社2012年版，第53页。
② 高冬明：《美国战争机器：1607—1945》，社会科学文献出版社2014年版，第333页。

对安全的强调,自然也就促进了军事方面的变革。军队的变革和发展构建出了一个从战争和殖民地掠夺中获益的利益群体——军队。当美西战争来临时,"军队的装备还是陈旧和不规范的,军服五颜六色如同彩虹一般,没有足够的步枪训练志愿者,野战炮和远程火炮数量稀少且老旧。此时西班牙军队已经使用了无烟火药,而美军还在使用黑火药。长时间以来军队军官的晋升缓慢,思维守旧。西奥多·罗斯福仍记得第一次看见一位白胡子上尉引领士兵冲向战场的局面……一代人对战争的忽视使得不仅仅是装备,而且军队也都老旧了,民兵体制使得在战争思维上不要说革命,连改变都是很难的一件事情。调动部队笨重迟缓,麦金莱在寻求和平方式的时候,还没有做好开展战争的准备"[1]。美西战争结束以后,陆军和海军的许多军官获得了人事提拔,战争及其后续的管理意味着需要提拔更多的军官。军队的作用开始受到美国政府更多的关注,首先就是这支为美西战争赢得第一场胜利的亚洲分舰队。在美国政府的眼中,其作用性也远远大于从前,罗斯福甚至开始考虑如何调派这支取得大胜的舰队去远征非洲西北部海域的加那利群岛[2]。

美西战争是美国在其本土以外发动的第一次海外战争。在菲律宾发生的美西战争以及随后开始的美菲战争,已经显示出现代战争的特点:为了获得胜利,更优良的训练、更好的火炮优势、更为出色的后勤保障以及情报工作,才是确保胜利的条件。

就情报而言,美西战争爆发前,海军和陆军的情报部门尚未有合

---

[1] Howard Wayne Morgan, *America's Road to Empire: The War with Spain and Overseas Expansion*, New York: John Wiley & Sons, Inc., 1967, pp. 66-67.

[2] Hugh Rockoff, *America's Economic Way of War: War and the US Economy from the Spanish-American War to the Persian Gulf War*, Cambridge: Cambridge University Press, 2012, p. 56.

作关系，各自为政，造成资源浪费。杜威对情报的搜集依靠的是一群非专业情报人员，严重影响了情报的搜集。爱德华·哈登在向国务院提交的有关菲律宾财政和工业状况的报告中也表示，在对菲律宾经济进行调研的过程中，所遇到的最大困难是，在此之前美国官方没有菲律宾商贸方面的任何数据，其数据大都来源于民间和一部分西班牙殖民政府的资料。① 因此，"美西战争使美国情报工作取得了极大改进。美国政府自此不再单纯依赖外交使团来获取信息，而是开始通过有组织的间谍活动来获得重要的信息"②。除了情报以外，杜威在战争初期对弹药供给和兵员的担忧也说明了后勤保障的不足，为此，朗在战后总结认为，美国海军在美西战争中所收获的经验应该是后勤保障。③ 尤为重要的是，这场战争让美国意识到在海外驻扎军队的重要意义。把军队投放在远离美国大陆的地方，使得美军也不再维持着最小规模，而是得以通过增收兵员、配备先进武器来增强其力量。这支军队在与美国民兵的竞争中取得了优势，并成为一支更加制度化的常备军队。自1898年开始，美国军队从一支"边境防御的保安队向现代军队进行转化"④。

美国占领菲律宾和夏威夷之后，重新将目光对准了中太平洋中的萨摩亚。萨摩亚是中太平洋地区仅次于夏威夷的第二大岛。自19世纪70年代以来，美国渐渐意识到位于美国同澳大利亚和新西兰的航

---

① Edward M. Coffman, *The Regulars: The American Army, 1898-1941*, Cambridge: The Belknap Press of Harvard University Press, 2004, p. 3.

② Spencer C. Tucker (ed.), *The Encyclopedia of the Spanish-American and Philippine-American Wars: A Political, Social and Military History*, Santa Barbara: ABC-CLIO, Inc., 2009, p. 403.

③ John D. Long, *The New American Navy*, New York: The Outlook Company, pp. 2-7.

④ Edward M. Coffman, *The Regulars: The American Army, 1898-1941*, Cambridge: The Belknap Press of Harvard University Press, 2004, p. v.

道之间的萨摩亚,战略位置极为重要,"既可以用以修建海军基地,又可作为汽船加煤站,可为最有利可图和最具拓展潜力的商务事业提供最光明的前景"①。因此,美国政府有意识地向萨摩亚人灌输亲美观念,试图让萨摩亚人愿意接受美国的保护。经过数年的努力,1878年1月17日,美国同萨摩亚签订了商务和友好条约,这也成为萨摩亚同外国签订的第一份正式条约。条约让美国获得了梦寐以求的帕果帕果港作为自己的海军基地,并让美国获得在萨摩亚一切港口通商的自由。然而这一条约签订后,立刻遭到了英德两国的反对,最终萨摩亚相继与德英两国签订条约,开启了美英德三国在萨摩亚激烈角逐阶段。美德双方在萨摩亚地区的矛盾逐渐激化,战争一触即发,然而三国的军舰却因为一场突如其来的台风而损失惨重,使三国又回到了谈判桌前。1889年6月的柏林会议达成了三国共管萨摩亚的协定。数年之后,美德两国海军在马尼拉湾的对峙,让双方的敌对情绪激化。德国首相比洛也承认,美德双方的矛盾在1899年2月已经到达了顶峰,②三方对萨摩亚的共管也不再可能。因此,1899年12月,三方在华盛顿正式签署瓜分条约,确认了美德两国对萨摩亚的分割,而英国则从别的地方获得了补偿。美国占据了帕果帕果港,获得了太平洋上另一处重要的战略据点。美西战争结束之后,美国终于在此处建立起了一个永久性的、拥有现代性储藏和装配煤炭设施的海军据点。③

---

① George H. Ryden, *The Foreign Policy of the United States in Relation to Samoa, Extending to the Berlin Conference of 1889*, New Haven: Yale University Press, 1928, pp. 154-155; Joseph W. Ellison, *The Opening and Penetration of Foreign Influence in Samoa to 1880*, Corvallis: Oregon State College Press, p. 39, 转引自王华:《萨摩亚争端与大国外交: 1871—1900》, 中国社会科学出版社 2008 年版, 第 63 页。

② Paul M. Kennedy, *The Samoan Tangle: A Study in Anglo-German-American Relations, 1878-1900*, New York: Barnes & Noble, 1974, p. 159.

③〔美〕哈罗德·斯普雷特、玛格丽特·斯普雷特:《美国海军的崛起》, 王忠奎、曹菁译, 上海交通大学出版社 2015 年版, 第 224 页。

第十章 尾声

对菲律宾的占领和殖民，使得美国的主权范围从太平洋东岸延伸到了西岸地区，拉长了防御战线，海军防御远东地区的负担进一步加重。① 美国对安全的担忧进一步加深，防御问题更难以解决。马尼拉湾作为优良的港湾，十分适合建造先进的军事基地，又如此靠近东亚大陆，显然有利于展现美国在远东地区的实力和威望。但同样是因为这些优点，马尼拉湾自然也招来实力正在不断增强的日本的觊觎之心。日本和美国在远东地区的利益冲突正在日益加剧，日本成为美国在这一地区的最大敌人。"尽管马尼拉上空飘扬的美国国旗增强了美国在远东地区外交的影响力，但这也增大了美国与崛起的日本最终兵戎相见的危险。虽然菲律宾在这场冲突中可能发挥不可或缺的作用，但是取决于在西太平洋各国海军实力的平衡状况，菲律宾可能也会成为沉重的包袱。"② 但是，此时日本的主要竞争对手还是同它正在争夺东北亚地区的俄国，为了保护美国的利益，继任总统的西奥多·罗斯福"精心设计保持了一种大体上的权力均衡，尤其是俄国和日本之间的平衡，使其相互牵制相互抵消"③。在1904—1905年的日俄战争中，为了避免俄国被彻底击败，罗斯福出面调停，并促成了日俄双方于1905年在美国朴次茅斯进行和谈并签订条约。尽管罗斯福在这场和谈中出尽风头，以调停者的身份介入了东北亚的事务之中，然而这场战争基本上彻底消灭了俄国海军在远东地区的军事存在，美国海

---

① Griswold A. Whitney, *The Far Eastern Policy of the United States*, New Haven: Yale University Press, 1962, pp. 34–35.
② 〔美〕哈罗德·斯普雷特、玛格丽特·斯普雷特:《美国海军的崛起》，王忠奎、曹菁译，上海交通大学出版社2015年版，第225页。
③ Tyler Dennett, *Roosevelt and the Russo-Japanese War* (1925), pp. 332–333, T. A. Bailey, *Theodore Roosevelt and the Japanese-American Crises* (1934), passim, 转引自〔美〕哈罗德·斯普雷特·玛格丽特·斯普雷特:《美国海军的崛起》，王忠奎、曹菁译，上海交通大学出版社2015年版，第241页。

军就不得不开始直面来自日本的威胁。菲律宾距离美国本土遥远,补给线太长,如果驻守在马尼拉湾的美国海军被击溃,那么身在菲律宾的美国陆军就处于危险之中。

美国对菲律宾的占领,也使得华人问题又一次凸显出来。自1850年开始,美国各地出现驱逐华人的现象,针对华工的暴行此起彼伏。1882年,美国国会通过《排华法案》,否定了《蒲安臣条约》中有关中美互惠国的相关条款。该法案限制了华人进入美国,规定在十年内那些被雇用为矿工的华人劳工禁止进入美国,否则将遭到监禁或者驱逐,即使有权进入美国的华人也必须获得中国政府颁发的证明书,然而华人很难得到这份证明,使得华人很难获准进入美国。除此之外,该法案还规定任何华人离开美国后想要再次进入美国必须要获得许可,这使得华人无法回国同家人团聚。"1882年的《排华法案》(Immigration Act)禁止一个种族是移民入境,成为类似法案之首例;1892年的《吉尔里法》(Geary Act,俗称'狗牌法')进一步要求,华人(唯独华人)佩戴有照片的身份证。"① 自1876年前,清政府就一直向美国提出抗议,然而美国对此置之不理。最终,为了实现对美贸易的增长,清政府妥协,于1904年与美国签订新的条约,十年内禁止华工赴美。实际上,清政府此举相当于抛弃了海外华人。

菲律宾是中国的近邻,有文献可查的中菲关系也可追溯至宋元时期,中菲之间不仅维持着朝贡关系,民间贸易往来更是非常频繁,人员交流密切,马尼拉甚至整个菲律宾境内都有着大量的华商。1898年9月26日,第八军司令奥蒂斯颁布《奥蒂斯法令》,该法令延续了美国国内适用的《排华法案》,限制了华人的入境和离境。中国驻美

---

① 〔美〕琼·菲尔泽:《驱逐:被遗忘的美国排华战争》,何道宽译,花城出版社2016年版,第4页。

公使伍廷芳为此向美国提出了交涉。1899年2月3日,在伍廷芳递交给国务卿海伊的信中,伍廷芳指出中国不希望美国的侵占影响中国在菲律宾几个世纪以来的交往和经商行为。美国1880年和1894年的条约其实损害了中国在美国领土已经长时间所享有的权利,试图限制和规范中国人进入美国领土务工。但是随着美国对菲律宾的殖民统治业已建立,伍廷芳希望这些条约不应该适用于菲律宾,"因为美国本土所面临的状况还没有在菲律宾出现,因此也就没有必要实施该政策"。在信件的末尾,伍廷芳表达了自己对此的担忧,如果马尼拉地区采用了这种排斥中国入境的政策,那么随着美国的扩张,美国的领土可能将会扩展到暹罗和安南地区,那么中国人也可能被排除在这些国家之外。最后,伍廷芳恳请美国政府,不要让留居在菲律宾的中国居民因为美国主权范围的扩大而使得其权利受到任何侵犯。[①] 三天之后,海伊在回复中告知伍廷芳,美国政府正在就该问题进行进一步的仔细考虑,并交由美国的菲律宾管理委员会的负责人商讨。[②]

8月18日,菲律宾管理委员会的阿维尔·阿迪(Alvey A. Adee)答复伍廷芳,《排华法案》在菲律宾已经生效,其规定为,只有身体健康的中国人,且已经在菲律宾的某一个省份定居的中国人被允许从马尼拉、伊洛伊洛和宿务这三个开放的港口上岸,进入菲律宾。进入菲律宾时,须提供出境海关所签发的证明。除证明以外,入境的华人

[①] Mr. Wu to Mr. Hay, Papers Relating to the Foreign Relations of the United States, With the Annual Message of the President Transmitted to Congress December 5, 1899, Document 156, the Office of the Historian, Foreign Service Institute, United States Department of State, Washington, D. C., https://history.state.gov/historicaldocuments/frus1899/d156. [2019-09-17]

[②] Mr. Hay to Mr. Wu, Papers Relating to the Foreign Relations of the United States, With the Annual Message of the President Transmitted to Congress December 5, 1899, Document 157, https://history.state.gov/historicaldocuments/frus1899/d157. [2019-09-17]

还需要支付注册费、医院费和登陆所需的费用,才能携带行李登陆。那些拒绝登记的中国人,或者被称为被驱逐的罪犯,不允许登陆。① 阿迪的答复意味着菲律宾管理委员会粗暴拒绝了中国有关华人出入菲律宾国境的合理要求,美国依然推行歧视华人的排华政策。不仅如此,在整个美治时期,菲律宾还颁布了若干个排华法案,华人问题成为影响这一时期中菲关系的主要内容。也正是由于华人问题,中国各地于1905年掀起了抵制美货的运动,给美国的对华贸易又造成了进一步损害。

由于菲律宾战争所留下的这一系列后续效应,即使罗斯福也开始认为占领菲律宾就是一场错误。他总结说,从战略意义上,"菲律宾群岛是我们的阿喀琉斯之踵,它们使目前我们与日本的局势变得危险。我认为,如果我们能够相当明确地表明我们不打算永久占据菲律宾,并在适合的时间给予其独立的地位,就会减少日本对我们的敌意,从而使我们的任务变得容易一些"②。

第三节　马尼拉湾对峙对德国战略的影响

1896年,威廉二世就公开指出美国经济的崛起将会给整个欧洲带来威胁,他向欧洲各国提议,应当仿照拿破仑在1806年所建立起的大陆联盟,构建起一个在德国领导之下的欧洲大陆联盟,以对抗美

---

① Mr. Adee to Mr. Wu, Papers Relating to the Foreign Relations of the United States, With the Annual Message of the President Transmitted to Congress December 5, 1899, Document 158, https://history.state.gov/historicaldocuments/frus1899/d158. [2019-09-17]

② Jerald A. Combs, *The History of American Foreign Policy from 1895*, 4th Edition, New York: M. E. Sharpe, Inc., 2012, p. 31.

国为目标,且英国也可以加入其中。① 威廉二世曾在1896年9月和1897年8月两次同俄国沙皇尼古拉二世会晤,探讨建立一个可包括英国在内的联盟,把英国拉入进来的目的在于"阻止英美之间形成贸易协定"②。1897年9月,美国就古巴问题同西班牙发生争执。威廉二世认为,美国正在试图掠夺欧洲的海外领土,其在英国人的支持下正在威胁着西班牙人,因此他再一次呼吁,整个欧洲大陆各国都应该与西班牙站在一起,确保西班牙能继续占有古巴。然而,这些努力最终落空了。

1898年4月20日,克诺尔向威廉二世建议,现在时机已然成熟,世界将会被各个列强瓜分,所以有必要制定出一个"系统性的计划"(systematic planning),德国应该尽早开始在全世界范围内寻找一些可供德国海军使用的基地,而在克诺尔推荐的这些地方中,菲律宾的棉兰老岛也被包括在内。7月1日,克诺尔再次向威廉二世呈递了德国需要获得海外殖民的奏章。针对菲律宾,克诺尔建议,德国应趁机将占据由棉兰老岛扩大到苏禄群岛和巴拉旺岛,以确保柏林更好地控制新几内亚和大洋洲。③

在威廉二世的总体构想中,西班牙人应该无法将菲律宾地区的叛乱镇压下去,由于美国的人口和财政优势,在长期的斗争中,美国必然会获得最终胜利,然而考虑到西班牙的海军实力略强于美国人,所

---

① Holger H. Herwig, *Politics of Frustration: The United States in German Naval Planning, 1889–1941*, New York: Little, Brown and Company, 1976, p. 19.

② Foreign Office (West Germany), Amerika, Generalia, No. 13, Vol. 1. Bülow to Foreign Office, August 11, 1897, 转引自 Holger H. Herwig, *Politics of Frustration: The United States in German Naval Planning, 1889–1941*, New York: Little, Brown and Company, 1976, p. 21.

③ Holger H. Herwig, *"Luxury" Fleet: The Imperial German Navy, 1888–1918*, London: Taylor & Francis Group, LLC, 1980, p. 100.

以在稍短时间的战斗中,西班牙应该能够将美国人打败。① 对于德国而言,只需要把由多艘巡洋舰组成的舰队派去,菲律宾就像"一个成熟的果子落入手中",而西班牙也会祈求德国去帮助它稳定住菲律宾的秩序,并乐于把马尼拉送给德国,以作为回报。威廉二世明确指出:"我已下定决心,只要时机来临,西班牙不得不清偿其资产时,我们就要买下或从西班牙手中获得菲律宾。"② 对此,比洛认为:"我应当尽力去让皇帝陛下明白,出于多种原因,我们必须在这场战争中保持中立,并且避免卷入,其中一个原因就是,这场战争的最后获胜者一定是美国人。"当西班牙人在甲米地惨败的消息传来时,威廉二世的幻想一扫而空,性情多变的他转而又立刻建议德国舰队应该在美西两国舰队交战期间尽可能地抵近观察,从中获取战斗的经验。但是比洛担心,这一举动有可能引起美国人的担忧和对德国人的不信任。③

马尼拉湾海战之后,威廉二世和蒂尔皮茨就指出,应当加强德国东亚舰队的实力,并希望借机在菲律宾也获得领土。蒂尔皮茨建议,应当迅速将德国的军舰派往菲律宾水域,以显示德国对于这一地区怀有极大兴趣。外交大臣比洛告知英国政府,德国不会听任别国对西班牙的遗产进行"清算",也不会在对全球范围内新的领土瓜分中空手

---

① Holger H. Herwig, *Politics of Frustration: The United States in German Naval Planning, 1889-1941*, New York: Little, Brown and Company, 1976, p. 27.
② Foreign Office (West Germany), Spanische Besitzungen in Asien No. 1, Allgemeine Angelegenheiten der Philippinen, Vol. 4. Tirpitz to "Admiral Berlin", January 18, 1897; Wilhelm II's marginal comments upon a report of March 4 1897 by the German consul in Hong Kong, in Holger H. Herwig, *Politics of Frustration: The United States in German Naval Planning, 1889-1941*, New York: Little, Brown and Company, 1976, p. 25.
③ Bernhard von Bülow, *Memoirs of Prince Von Bülow: From Secretary of State to Imperial Chancellor, 1897-1903*, Vol. 1, Boston: Little, Brown, 1931, pp. 254-256.

而归。他向威廉二世反复建议,在美西战争期间,德国应该更明确地表达对西班牙的支持,不管西班牙是否会失去古巴,德国都不希望见到西班牙在这场战争中遭遇到进一步的失败,因为将会危及西班牙王室在其国内的统治地位,并可能给欧洲带来混乱局面。因此,他建议应将德国军舰派赴马尼拉,以示对西班牙的支持。德国海军也指出,美西战争的爆发,促使德国在东亚获取海军基地的行动需要进一步加快,他们希望能够抓住美西战争爆发而给德国带来的任何机会,以在东亚地区再获取一处海军基地。① 另外,比洛也担心德国如果试图将菲律宾纳为自己的保护国,将会逼迫美国转而向英国寻求帮助。比洛收到情报,说英国可能和美国达成分割占领菲律宾的协议,而将德国排除在外。比洛立即向英国首相索尔斯伯里发去电报,认为德国人不可能在清偿西班牙的殖民遗产问题上被排除在外,更不可能在世界上任何一处领土的瓜分问题上都空手而归。② 但是,比洛也意识到德国还不具备确保实现以上两项主张的海上力量,他更倾向于能与美国达成对菲律宾群岛实行分割占领的协议。③ 或者说,比洛主张采取更为审慎的举措,他并不希望在这个时候就同美国交恶。他最初向英美两国建议用国际会议的方式来解决菲律宾问题,并希望借此会议,使德

---

① Holger H. Herwig, *Politics of Frustration: The United States in German Naval Planning, 1889–1941*, New York: Little, Brown and Company, 1976, p. 30.

② Foreign Office (West Germany), Spanische Besitzungen in Asien No. 1, Geheim (Secret). Allgemeine Angelegenheiten der Philippinen, Vol. 1, Krüger to Foreign Office, May 12, 1898; Imperial Audience Notes, May 14, 1898; Bülow to Krüger, and Bülow to Hatzfeld (London), May 18, 1898, in Holger H. Herwig, *Politics of Frustration: The United States in German Naval Planning, 1889–1941*, New York: Little, Brown and Company, 1976, p. 28; Holger H. Herwig, *"Luxury" Fleet: The Imperial German Navy, 1888–1918*, London: Taylor & Francis Group, LLC, 1980, p. 100.

③ Spencer C. Tucker (ed.), *The Encyclopedia of the Spanish-American and Philippine-American Wars: A Political, Social and Military History*, Santa Barbara: ABC-CLIO, Inc., 2009, p. 79.

国也在菲律宾获得一处加煤站。然而,美英两国对比洛的建议并未给予任何回应,使得比洛也只能铩羽而归。

美国对于夏威夷、关岛等地的吞并以及对菲律宾的占领,加深了德国皇帝建立一支强大海军的渴望。1898年7月,威廉二世抱怨说,如果德国拥有一支强大的舰队,美国人就会发现他们的行动自由将会受到限制,"一旦我们的海军经历了这段危险的时期,那么就到了我们与美国佬清算的时刻"①。在威廉二世看来,只有战列舰才足以对抗美国。1899年10月29日,他告诉首相比洛,一旦这支舰队建成,德国目前所遭遇到的苦难就不会重演。美西战争结束以后,不甘心一无所获的德国继续同西班牙谈判。1899年,德国从西班牙手上购买卡罗林群岛、培柳岛(Pelew,德国占领后更名为帕琉群岛,即今天的帕劳)以及除关岛以外的马里亚纳群岛(Ladrone Islands)。

第四节 美西战争对菲律宾的影响

这场标志着美西两国力量此消彼长的战争,对菲律宾来说不啻为一场灾难。自从1897年开始,菲律宾就爆发了旨在推翻西班牙殖民统治的民族解放运动,其领导人希望实现菲律宾的主权独立和自治,而不是由美国取代西班牙,成为菲律宾新的殖民者。1898年6月12日,阿奎纳多发表了独立宣言,宣布菲律宾从西班牙的统治下独立出来。为了获取西方各大国对自己的承认,阿奎纳多宣布将按照欧洲的方式来组织自己政府的政治和军事构架,以此证明菲律宾的文明化努

---

① Vagts, *Deutschland und die Vereinigten Staaten II*, New York, 1935, p.1350, 转引自 Holger H. Herwig, *Politics of Frustration: The United States in German Naval Planning, 1889-1941*, New York: Little, Brown and Company, 1976, p.1374.

第十章 尾声

力和自治能力。

巴黎和谈期间，菲律宾派出政府官员试图与美国方面接触，然而包括麦金莱、约翰·海伊在内的任何一位美国官员都拒绝接见菲律宾代表。1899年1月21日，菲律宾革命政府颁布宪法，两天之后，宣布菲律宾共和国成立，并推举阿奎纳多为菲律宾共和国的第一任总统。然而2月4日夜晚，美军一名哨兵意外打死了马尼拉郊外德尔蒙特兵营的一名菲律宾士兵，这次事件引发了美菲战争。到了10月，美军占领了菲律宾共和国的各大工厂，大批政府官员被逮捕。11月12日，菲律宾决定重新转入游击战争，共和国实际上已经解体。为了镇压菲律宾人的游击战，美国在菲律宾各岛驻扎的军人达到七万人，军队将一个个村庄变成军事壁垒，阻断了菲律宾游击队的供给。1901年3月23日，美国发动了一次突袭行动，并在森林里抓获了阿奎纳多。4月1日，阿奎纳多宣布效忠美国，并在19日发表了《告菲律宾人民书》，劝告菲律宾人民接受美国统治。菲律宾中产阶级开始对阿奎纳多的政权失去信心，其他菲律宾高级官员开始纷纷向美国投降，菲律宾共和国的抵抗到了1902年就结束了，而南部穆斯林人的反抗则一直持续到了1913年。迟至1934年，美国国会通过了《泰丁斯-麦克杜菲法案》，从法理上同意了菲律宾的独立。然而直到"二战"结束，菲律宾才获得了真正意义上的独立。在长达近半个世纪的时间里，菲律宾成为美国历史上唯一的一块殖民地。

美国对菲律宾的殖民也让美国在对待菲律宾人的问题上面临一个新的矛盾。美国的立法者在1898年之后开始试图调和两种对抗情绪。一种情绪是积极支持美国政府通过对外扩张，扩大美国的领土管辖权，进而改善美国的地缘格局，提高美国在世界权力格局中的地位，特别是在加勒比地区和亚洲的地位，能增强美国在这些地区的话语权。另一种情绪则对美国扩大全球影响力这一做法表示不满,认为无限制的移民会对美国建国之初的价值观带来挑战,受到落后地区的冲击。在后一种情绪中,一部分保护主义者们是出于商业利益的考虑,他们代表着蔗糖和烟草种植者的利益,不愿意与热带同行们展开竞争,进而使自身商业利润受到损失。还有一部分人属于本土主义者,他们希望通过立法制定移民和入籍的制度,以防止盎格鲁-撒克逊的特性受到侵害。美国对于海外殖民地的掠取,加剧了扩张主义者和限制主义者之间的冲突。因此,美国的立法者希望进一步明确菲律宾等地的公民权问题,协调两种情绪之间的矛盾,进而维护国内的团结。①

1900年,美国国会通过《麦克内里修正案》(McEnery Resolution)。该修正案提出,《巴黎和约》的签订绝不意味着菲律宾人将会获得美国公民权,也不会使得菲律宾各岛融入美国的领土。"对于波多黎各,美国政府就希望永久性地将它留在美国主权之下,并且认为波多黎各人可以获得某些美国居民权。因为他们认为波多黎各是一个为了实现美国维护西半球权益的重要战略据点。对波多黎各的态度在政策上也有一个变化,随着罗斯福推论(Roosevelt Corollary)的正式提出,美国试图确保自哥伦比亚至波多黎各区域的安全,以有利于巴拿马运河的安全修筑。与之相反的是,美国同菲律宾的关系已表明,美国对菲律宾的占据,只是出于政治上的考量而采取的一种临时性措施,其目的只是使当地人学习盎格鲁-撒克逊的政治制度,只要他们有能力成立共和国,那么在未来的某个时期就会允许他们独立。正因为这种历史性,所以菲律宾人也就不能获得美国公民权,他们未来属

---

① Rick Baldoz and Cesar Ayala, "The Bordering of America: Colonialism and Citizenship in the Philippines and Puerto Rico," *Journal of the Center for Puerto Rican Studies*, Vol. 25, No. 1, 2013, pp. 77–79.

第十章 尾声

于他们自己所建立的国家。"① 国会甚至提出，美国宪法上所列举的权利和保护并不适用于菲律宾人，并且也不允许在菲律宾的土地上升起美国国旗。"菲律宾被作为战争的'意外所获'（afterthought）留在了美国的主权之下，它也保留着未来可以让其独立的状态，另外，它又未能像夏威夷那样加入美国的'大家庭'中去。关于菲律宾在美国国家结构体系内的地位，1904年最高法院给予了定义。在最高法院的定义中，回避了'海外殖民地'这一称呼，而使用了'未合并的领土'，但是这依然改变不了菲律宾的殖民地身份。"② 对于美国来说，一旦吞并了夏威夷，就实现了好几代扩张主义者们的夙愿，美国成为东太平洋的强权。美西战争刚结束，美国国会就已经"裁示古巴要独立。但波多黎各要留在美国手中，作为西班牙应付罚金的抵偿。关岛的位置不错，可以作为夏威夷和亚洲的加煤站。但人口众多、未经开发又地处遥远的菲律宾则是另一回事。或许美国可以只把马尼拉留下来当海军基地，而不必兼并整个群岛。但这又回到'只要珍珠港，不要夏威夷'的老问题上。其他强权势必会瓜分菲律宾，使得马尼拉无险可守。一队德国舰队已经阴魂不散地跟上杜威的船队。美国又不太可能把菲律宾还给西班牙——这次战争就是因西班牙在殖民地的残暴统治而起。美国也不认为菲律宾人有能力自治，或有能力防御德国、日本之流的强权"③。

1901年7月4日，麦金莱总统宣布美菲战争结束。同日，菲律宾

---

① Rick Baldoz and Cesar Ayala, "The Bordering of America: Colonialism and Citizenship in the Philippines and Puerto Rico," *Journal of the Center for Puerto Rican Studies*, Vol. 25, No. 1, 2013, p. 80.

② Howard Wayne Morgan, *America's Road to Empire: The War with Spain and Overseas Expansion*, New York: John Wiley & Sons, Inc., 1967, pp. 256-257.

③ 〔美〕詹姆斯·布拉德利：《1905帝国巡游：美国塑造亚太格局的伏笔》，刘建波译，北京联合出版公司2016年版，第348页。

文职政府宣告成立，威廉·塔夫脱（William Taft）担任菲律宾首任民政长官。1902年7月1日，美国国会通过《菲律宾法案》，进一步明确了菲律宾殖民政府的组织架构，1916年，美国国会通过关于菲律宾殖民政府组织架构的第二个法案《琼斯法案》（或称《菲律宾自治法》），这一殖民政体一直持续到1935年。1935年2月，菲律宾制宪会议制定出一部过渡宪法，规定十年之后将建立菲律宾共和国政府。5月23日，罗斯福批准了这部宪法。然而，"二战"的爆发却中断了这一进程。直到1946年7月4日，菲律宾最终取得了独立地位。

菲律宾对于美国的价值，随着战争进程逐渐被美国政府所认知。美国开始建构起自己在菲律宾的利益边界，如果这些潜在的利益并不能被释放出来，反而有可能转换成美国的负担。由此，美国对菲律宾的占领是源自"应急式"反应，其最初的目的就是确保杜威在马尼拉湾的安全。然而，杜威的获胜让美国人沉醉于欣喜之中，他们开始关注这个原本陌生的东方国家。美国政府也在国民的争论中开始思考菲律宾的潜在价值，这种价值的考量很难说是理性计算的结果，但是终究还是促使美国政府决定从西班牙手中夺取整个菲律宾，并在当地建立起殖民政府。然而，美国政府冷静下来之后，却突然意识到，这可能并非明智之举。曾经对于菲律宾价值的期待慢慢被现实所击碎，美国反而因为殖民需要，开始面临新的一系列亟待解决的问题。

结　论

　　1898年夏天，美德两国海军在马尼拉湾的对峙，首先是美国发动美西战争的结果，这场战争是美国历史上的一个重要拐点。战胜西班牙，占领古巴、菲律宾、波多黎各和夏威夷等地，使得美国迅速成为新兴帝国。在此之前，在一些美国人看来，美国是断不会走上帝国主义道路的，因为这不仅违反了它的传统，而且美国人知道，传统的欧洲列强是断不会允许美国如此做的，因为欧洲人十分清楚，美国一旦尝到了扩张所带来的利益甜头，必然会胃口大增，最终成为欧洲人在殖民扩张问题上的强有力竞争者。然而，美国终究还是在1898年走上了向外扩张的道路，美德两国作为新兴强国，走向了国际政治的中心舞台。

　　因此，杜威和迪特里希在马尼拉湾的这场对峙是两国开始向外扩张的必然结果，双方的争论焦点在于"有效封锁"和"登临检查权"。就杜威和迪特里希的分歧来说，这似乎是对国际法的不同理解，然而隐含其中的，是两国在殖民利益上的争夺。相比较而言，杜威对于胜利的迫切需求要远大于迪特里希，尽管迪特里希最初占有优势，但是他在菲律宾问题上并不积极，因此更容易退缩。随着麦金莱政府政策的逐渐明确以及英国对于美国的支持，德国人主动撤出了对峙，转而向西班牙人施加压力，并且更加坚定地发展本国海军。

　　对于这一段历史，还有待进一步的研究。首先，对殖民主义研究来说，美国的帝国主义并不具有不同于欧洲殖民帝国的特殊性，它处于殖民方式的整体转型之中。早在19世纪，就有英国人否认美国帝国主义是独一无二的，他们认为"与其说美国与其英帝国的历史进行了割裂，还不如说，美国拾起了英国帝国主义的衣钵"。美国的海外扩张，以及其在诸如波多黎各、菲律宾、关岛、萨摩亚等地所建立的殖民统治形式，部分地从英国对美国等地的殖民史中汲取了养分，美国有时甚至采取了与英国同行完全无异的殖民统治方式。这种强调自身独特性的描述并非仅仅被运用于美国，在很多关于英国帝国主义的历史叙述中，也有着类似的描述——"自由的、正直的帝国主义，其根植于自由和公平贸易"。早在"美国例外论"之前，就存在着"英国例外论"，与其说是美国人发明了扩张和帝国的新概念，还不如说是美国人借用和重述了前人的习语和意识形态来重新包装自己的帝国主义道路。

在19世纪末期，以英国为代表的老牌帝国主义开始出现了转型，由对海外领土的贪婪转向追求自由贸易。作为新兴帝国主义国家的德国、日本等，则对领土扩张依然存有兴趣。与英国一样的是，美国并不着眼于对领土的攫取和占据，而是对未来新兴市场抱有期许。美国对菲律宾的殖民统治采取了更为自由的形式，很大程度上还是源于菲律宾自身民族主义运动的发展力量。之所以在菲律宾和波多黎各采取这种托管方式，与其说是源自美国固有的文化特征，还不如说是因为这两个殖民地自身发展条件更要求确保建立殖民统治所需的合法性。

从美国殖民菲律宾的过程来看，可以发现，它肇始于偶发事件和某些特定人物对特定利益的追求，然而这种偶发事件却逐渐被强化。原本美国给杜威的命令是希望以存在舰队的方式牵制住西班牙的亚洲分舰队，然而杜威对胜利的渴求以及国内舆论和受威胁感，推动着事件的进一步发展,促使美国扩大了在菲律宾的战争,并最终做出了殖民菲律宾的决策。

对杜威而言,接任亚洲分舰队司令之后,他开始密切关注亚洲的局势变化,尽自己最大能力来为日后的战争做准备。虽然杜威接获的命令是牵制住西班牙人的亚洲分舰队,但是他为了自己的荣耀,渴望通过一场舰队之间的决战来歼灭对手。为此,他做了精心的准备,让一支原本并非用来作战的舰队尽可能地满足作战需求。然而,随着离马尼拉越近,杜威对安全的担忧超出了对荣耀的追求。为了确保安全,仅仅消灭蒙托霍舰队远远不够,威胁反而变得更加复杂,因此需要从美国派出远征军占领马尼拉。然而,即使马尼拉城落入美国手中,威胁依然没有被彻底消除,美国同菲律宾人之间的关系逐渐恶化,其他列强对菲律宾的虎视眈眈使得美国决定占领并殖民整个菲律宾群岛。对于杜威来说,威胁实际上取代了他对荣誉的追求,成为他行动的主要动因。路易十四的对外战争,也曾有过类似的动机转变。最初,路易十四发动对外战争,是源自对个人荣誉的追逐,企图通过征服新领土来彰显自己的荣耀。而在结束了西班牙遗产战争之后,路易十四渴望的是安全的保障,尽可能地将威胁摒弃在国境线以外,这一过程具有了防御性。然而,路易十四对绝对安全的追求却被邻国视为新的威胁,致使邻国结成了反法同盟。

尽管对美西两国来说,这是一场双方都未准备充分的战争,但是杜威出于对荣誉和安全的追求,凭借自己的经验和勇气,有效利用了西班牙人所犯下的一个个错误,进而取得了胜利。在美西战争爆发前,即使好战的罗斯福也同很多海军军官一样,并不相信美国相比于西班牙的优势可以确保美国赢得战争。然而,最后的结果表明,西班牙人糟糕的运气和糟糕的决策使得美国赢下这场战争比原本预估的轻松得多。随后,美国政府派出第八军远征马尼拉并非理性计算的结果,而呈现出"应急式"的特征,其目的主要就是确保杜威舰队的安全。媒体对杜威胜利的渲染也唤起了美国人的爱国主义热情,他们更加积极地投身到战争之中。与此同时,美国政府也在争论中开始厘清菲律宾对于自身的价值。可以说,美国在太平洋西岸的扩张是美西战争的自然结果,然而美西战争结束之后,美国停止了继续扩张的脚步。很大程度上,这源于美国公众发现这场战争并非一些政治家所预言的那样,菲律宾人将对美国充满感激,实际上展现在公众面前的是美菲战争所带来的残酷性,这远远超出了美国公众的预期,也打消了美国社会各阶层对于进一步征服海外领土的热情。另外,当美国政府开始冷静下来之后,发现殖民菲律宾远不如先前设想中的那般美好,反而给自己带来了新的问题。战争结束不久,很快就有美国人开始反思,认为这场战争是美国地缘政治的失败,也是美国公众对于帝国主义的失望。从严格意义上说,美国的帝国主义是短命的,并不在于它是间歇性的,而在于它本身就是失败的。

最后,就对外政策研究而言,传统的国际关系理论认为,国家利益是一个国家在制定对外目标时必须参考的重要依据和决定性因素。对一个国家而言,其对外行为的基础动因就是谋求本国的国家利益。然而在美西战争中,被首先纳入美国决策者利益考虑范围的是位于西半球的古巴地区,菲律宾这个东方国家离美国是如此遥远,以至于杜威事后的胜利看起来像是"来自上帝的礼物"。美国决策者要求杜威率领舰队向马尼拉进发的主要原因是对安全的担忧,担心蒙托霍舰队会和西班牙本土舰队会合,进而既对美国沿海城市进行炮击(美英战争时的阴影依然萦绕在美国决策者和美国民众的脑海中),也给美国在加勒比地区的军事行动带来威胁,而消除这些威胁就成为美国行动的主要原因。利益在这场殖民菲律宾的行动中具有滞后性，正是在马尼拉湾海战之后，麦金莱政府和美国商界才随着杜威和梅里特的军事进展而渐渐廓清本国在此地的利益，并进一步做出占领并殖民整个菲律宾群岛的决定。

参考文献

一、中文专著

高冬明：《美国战争机器：1607—1945》，社会科学文献出版社2014年版。

胡欣：《美国帝国思想的对外政策含义：对国家身份、意识形态和国际秩序观的历史解读》，江苏人民出版社2017年版。

胡宗山：《国际政治学基础》，华中师范大学出版社2005年版。

李涛、陈丙先编著：《菲律宾概论》，世界图书出版公司2012年版。

王华：《萨摩亚争端与大国外交：1871—1900》，中国社会科学出版社2008年版。

王立新：《踌躇的霸权：美国崛起后的身份困惑与秩序追求（1913—1945）》，中国社会科学出版社2015年版。

王玮、戴超武：《美国外交思想史：1775—2005年》，人民出版社2007年版。

王晓德：《美国外交的奠基时代（1776—1860）》，中国社会科学出版社2013年版。

徐弃郁：《帝国定型：美国的1890—1900》，广西师范大学出版社2014年版。

杨生茂、冯承柏、李元良编：《美西战争资料选辑》，上海人民出版社1981年版。

张清敏：《对外政策分析》，北京大学出版社2019年版。

二、中文译著

〔巴西〕路易斯·阿尔贝托·莫尼斯·班代拉：《美帝国的形成》（第三

版),舒建平译,中国人民大学出版社2015年版。

〔德〕沃尔夫冈·韦格纳:《世界大战中的海军战略》,罗群芳译,社会科学文献出版社2019年版。

〔德〕于尔根·奥斯特哈默:《世界的演变:19世纪史》,强朝晖、刘风译,社会科学文献出版社2016年版。

〔美〕阿尔弗雷德·塞尔·马汉:《亚洲问题及其对国际政治的影响》,范祥涛译,上海三联书店2007年版。

〔美〕阿克塞尔罗德:《美国总统制》,王佳馨译,经济科学出版社2013年版。

〔美〕阿伦·米利特、彼得·马斯洛斯金:《美国军事史》,军事科学院外国军事研究部译,军事科学出版社1989年版。

〔美〕埃德蒙·莫里斯:《领袖的崛起:西奥多·罗斯福》,李俊、杨京鹏译,新世纪出版社2015年版。

〔美〕巴巴拉·W. 塔奇曼:《骄傲之塔:战前世界的肖像,1890—1914》,陈丹丹译,中信出版社2016年版。

〔美〕查默斯·约翰逊:《帝国的悲哀:黩武主义、保密与共和国的终结》,任晓等译,上海人民出版社2005年版。

〔美〕福克讷:《美国经济史》,王锟译,商务印书馆2018年版。

〔美〕哈罗德·斯普雷特、玛格丽特·斯普雷特:《美国海军的崛起》,王忠奎、曹菁译,上海交通大学出版社2015年版。

〔美〕韩德:《美利坚独步天下:美国是如何获得和动用它的世界优势的》,马荣久等译,上海人民出版社2011年版。

〔美〕亨利·基辛格:《大外交》,顾淑馨、林添贵译,海南出版社1998年版。

〔美〕杰克·斯奈德:《帝国的迷思——国内政治与对外扩张》,于铁军等译,北京大学出版社2007年版。

〔美〕孔华润主编:《剑桥美国对外关系史》(第三卷),王琛等译,新华出版社2004年版。

〔美〕罗伯特·卡根:《危险的国家:美国从起源到20世纪初的世界地位》,袁胜育、郭学堂、葛腾飞译,社会科学文献出版社2016年版。

〔美〕马戈·塔夫脱·斯蒂弗、沈弘、〔美〕詹姆斯·塔夫脱·斯蒂弗:《看东方:1905年美国政府代表团访华之行揭秘》,浙江大学出版社2012年版。

〔美〕马士、宓亨利:《远东国际关系史》,姚曾廙等译,上海书店出版社1998年版。

〔美〕欧文·L. 贾尼斯:《小集团思维》,张清敏、孙天旭、王姝奇译,中央编译出版社2016年版。

〔美〕乔纳森·休斯、路易斯·凯恩:《美国经济史》(第八版),杨宇光等译,格致出版社2013年版。

〔美〕乔治·F. 凯南:《美国大外交》(60周年增订版),雷建锋译,社会科学文献出版社2013年版。

〔美〕琼·菲尔泽:《驱逐:被遗忘的美国排华战争》,何道宽译,花城出版社2016年版。

〔美〕斯蒂芬·豪沃思:《驶向阳光灿烂的大海:美国海军史(1775—1991)》,王启明译,世界知识出版社1997年版。

〔美〕斯蒂芬·沃尔特:《联盟的起源》,周丕启译,北京大学出版社2007年版。

〔美〕斯坦利·L. 恩格尔曼、罗伯特·E. 高尔曼主编:《剑桥美国经济史》(第二卷),高德步、王珏、李淑清译,中国人民大学出版社2018年版。

〔美〕泰勒·丹涅特:《美国人在东亚:十九世纪美国对中国、日本和朝鲜政策的批判的研究》,姚曾廙译,商务印书馆1959年版。

〔美〕威廉·J. 本内特:《美国通史:一部重要的保守主义视野的美国历史》,刘军等译,江西人民出版社2009年版。

〔美〕沃尔特·拉斐伯、理查德·波伦堡、南希·沃希特:《美国世纪:一个超级大国的崛起与兴盛》,黄磷译,海南出版社2008年版。

〔美〕沃尔特·麦克杜格尔：《激荡太平洋：大国四百年争霸史》，李慧珍、赖慈芸、周文萍、连惠幸译，北京联合出版公司 2014 年版。

〔美〕小约瑟夫·奈、〔加〕戴维·韦尔奇：《理解全球冲突与合作：理论与历史》（第十版），张小明译，上海人民出版社 2018 年版。

〔美〕约翰·米尔斯海默：《大国政治的悲剧》（修订版），上海人民出版社 2014 年版。

〔美〕詹姆斯·布拉德利：《1905 帝国巡游：美国塑造亚太格局的伏笔》，刘建波译，北京联合出版公司 2016 年版。

〔美〕詹姆斯·M. 麦克菲尔森：《总统的力量：从殖民地到超级大国》，尹宏毅等译，北京友谊出版公司 2007 年版。

〔美〕詹姆斯·M. 莫里斯：《美国军队及其战争》，符金宇译，世界图书出版公司 2013 年版。

〔苏联〕尤·斯辽兹金：《1898 年的美西战争》，宋东译，生活·读书·新知三联书店 1959 年版。

〔英〕巴里·布赞：《人、国家与恐惧——后冷战时代的国际安全研究议程》，闫健、李剑译，中央编译出版社 2009 年版。

〔英〕托马斯·奥特：《中国问题：1894—1905 年的大国角逐与英国的孤立政策》，李阳译，生活·读书·新知三联书店 2019 年版。

三、中文论文

陈衍德、杨宏云：《美国的新殖民主义与菲律宾民族主义的回应：1898—1935》，《东南亚研究》2008 年第 4 期。

高锦蓉、刘迪辉：《十九世纪末列强对菲律宾的争夺》，《中南民族学院学报》（社会科学版）1987 年第 3 期。

贾东荣、赵锦铎：《美西战争与菲律宾革命》，《山东师大学报》（社会科学版）1996 年第 3 期。

王胜：《1898 年后美国对菲律宾领土政策的决择及实践》，《东南亚研究》2015 年第 3 期。

吴小安:《论美国殖民统治对菲律宾现代政治发展的影响》,《厦门大学学报》(哲学社会科学版) 1995 年第 4 期。

四、英文专著

Allison, Graham T. and Zelikow, Philip, *Essence of Decision: Explaining the Cuban Missile Crisis*, 2nd Edition, Beijing: Peking University Press, 2008.

Angulo, A. J., *Empire and Education*, New York: Palgrave Macmillan, 2012.

Atwood, Paul L., *War and Empire: the American Way of Life*, London: Pluto Press, 2010.

Baldoz, Rick, *The Third Asiatic Invation, Empire and Migration in Filipino America, 1898-1946*, New York: New York University Press, 2011.

Beisner, Robert L., *Twelve Against Empire: The Anti-imperialists, 1898-1900*, New York: McGraw-Hill Book Company, 1968.

Berner, Brad K. (ed.), *The Spanish-American War: A Documentary History with Commentaries*, Madison: Fairleigh Dickinson University Press, 2014.

Blount, James H., *The American Occupation of the Philippines: 1898-1912*, Oriole Editions Inc, Oriole: Malaya Books, 1912.

Brannen, Jr., Daniel E. and Allison, McNeil (eds.), *Spanish-American War*, Detroit: U. X. L., 2003.

Burr, Lawrence, *US Cruisers, 1883-1990: The Birth of the Steel Navy*, Oxford: Osprey Publishing Ltd., 2008.

Campbell, W. Joseph, *The Spanish-American War: American Wars and the Media in Primary Documents*, London: Greenwood Press, 2005.

Chadwick, French Ensor, *The Relations of the United States and Spain*, New York: Charles Scribner's Sons, 1911.

Coffman, Edward M., *The Regulars: The American Army, 1898-1941*, Cambridge: The Belknap Press of Harvard University Press, 2004.

Coletta, Paolo E., *Threshold to American Internationalism: Essays on the Foreign*

Policies of William Mckinley, New York: Exposition Press, 1970.

Combs, Jerald A., *The History of American Foreign Policy from 1895*, 4th Edition, New York: M. E. Sharpe, Inc., 2012.

Conroy Robert, *The Battle of Manila Bay: The Spanish-American War in the Philippines*, New York: The Macmillan Company, 1968.

Constantino, Renato, *A History of the Philippines: From the Spanish Colonization to the Second World War*, New York: Monthly Review Press, 1975.

Contosta, David R., *America's Needless Wars: Cautionary Tales of US Involvement in the Philippines, Vietnam and Iraq*, London: Prometheus Books, 2017.

Cosmas, Graham A., *An Army for Empire: The United States Army in the Spanish-American War*, Missouri, Columbia: Texas A&M University Press, 1994.

Costigliola, Frank and Hogan, Michael J. (eds.), *Explaining the History of American Foreign Relations*, 3rd Edition, Cambridge: Cambridge University Press, 2016.

Dallek, Robert, *1898: Mckinley's Decision, The United States Declares War on Spain*, New York: Chelsea House Publishers, 1969.

Dennett, Tyler, *Americans in Eastern Asia: A Critical Study of the Policy of the United States with Reference to China, Japan and Korea in the 19th Century*, New York: Barnes & Noble, 1941.

Dewey, Adelbert Milton, *The Life and Letters of Admiral Dewey: From Montpelier to Manila, Containing Reproductions in Fac-Simile of Hitherto Unpublished Letters of George Dewey during the Admiral's Naval Career and Extracts from His Log-Book*, London: Hardpress Publishing, 1899.

Dewey, George, *Autobiography of George Dewey: Admiral of the United States Navy*, Columbia: Pantianos Classics, 1913.

Einolf, Christopher J., *America in the Philippines, 1899–1902: The First Torture Scandal*, New York: Palgrave Macmillan, 2014.

Engel, Jeffrey A., Lawrence, Mark Atwood and Preston, Andrew (eds.), *A His-*

tory in Documents from the War with Spain to the War on Terror, Princeton: Princeton University Press, 2014.

Feuer, A. B., *America at War: The Philippines, 1898-1913*, London: Praeger Publishers, 2002.

Field, Ron, *Spanish-American War, 1898*, Washington D. C.: Brassey's London, 1998.

Freidel, Frank, *The Splendid Little War*, Short Hills: Burford Books, 1958.

Gelber, Lionel, *The Rise of Anglo-American Friendship: a Study in World Politics, 1898-1906*, Hamden: Archon Books, 1966.

Go, Julian, *Patterns of Empire: the British and American Empire, 1688 to the Present*, Cambridge: Cambridge University Press, 2011.

Golay, Michael, *The Tide of Empire: America's March to the Pacific*, New York: John Wiley & Sons, Inc., 2003.

Gottschall, Terrell D., *By Order of the Kaiser*, Annapolis: Naval Institute Press, 2003.

Gould, Lewis L., *The Spanish-American War and President Mckinley*, Lawrence: University Press of Kansas, 1982.

Graff, Henry F. (ed.), *American Imperialism and the Philippine Insurrection*, Boston: Little Brown and Company, 1969.

Griswold, Alfred Whitney, *The Far Eastern Policy of the United States*, New Haven: Yale University Press, 1962.

Hacker, Louis Morton and Sara Zahler, Helene (eds.), *The Shaping of the American Tradition*, New York: Columbia University Press, 1947.

Hagan, Kenneth J., *This People's Navy: the Making of American Sea Power*, New York: The Free Press, 1991.

Hahn, Emily, *The Islands: America's Imperial Adventure in the Philippines*, New York: Coward, McCann & Geoghegan, 1981.

Hamilton, Richard F., *President Mckinley, War and Empire*, New Brunswick:

Transaction Publishers, 2007.

Hannigan, Robert E., *The New World Power: American Foreign Policy, 1898–1917*, Philadelphia, Pennsylvania: University of Pennsylvania Press, 2002.

Hart, Jonathan, *Comparing Empires: European Colonialism from Portuguese Expansion to the Spanish-American War*, New York: Palgrave Macmillan, 2003.

Hendrickson, Kenneth E., Jr., *The Spanish-American War*, New York: Greenwood Press, 2003.

Herwig, Holger H., *"Luxury" Fleet: The Imperial German Navy, 1888–1918*, London: Taylor & Francis Group, LLC, 1980.

Herwig, Holger H., *Politics of Frustration: The United States in German Naval Planning, 1889–1941*, New York: Little, Brown and Company, 1976.

Hilfrich, Fabian, *Debating American Exceptionalism: Empire and Democracy in the Wake of the Spanish-American War*, New York: Palgrave Macmillan, 2012.

Hofstadter, Richard, *Social Darwinism in American Thought*, Boston: Beacon Press, 1955.

Hoganson, Kristin L., *Fighting for American Manhood: How Gender Political Provoked the Spanish-American and Philippine-American Wars*, New Haven: Yale University Press, 1998.

Hopkins, A. G., *American Empire: A Global History*, Princeton: Princeton University Press, 2018.

Hunt, Geoffrey R., *Colorado's Volunteer Infantry in the Philippine Wars, 1898–1899*, Albuquerque: University of New Mexico Press, 2006.

Hunt, Michael H. and Levine, Steven I., *Arc of Empire: America's War in Asia from the Philippines to Vietnam*, Chapel Hill: The University of North Carolina Press, 2012.

Immerwahr, Danial, *How to Hide an Empire: A History of the Greater United*

States, New York: Farrar, Straus and Giroux, 2019.

James C. Bradford, *Crucible of Empire: The Spanish-American War and Its Aftermath*, Annapolis: Naval Institute Press, 1993.

Jeffers, H. Paul, *Colonel Roosevelt: Theodore Roosevelt Goes to War, 1897 – 1898*, New York: John Wiley & Sons, Inc., 1996.

Jervis, Robert, *How Statemen Think: The Psychology of International Politics*, Princeton: Princeton University Press, 2017.

Johannsen, Robert W., Belohlavek, John M. and R. Hiett, Tjomas, *Manifest Destiny and Empire: American Antebellum Expansionism*, College Station: The University of Texas, 1997.

Jones, Gregg, *Honor in the Dust: Theodore Roosevelt, War in the Philippines, and the Rise and Fall of America's Imperial Dream*, New York: New America Library, 2012.

Jones, Howard, *Crucible of Power: A History of American Foreign Relations from 1897*, Lanham, Maryland: Rowman & Littlefield Publishers, Inc., 2008.

Jose Ma. Sison and Julieta de Lima, *Philippine Economy and Politics*, Philippines: Aklatng Bayan Publishing House, 1998.

Judis, John B., *The Folly of Empire*, Oxford: Oxford University Press, 2004.

Kagan, Robert, *Dangerous Nation*, New York: Alfred A. Knopf, 2006.

Kastor, Peter J., *America's Struggle with Empire: A Documentary History*, Lawrence: CQ Press, SAGE, 2010.

Keenan, Jerry, *Encyclopedia of the Spanish-American and Philippine-American Wars*, Santa Barbara: ABC-CLIO, Inc., 2001.

LaFeber, Walter, *The Cambridge History of American Foreign Relations (Vol. 2): The American Search for Opportunity, 1865–1913*, Cambridge: Cambridge University Press, 1993.

LaFeber, Walter, *The New Empire: An Interpretation of American Expansion, 1860–1898*, New York: Cornell University Press, 1963.

Larkin, John A., *Sugar and the Origins of Modern Philippine Society*, Quezon City: New Day Pub, 2001.

Lawson, Don, *The United States in the Spanish-American War*, New York: Abelard-Schuman, 1976.

Leopold, Richard W., S. Link, Arthur and E. Bestor, Arthur, *Problems in American History*, New York: Prentice-Hall, 1952.

Linn, Brian McAllister, *The Philippine War, 1899–1902*, Lawrence, Kansas: University Press of Kansas, 2000.

Lodge, Henry Cabot, Jr., *The Cult of Weakness*, Boston: Houghton Mifflin Company, 1932.

Long, John D., *The New American Navy*, New York: The Outlook Company, 1903.

Love, Eric T. L., *Race over Empire: Racism and U. S. Imperialism, 1865–1900*, Chapel Hill: The University of North Carolina Press, 2004.

Mahan, Alfred Thayer, *The Problem of Asia and Its Effect upon International Policies*, Boston: Little, Brown, and Company, 1900.

May, Ernest R., *Imperial Democracy: The Emergence of America as a Great Power*, New York: Harcourt, Brace & World, 1961.

McCaffrey, James M., *Inside the Spanish-American War: A History Based on Frist-Person Accounts*, Jefferson: McFarland & Company, Inc., 2009.

McCormick, Thomas J., *China Market: America's Quest for Informal Empire, 1893–1901*, Chicago: Quadrangle Books, 1967.

McCoy, Alfred W. and Scarano, Francisco A. (eds.), *Colonial Crucible: Empire in the Making of Modern American State*, Madison: The University of Wisconsin Press, 2009.

Merk, Frederick, *Manifest Destiny and Mission in American History*, New York: Alfred A. Knopf, 1963.

Miller, Richard H., *American Imperialism in 1898: The Quest for National Fulfill-

ment, New York: John Wiley & Sons, Inc., 1970.

Miller, Stuart Creighton, *Benevolent Assimilation: The American Conquest of the Philippines, 1899-1903*, New Haven: Yale University Press, 1982.

Millett, Allan R., Maslowski, Peter and Feis, William B., *For Common Defense: A Military History of the United Sates, from 1607 and 2012*, New York: Free Press, 2012.

Morgan, Howard Wayne, *America's Road to Empire: The War with Spain and Overseas Expansion*, New York: John Wiley & Sons, Inc., 1967.

Nordlinger, Eric A., *Isolationism Reconfigured: American Foreign Policy for a New Century*, Princeton: Princeton University Press, 1995.

O'Toole, George J. A., *The Spanish War: An American Epic 1898*, New York: W. W. Norton & Stoddart Company, 1986.

Pérez, José Vicente Herrero, *The Spanish Military and Warfare from 1899 to the Civil War: The Uncertain Path to Victory*, New York: Palgrave Macmillan, 2017.

Perkins, Bradford, *The Great Rapprochement: England and the United States, 1895-1914*, New York: Atheneum, 1968.

Pratt, Julius W., *Expansionists of 1898: the Acquisition of Hawaii and the Spanish Islands*, Baltimore, Maryland: The Johns Hopkins Press, 1936.

Rockoff, Hugh, *America's Economic Way of War: War and the US Economy from the Spanish-American War to the Persian Gulf War*, Cambridge: Cambridge University Press, 2012.

Roosevelt, Theodore and Elmore Morison, Elting, *The Letters of Theodore Roosevelt*, Cambridge: Harvard University Press, 1951.

Rosenberg, Emily S., *Spreading the American Dream: American Economic and Cultural Expansion, 1890-1945*, New York: Hill and Wang, 1982.

Rosenfeld Harvey, *Diary of a Dirty Little War: The Spanish-American War of 1898*, Westport: Harvey Rosenfeld, 2000.

Sargent, Nathan, *Admiral Dewey and the Manila Campaign*, Washington D. C.: Naval Historical Foundation, 1947.

Sexton, Jay, *The Monroe Doctrine: Empire and Nation in Nineteenth-Century*, New York: Hill and Wang, 2011.

Sievers, Harry J., *William Mckinley, 1843-1901: Chronology, Documents, Bibliographical Aids*, New York: Oceana Publications, Inc., 1970.

Silverstone, Paul H., *The New Navy, 1883-1922*, London: Taylor & Francis Group, LLC, 2006.

Smith, Joseph, *The Spanish-American War: Conflict in the Caribbean and the Pacific, 1895-1902*, London: Taylor & Francis, 1994.

Spector, Ronald, *Admiral of the New Empire: The Life and Career of George Dewey*, Columbia: University of South Carolina Press, 1974.

Storeym, Moorfield and Lichauco, Marcial, *The Conquest of the Philippines by the United States, 1898-1925*, New York: Cacho Hermonos, Inc., 1926.

Strong, Josiah, *Expansion*, New York: The Baker and Taylor Co., 1990.

Taylor, George Rogers, *The Turner Thesis: Concerning the Role of the Frontier in American History*, Lexington: D. C. Heath and Company, 1949.

Taylor, John R. M. (ed.), *The Philippine Insurrection Against the United States: A Compilation of Documents*, Pasay City: Eugenio Lopez Foundation, 1971.

Thomas, Evan, *The War Lovers*, Boston: Little, Brown and Company, 2010.

Tucker, Spencer C. (ed.), *The Encyclopedia of the Spanish-American and Philippine-American Wars: A Political, Social and Military History*, Santa Barbara: ABC-CLIO, Inc., 2009.

Tyrrell, Ian, *Crisis of the Wasteful Nation: Empire and Conservation in Theodore Roosevelt's America*, Chicago: The University of Chicago Press, 2015.

Welch, Richard E., Jr., *Response to Imperialism: The United States and the Philippine-American War, 1899-1902*, Chapel Hill: The University of North Carolina Press, 1979.

Williams, William Appleman, *The Tragedy of American Diplomacy*, New York: W. W. Norton & Company, Inc., 2009.

Willis, Henry Parker, *Our Philippine Problem: A Study of American Colonial Policy*, New York: Burr Printing House, 1905.

Wilson, Herbert Wrigley, *The Downfall of Spain: Naval History of the Spanish-American War*, London: Sampson Low, Marston and Company, 1900.

Zakaria, Fareed, *From Wealth to Power: The Unusual Origins of America's World Role*, Princeton: Princeton University Press, 1999.

五、数据库资源

Correspondence Relating to the War with Spain: Including the Insurrection in the Philippine Islands and the China Relief Expedition, April 15, 1898, to July 30, 1902, Washington D. C.: Center of Military History, United States Army, 1993.

美国国务院历史文件: http://history.state.gov。

美国行政部门政府文件数据库（1789—1948）: https://congressional.proquest.com。

英国外交部机密文件: 北美, 1824—1961: http://www.archivesdirect.amdigital.co.uk/CP_NorthAmerica。

19世纪美国报纸: https://go.gale.com/ps/dispBasicSearch.do?userGroupName=peking&prodId=NCN。